U0135324

毕达哥拉斯传

［古希腊］杨布里科斯　著

沈小龙　洪焕川　译

ZHEJIANG UNIVERSITY PRESS
浙江大学出版社

接近你们真正的少数哲人吧，

毕达哥拉斯式的生活属于你们。

但你们这群庸俗之人，还离得远，离得远……

因为你们听了智慧的声音，也是枉然。

而你们，心灵最低的一环，最黑暗的一端，

只有好的统治者、习俗和法律才能让你们好转。

译者序

本书是根据1818年在伦敦出版的英译本《杨布里科斯的〈毕达哥拉斯传〉》（以下称《毕达哥拉斯传》）译出的，其原作者为公元3世纪到4世纪重要的新柏拉图主义哲学家杨布里科斯（Iamblichus），英译者是英国翻译家、新柏拉图主义者托马斯·泰勒（Thomas Taylor，1758—1835），他也是第一个用英语完整地翻译了柏拉图和亚里士多德全部著作的人，并且还翻译了大量古希腊宗教和哲学残篇，本书中标以"原注"的注释以及文后的额外注释都是他所写的。

本书的书名虽叫作《毕达哥拉斯传》，但在原书名下方也有小字"or Pythagoric Life"。这也就是说，把本书当作一本描写"毕达哥拉斯式的生活"的书也是合适的，而且从书中内容来看，此言非虚。书中除了描述毕达哥拉斯的生活轨迹、哲学和宗教思想、政治和哲学实践等内容之外，也描述了许多毕达哥拉斯门徒的事迹，他们不顾生死安危也要坚守他们的"毕达哥拉斯式的生活"的态度让人动容。因此，抛开本书作为重要哲学和历史文献的价值不谈，仅就了解古希腊的社会风貌、生活状态而言，本书都大有可读之处，甚至当作一般的名人传记来阅读，也并无不可。

我们现在一提到哲学，恐怕马上就会将其与晦涩难懂、门槛甚高的印象联系在一起。实际上，哲学也无非是人们从生活实践中得到的认识。本书就很好地呈现出了哲学诞生之初的状态：它与宗教、政治、伦理、科学、巫术甚至所谓"魔法"之间的界限都是模糊不清的。而那个现在看起来蒙昧的古代社会，实际上在懵懵懂懂的摸索之中孕育着改变未来的巨大力量，而这种摸索显然不可能脱离古人的生活实践。换而言之，如今我们看起来神乎其神、难以置信的事情，在当时的时代背景下却离人们的生活并不那么遥远。所以，如果我们也用某种生活化的眼光去看待本书、看待哲学，恐怕会更容易理解古人的思想。当然，阅读乐趣也会多很多。

有鉴于此，本书在翻译的过程中，尽量保持直译，这正是希望使读者免于那些专业术语的困扰，而能够尽量按照文字本身的字面意思去理解文本。然而为此遇到的实际问题也不少。例如，译者将"divine origin"译成了"神圣起源"，这个词在汉语习惯里似通似不通，如果用"神圣血脉""神圣源流"这样的译法似乎更合适一点。然而实际上，在文本语境中，这个"divine origin"强调的是古希腊人认为像毕达哥拉斯、柏拉图等伟大人物的杰出，都是有原因的，因为如果没有这种原因，那么在当时人的逻辑里就无法解释了。相比起来，"血脉""源流"更强调血统传承，容易让中文语境下的读者认为是在强调血统论。因此，百般纠结之后，译者选择了"起源"二字，正是希望将"源流"二字可能带给读者的某种血统论色彩淡化。当然，这本身值得商榷，但译者囿于学识和精力所限，索性就不藏拙，将一孔之见献于大方之前，希望各位前辈师友多加批评指教。

本书在翻译过程中还参考了由苏格兰出生的美国圣公会牧师肯尼斯·赛尔文·嘉士利（Kenneth Sylvan Guthrie）在1919年译的《毕达哥拉斯传》，该书采用了更为接近现代英语的语言，更便于阅读和理解，但是它对原书可能存在的部分文字错位的内容做了擅自改动，并且有部分内容被整体删除了，因此译者仅将其作为对照之用，译文仍然遵从托马斯·泰勒的译本。因此读者如果在文中读到疑似重复的内容（如二十九节和三十四节关于医学的内容），请不要感到奇怪，这或许是文本流传过程中的错误，但也不排除是故意为之。

此外，由于译者并未如同原译者那样精通希腊文和拉丁文，故而其中部分涉及希腊文和拉丁文语义辨析的原注只能忍痛割爱了，不过此部分内容极少，应当不影响对全书的阅读和理解。只是译者深感惶恐，寄希望于读者能够给予理解。今后译者亦必将努力精进，方可不负各方厚爱。

在本书的翻译过程中，挚友洪涣川耗费了大量时间帮忙对照希腊文原文校改，此间情谊，不胜言表。爱妻袁文琴女士一力承担了照料家里的诸般琐碎，让我能排出时间安心译书，对我做这些"效益低"的"不合时宜"之事从未有过一声抱怨，而今唯恐拙劣的译作辜负她的支持。

沈小龙于溪口灵山江畔

2023 年 12 月 24 日

引　言

　　当人们想起毕达哥拉斯（Pythagoras）是"哲学之父"的时候，那些关于其生平的真实回忆录就会成功勾起人们不寻常的兴趣。每一个热爱智慧的人是如此，那些敬奉柏拉图（Plato）教义的人更是如此——他们是毕达哥拉斯门徒中最为天才、最为杰出的人物。而我们接下来要介绍的这本由杨布里科斯撰写的毕达哥拉斯回忆录是真实可信的：它早已经为所有的评论家所熟知，其中的绝大部分内容明显出自质量极高的资料来源；而至于其来源不明的部分，无论是出于其巨大价值还是出于传记作者的可敬，都可以让我们相信信息是完全准确和真实的。

　　关于传记作者杨布里科斯，确实，他是被每一个柏拉图主义的初学者所熟知的：他被所有的柏拉图主义者所尊敬，使得他们在他的名字前面加上形容词"神圣的"。而当敏锐的皇帝尤利安（Julian）[1]称赞"他相较于柏拉图来说，只是出生较晚，而非才智不及"[2]之后，所有进一步的赞誉本就不再必要了。某些现代批评家对他的诋毁是可耻的，并且无凭无据。

1

这些小人之见独独着眼于他风格重点上的不足，而无视他才智上的卓越；他们只顾察觉他小小的瑕疵，而不想去一瞥其远见卓识。他们每分每秒都在注意他的天才所发射出的阳光下洒落的灰尘，却感受不到阳光令人振奋的温暖：他们看不到它耀眼的光芒。

关于这个超凡卓越的人，历史学家尤纳皮乌斯（Eunapius）[3]写有在世见证，其内容我已经在我所著的《柏拉图神学重建史》（*History of the Restoration of the Platonic Theology*）中给出，以供英语读者参照。现在，我将仅从其作品中关于我们的杨布里科斯的部分里选出如下传记性的章节来：他出生在一个相当有名望的、幸福的，并且富足的家庭。他来自一个叫卡尔基斯（Chalcis）的叙利亚（Syria）城市，人们曾把这里叫作柯里（Coele）[4]。他曾就学于波菲利（Porphyry）[5]的继承者亚纳多留斯（Anatolius）[6]，但他在学识上远远超越了他，并登上了当时哲学的最高峰。当他在与亚纳多留斯交流一段时间后，他很可能发现亚纳多留斯已经无法满足自己灵魂深处的宏大志向，他投入了波菲利的学说中。根据尤纳皮乌斯说，除了在结构和章法的力道上，他并不输于此人。因为他的作品并不像波菲利的那些一样潇洒而优雅：它们既不讨人喜欢，也不容易被人理解，在遣词造句上也有些拘谨。但它们也不至于陷入默默无闻并因此彻底失败，正如以前柏拉图评价色诺克拉底（Xenocrates）[7]那样，他并没有将自己牺牲给优柔寡断。所以，他远称不上能让那些仅仅着眼于他的用词的读者欣喜，因为遣词造句只会分散他的注意力并且妨碍他的设想。然而，尽管他的作品表面并非被辞藻的鲜花所覆盖，但其深度却令人敬佩，其天才令人仰视。并且，正如许多评论家已经注意到的那样，承认他的作品有着大量的这些缺点，在我看来是匿名的希腊语撰写者的决定，[8]以显示对他的《答波菲利书信》[9]的尊重，这一点或多或少在他的所有其他作品中也是适用的。因为他说，"他在回信中的措辞简洁又明确，他的构思充满着效能、优雅和神圣"。

vii

出于他正直的品性，杨布里科斯在很大程度上分享了这种神赐的青睐，并且获得了众多的同伴和弟子。这些人来自世界各地，都带着从他喷涌的神思之泉中舀取一瓢智慧之水的目的而聚集到他的身边。其中包括叙利亚的索帕特（Sopater the Syrian）[10]，他在演说和写作上都是最具才华的；还有卡帕多西亚的尤斯塔修斯（Eustathius the Cappadocian）和希腊人狄奥多罗斯（Theodorus）和尤弗拉修斯（Euphrasius）。所有这些人都拥有美德和才学上的非凡造诣，就如同他的许多其他的弟子一样；尽管其中一些也许并不那么雄辩。由此我们能看到，杨布里科斯以他一直所展示的高贵举止和温和性情，教化着所有人。

当同伴和弟子不在面前的时候，关于他自身对神性的敬畏的细节我们所知甚少，但是这些细节却无时无刻不出现在他与他亲近之人的大部分互动之中。他效仿最古老的时代，饮食简朴，但是在他晚餐的时候，他会让所有在场者如沐春风，他会把他的语言化为蜂蜜，灌入所有人的心田。

　　一名叫阿利皮乌斯（Alypius）的著名哲学家精通辩论，他与杨布里科斯是同时代人。但他过于矮小，使得他显得像个侏儒。但是，他高超的能力完全弥补了这一小小的缺陷。他的身体可以说是被浓缩进了他的灵魂，正如柏拉图所说，那神圣的躯体，不同于那些易朽之物，是寄寓在灵魂之中的。因此，我们也可以说阿利皮乌斯已经将他的躯体迁移到灵魂之中了，并且他已经被一种超越了人类的本质所涵盖和支配。这个阿利皮乌斯有很多追随者，但是他的哲学模式仅限于私人对话和辩论，没有任何关于他的理论的知识被书写下来。因此他的弟子们欣然投靠了杨布里科斯，渴望从他那无穷无尽的智慧洪流中汲取丰富的营养。结果他们两人的名气都因此持续增长，他们就像两颗偶然相遇的璀璨的星星，被如此之多的听众所围绕，其热闹程度不亚于某些神奇的博物馆。在这种情况下，杨布里科斯选择等待质询上门，而不愿自己主动提出问题。反而是阿利皮乌斯出乎所有人的意料，抛开了哲学讨论，将自己置身于一个满是人群的剧场，然后转向杨布里科斯，并对他说："告诉我，我们的哲学家是一个不义的有钱人呢，还是一个不义的人的后裔呢？因为舍此之外，再无别的可能让金钱和智慧关联起来了。"但杨布里科斯讨厌这个问题提得太尖锐，他回答道："我们这位最美妙的人，这种思考问题的方式，即在意某些人外在的优越，这是与我们的哲学方法格格不入的；因为我们会问一个人是否富于他所应具备的美德，这对哲学家来说才是一个合适的提问。"他说完这些之后就离开了，而周围的一大群人也因此一哄而散。但当杨布里科斯独自一人的时候，他十分欣赏这个一针见血的问题，常常私下求助于阿利皮乌斯，因为他非常赞赏他的洞察力和深刻见解。所以在阿利皮乌斯死后，杨布里科斯写下了他的一生。这个阿利皮乌斯生来就是一个亚历山大里亚[11]人，死的时候也在他的家乡，他随着岁月老去。而通过杨布里科斯，他留下了许多哲学根基，它们通过继承自普罗提诺[12]学派的训练方法，孕育出了繁茂的枝叶，让智慧的源流变得浩浩汤汤。

ix

关于杨布里科斯的神学著作，我请读者参考我之前提到过的《柏拉图神学重建史》，关于他所有著作的确切的评论信息，请参考法布里修斯（Fabricius）[13]的《希腊神话传说概述》（ *Bibliotheca Graeca* ）。

在接下来的这一作品《毕达哥拉斯传》中，我们有必要意识到，材料来源是以一种非常不完美的状态传递给我们的：部分是由于文本中存在着大量的语言错误；部分是由于我们想要找到所叙述的事情之间的关联；[14]还有部分是由于许多不同地方的引用的细节采用了非常相似的用词。尽管它有许多缺陷，但是正如我之前所考察过的那样，它也是一部十分有趣的作品。它的益处是无法衡量的，它的流传本身就可计算在内。德国最有名的两位批评家库斯特（Kuster）和基斯林（Kiessling）已经给这一著作带来了两个精彩版本，这本身就是他们对这一作品的价值和重要性深信不疑的证据。

而就《毕达哥拉斯伦理学片段》(*Pythagoric Ethical Fragments*) 来说，所有的在毕达哥拉斯死后出现的赞誉都是过誉的。尤其当我们考虑到，它们中的许多是早期的毕达哥拉斯信徒独立撰写的，但也有些是来源于亚里士多德本人从他完整的道德知识中派生出来的。通过将他的《尼各马可伦理学》(*Nicomachean Ethics*) 与这些片段进行比较可以立刻发现这一点。

带着对于本书中所收集的《毕达哥拉斯语录》(Pythagoric Sentences) 的敬意，它们无与伦比的优秀是毋庸置疑的。但让我们深感遗憾的是，希腊文原本《塞克斯图斯语录》(*Sentences of Sextus*)[15]已经散佚，[16]只有长老鲁菲努斯(Presbyter Ruffinus)[17]伪造的拉丁语版本存留下来。我之所以称之为伪造的版本，是因为鲁菲努斯试图劝说读者去相信这一语录是一个叫西斯笃(Sixtus)的主教写的，因而在许多地方篡改并歪曲了原来的意思。不过，在我从这些语录中所摘出的选集里，我努力让《塞克斯图斯语录》展现其天才的一面，而尽量不受鲁菲努斯的野蛮篡改和夹带私货的影响。我相信我的努力不会白费。如果英文读者有我译的《德谟菲勒斯语录》(*Sentences of Demophilus*)，还有布里奇曼(Bridgman)先生所译的《德谟克莱特斯[18]金句》(*The Golden Sentences of Democrates*) 以及《德墨菲勒斯寓言集》(*The Similitudes of Demophilus*)[19]，他就拥有了所有现存的毕达哥拉斯语录。只有

《塞克斯图斯语录》中现存的但我还未翻译的除外，这是因为它们极为不纯，充满了虚假。

　　我认为我们有必要注意到，在这里描绘的毕达哥拉斯的生平是一个美德与智慧得到最大圆满的样本，这是可以在当前状态下由人去获得的。因此，它表现出不掺杂愚弄的虔诚、不沾染恶习的情操、不利用诡辩的科学、不夹杂傲慢的德行。它表现出理论上的庄严和崇高，而这并没有在实践中退化；它表现出在智识上的活力，让其拥有者对于神性的见解更为高尚，并升华了其自身的神性。

xi

英译者：托马斯·泰勒

目 录

毕达哥拉斯传

第一节

　　既然在进入任何哲学讨论的时候，所有声称拥有理解力的人都常常仰赖神性，那么在讨论由神圣的毕达哥拉斯而得名的毕达哥拉斯哲学的时候，这样做就更是合乎其理的。因为它的源头来自诸神，它无法在没有诸神的启示之下被感悟到。而我们也必须加上几句，即它的美与震撼性大大超出了人类的力量，使得人们不可能用忽如其来的洞见去揣测它；但任何人，当神在指引他的时候，都能够平静地靠近它，并且逐渐能从这一哲学中汲取一份。因此，从所有这些意义上来讲，当我们以诸神作为我们的指引，并将我们自身与我们的讨论都交付给他们的时候，我们就能领会他们要求我们做的任何事。然而，我们也不必为这一学派被长期冷落而做任何道歉，也不用为它的异域学说和某些神秘象征而道歉，也不用为被虚假并可疑的文字所蒙蔽而道歉，更不用为诸多已经被克服的诸如此类的困难而道歉。诸神的意愿让我们满意，而要做到面面俱到恐怕要承受比这些更为艰巨的事情。但在诸神为我们做了这些之后，我们应当将自己以一个指引者的名义联合起来，以一个神圣的哲学王子和哲学之父的名义联合起来；关于他的起源与他的故乡，我们必须在我们的研究上更进一步了解。

第二节

据说，朱庇特（Jupiter）的庶子安凯厄斯（Ancaeus）曾居住在凯法利尼亚（Cephallenia）[20]的萨摩斯（Samos）。然而，不管他是以美德还是以某种灵魂上的伟大而发扬了这一尊荣的血统，他都在智识和名望上超越了其他凯法利尼亚人。因此，这个安凯厄斯就受皮提亚[21]（Pythian）的神谕，为阿卡迪亚（Arcadia）[22]和色萨利（Thessaly）[23]建立了一个殖民地。并且除此之外，雅典（Athens）、埃皮达鲁斯（Epidaurus）[24]和卡尔基斯（Chalcis）的一些居民也将跟随着他，并且奉他为首；他将使得一座岛屿适宜居住，因其土地的肥沃，它被叫作梅兰菲勒斯（Melanphyllos）[25]；他也将称他所建立的城市为萨摩斯，与在凯法利尼亚的萨摩斯同名。因此，给他的神谕是这样的："我命令你安凯厄斯，改去殖民海岛萨摩斯，并称它为菲拉斯（Phyllas）。"而这一殖民地既然源自上述各地，也就意味着不仅仅神的荣耀与牺牲彰显并移驻此地，伴随着这些地区的定居者而来的，还有他们的亲属以及萨摩斯人相互之间的联系。

据说，也因此，毕达哥拉斯的双亲墨涅萨尔科斯

（Mnesarchus）和皮塔伊斯（Pythais）是这一殖民地的建立者
安凯厄斯及其同伴的后裔。而这也使得其高贵的出身被市民
们称颂，某一首萨摩斯人的诗歌曾说，毕达哥拉斯是阿波罗
之子。为此他如此唱道：

> 皮塔伊斯，萨摩斯诸部中最白皙
> 从白昼之神的怀抱中诞生
> 赫赫有名的毕达哥拉斯，朱庇特之友 3

    然而，这份报告[26]为何如此流行却是很值得说明的。皮提
亚的神谕预言这位墨涅萨尔科斯［他怀着商业目的来到德尔
菲（Delphi）[27]，带着他未曾显露怀孕迹象的妻子，而正是她就
他的叙利亚之行向神请旨］说，他的航行将会收获颇丰、称
心如意，但他的妻子现在怀孕了，而且会生出一个比所有人
都更具美貌和智慧的儿子，并且这个儿子将会给人们生活的
方方面面都带来巨大的进步。而当墨涅萨尔科斯自己去请旨
的时候，神没有提及关于他儿子的事，而是通过一位先知告
诉他，他会获得一项显赫的特权，以及一种真正的神赐。于
是他立即命名他的妻子为皮塔伊斯，以取代她的原名帕提尼
斯（Parthenis），而且他还把之后降生在腓尼基（Phoenicia）
的西顿（Sidon）[28]城的这个婴儿叫作毕达哥拉斯，如此命名是
为了表示，这一子嗣正是皮提亚的太阳神所预言的。埃庇米
尼得斯（Epimenides）[29]、欧多克索斯（Eudoxus）[30]和色诺克拉底

曾断言阿波罗在此时与帕提尼斯结合，从而导致本未怀孕的她怀孕了，并因此使得如德尔菲先知所预言的毕达哥拉斯出生了。我们必然不能认同这一判断，因为这绝不是事实。[31]的确，没有人能怀疑毕达哥拉斯的灵魂是从阿波罗的帝国被送到世间的，也同样没有人怀疑毕达哥拉斯是神的一名随从，或者说是以某种我们更熟悉的方式与之沟通：因为这不仅仅能从他的出生判断出来，也同样能从他种种灵魂上的智慧判断出来。而这就是关于毕达哥拉斯的诞生。

当他的父亲墨涅萨尔科斯通过一次收获颇丰的航行而获得巨大的财富，从叙利亚回到萨摩斯的时候，他以皮提亚之名建了一座阿波罗神庙。他照顾他的儿子，使之领受各种不同的且最为良好的训诫：有一个时期是跟着克瑞厄弗洛斯（Creophilus），在另一个时期则跟着叙利亚的斐瑞居德斯（Pherecydes），而还有一个时期他诚恳地向几乎所有掌管神圣事务的人推荐毕达哥拉斯，以使得他在神圣事务上能够得到尽可能充分的指导。而他就被教育成了一个如此行为妥当的人，就如在编年史上所被称颂的那样，具有如天神一般的美好的品德。同样，当他父亲去世的时候，虽然他还很年轻，但却已经显露出他最可敬的一面：他举止有节，使得一些上了年纪的人都赞赏并尊敬他；他能让所有的人的注意力都转向他，并且听他说话；他在每个见过他的人面前都能表现得令人钦佩。因此，许多人有充分理由判断：他就是神之子。他正逐渐证明自己：不仅通过从他孩童时代所受的教育，也通过他的内外兼美，以及与日俱增的威望。他也被彰显得越发有魅力：通过他的虔诚和自制，也通过他所过的超然纯粹的生活；通过他坚定的灵魂，也通过他谨守理性的肉体。在他所有的言行之中，都能发现一种无与伦比的宁静和沉着。无论是在愤怒之时，还是在欢笑之际，无论是在唱和意见，还是在据理力争，无论是被他事所扰，还是专心致志。他总是像某些仁慈的神灵那样定居在萨摩斯。因此，尽管此时他还很年轻，却已经声名远扬，甚至赶上了像米利都[32]的泰勒斯（Thales at Miletus）[33]、普里耶涅的毕阿斯（Bias at Priene）[34]这样以智慧而闻名的人物，连隔壁的城市也知道了他的大名。我们还可以补充的是，当时这位年轻人到处都被誉为"长头发[35]的萨摩斯人"，并且被许多人视为正受神恩启发的人而被尊敬。但是当他到了18岁时，也就是大约在珀吕克拉特斯（Polycrates）[36]第一次僭主统治形成的时候，他预见到了在这样一个政府的统治之下，他倾注了所有专注力的学业可能会受到一些阻碍，于是他在夜里私底下就与他的老师，一个叫赫尔谟达马斯（Hermodamas）（他的姓氏是克瑞厄弗洛斯，他是诗人荷马的房东、朋友及医生克瑞厄弗洛斯的孙子）的人分手，而去投入了斐瑞居德斯的门下。并且在那之后，他还师从自然哲学家阿那克西曼德（Anaximander）[37]，并师从米利都的泰勒斯。他同时与这些哲学家都保持着联系。因他行事妥当，所以这些哲学家都爱他，钦佩他的天赋，并向他分享他们的学说。事实上，泰勒斯发自内心地愉快认可了毕达哥拉

6

斯，并且钦佩他与其他被毕达哥拉远远超越的年轻人之间的巨大差距。此外，泰勒斯通过传授给毕达哥拉斯他所能传授的各领域的知识，增加了毕达哥拉斯已经获得的声望。由于自身已然年老，不堪远行，泰勒斯还让毕达哥拉斯航行到埃及，与孟菲斯的祭司和迪奥斯波利坦（Diospolitan）[38]的祭司取得联系。因为据泰勒斯坦承，他自己因智慧而来的声望，都来自这些祭司们的指导。他既非拥有先天的天赋，也非通过后天的训练才得到这些远见卓识，但如今，这两者显然在毕达哥拉斯身上都齐备了。因此泰勒斯高兴地向他宣称，鉴于多种条件已备，只要他再与这些埃及人祭司联系，则必将成为最为聪明、最受神恩的人。

第三节

故而，毕达哥拉斯不仅在其他方面受益于泰勒斯，而且特别从他那里学到了节约自己的时间。为此他完全戒掉了酒和肉类食物，在贪欲面前，他优先选择纤细易消化的食物。这使得他的睡眠变得短促，他的灵魂变得警觉而纯洁，他的身体一直切切实实地处在一种完美的健康状态。得益于这份财富，他得以航行到西顿，让自己的身体适应了当地的水土，通过那里，他很容易就能进入埃及。他在这里遇到了生理学家摩古斯（Mochus）[39]的子孙，以及其他腓尼基的司祭。他通过圣事（这些圣事也同样盛行于其他叙利亚地区），受到了来自比布鲁斯（Byblus）[40]和推罗（Tyre）[41]的神秘智慧的启发。他从事这些事情不是像某些人那样因为迷信，而是出于一种对沉思的爱与渴望。他用一种什么也无法逃脱他的眼睛的细致，来观察并学习诸神隐秘的奥义。由于他先前就曾被传授过腓尼基人的奥秘，这些奥秘如同那些埃及的神圣仪式的殖民地和子嗣，因此他也希望能在这种情况下得以参与到埃及深邃又天才的知识丰碑的美丽与神恩之中。他喜悦的脑海中也同样不忘他的导师泰勒斯的告诫。当时的毕达哥拉斯大部分时间都弃绝人世，而住在腓尼基海岸边的卡梅洛斯山[42]（Carmelus）上的神庙里，当一些埃及水手在卡梅洛斯山下停泊的时候，他立即通过这些水手，启程前往埃及。这些水手开心地接受了他，但却希望通过揭发他并把他卖掉来获得巨大的利益。可是在航行中，当他们发现此人表现得如此克制，如此庄重，与他所选择的生活方式内外如一的时候，就开始对他报以深深的敬意。同时，他们也注意到，在这个年轻人的谦逊中，有着一种比人类本性更为伟大的东西。这使得他们回想起当在卡梅洛斯山（他们知道卡梅洛斯山比其他山更为神圣，非一般人所能前往）的时候，他是如何从山顶上从容地、义无反顾地走下来，对危岩峭壁也不曾皱过眉头。并且到了船上后，他也只是说："你们往埃及去吗？"在得到了他们肯定的回答之后，他就上了船。他端坐船中，一言不发，整个航程中也没有妨碍水手的工作。毕达哥拉斯三天两夜保持着一种同样的静止不动的状态，既不吃饭，也不喝水，还不睡觉。除非他是在这种坚定而平静的状态下坐着的时候小睡一会儿，他才可以不被所有的水手发现。而且我们要补充的是，当水手们想到为什么他们的航行与他们所预想的相反，一直持续而不受打扰、有如神助的时候，他们通过以上种种得出了一个结论，那就是实际上是有一个神灵与他们一起从叙利亚来到了埃及。于是，他们比之前更加恭敬地与毕达哥拉斯交谈，在一片极为平静的海面上完成了他们剩下的航程，最终愉快地在埃及海岸登陆。这时，水手们恭恭敬敬地搀扶着他走下了船，在他们把他安置到最纯净的沙滩上之后，在他面前建立了一个临时的祭坛。他们把树上的果实在祭坛上堆得老高，将这作为此行货物中最上等的果实献给他。然后，他们离开了那里，急忙赶往他们的目的地港口。而由于长时间的绝食，毕达哥拉斯的身体变得越来越虚弱，他没有反对水手们帮助他下船，并在他们离开后尽可能地吃了许多水果，以滋养衰弱的身体。从那里，他又安全抵达了邻近的土地，自始至终都保持着一贯的宁静与谦逊。

第四节

而在这里，当他以最大的勤奋和敏锐的洞察频繁拜访埃及所有的庙宇时，他受到了所有与他接洽的祭司和先知们的钦佩和爱戴。他以极大的关切了解每一件事情的细节，在此之上，他也没有忽略去听取关于他那个时代的任何大事，或者任何一个以智慧闻名的人，以及不管以任何形式出现的神秘事物；凡是他认为能得到更为上佳发现的地方，他都必然要去造访。就这样，他走访了每一个能给他提供智慧的人。他在埃及的神庙圣所之中花了二十二年，以研究天文学和几何学；他探索诸神的奥秘十分深入、十分细致，直到被冈比西斯（Cambyses）[43]的士兵们所俘虏，并被带到巴比伦。在这里，他愉快地与东方的博士们[44]（the Magi）交流，从他们那里学到了让人肃然起敬的知识，也从他们那里学到了对神最完美的崇拜。同样，在他们的帮助下，他达到了算术、音乐，以及其他学问的巅峰。毕达哥拉斯在和他们交往了十二年之后，约在五十六岁那一年回到了萨摩斯。

10

第五节

而当他回到萨摩斯的时候，一些上了年纪的居民认出了他，他们对他的尊敬丝毫没有减少。因为他在他们面前，显得更为美丽，更加智慧，更具有一种神圣的优雅。因此，他被他的城邦公开请求，通过向他们传授他所知道的一切来造福所有人。他没有反对这个请求，但他努力引入了一种象征化的教学模式，在某种程度上完全类似于他在埃及接受教诲时所用的文本。[45]可是萨摩斯人不太接受这种教育方式，也不太遵从与之相应的要求。尽管没有人来听他讲学，也没有人真正想要那些他竭尽所能地希望向这些希腊人传授的学问，但他也没有因此轻鄙萨摩斯，因为这是他的城邦。也因此，就算他们不愿意接受这些学问的教诲，他也仍然希望让他的同胞们能够品尝这些数学学问的美妙和甘甜。出于这个想法，他采用了以下方法和技巧：有一天，他看到一个非常喜欢体操和其他身体运动的年轻人在体育场里玩得不亦乐乎，但这个年轻人在生活方面却遇到了困难。毕达哥拉斯就想，只要让他有足够的生活必需品而不用为此奔波，那么应该很容易就能说服此人跟随自己。因此，当这个青年一走出浴室，毕达哥拉斯就走到他跟前，承诺将为他提供一切必要所需来支持他的身体锻炼，条件是他得从毕达哥拉斯那里逐步地接受轻松、持续也因此不用一下子就负担很多的学问。这些学问他年轻时从蛮族那里学来，而现在由于他的健忘和日渐年老，已经开始渐渐变得荒芜。这个年轻人一下子就接受了这些条件，因为他想获得必要的支持。因此，毕达哥拉斯努力指导他学习算术和几何，用算盘记录他的每一次演示，他每掌握一个图形，就给他三个奥波利[46]（oboli）奖励他的所学。这样持续了很长一段时间，毕达哥拉斯让这个年轻人产生了对荣誉的渴望，对几何理论产生了兴趣，而毕达哥拉斯也如之前所说的那样，对他掌握的每一个图形，都给三个奥波利奖励。当这位智者观察到这些学问的优雅、甜蜜和错综有序已经将年轻人带入了一条井然有序的道路，并深深地吸引了他，使得他尽管要遭受极端的贫困也不会忽视这些追求的时候，毕达哥拉斯就假装贫穷，表示没有能力再给他三个奥波利了。

而这个年轻人听完后说道："没有这些，我也可以来学习并且接受您的训练。"于是毕达哥拉斯说道："可是我也养不起自己了。"并且解释道，他必须劳动去获得日常所需之物和世俗的食粮，因此他的注意力不应该再被算盘和愚蠢而徒劳的追求所分散。然而这个年轻人十分不愿意放弃他的学业，他回答说："以后我会像鹳鸟那样供养您，以报答您的恩情，每个图形我会给您三个奥波利。"从这个时候起，他就被这些学问迷住了。在所有的萨摩斯人中，只有他一个人远离他的家乡搬来跟随毕达哥拉斯。他也用了与毕达哥拉斯一样的名字，只是他是埃拉托克勒斯（Eratocles）的儿子。有三本书曾经记载了这个爱运动的萨摩斯人，其中有一本说毕达哥拉斯让这个运动员食用鲜肉以代替无花果，这本书里面，对于墨涅萨尔科斯的儿子毕达哥拉斯在有些方面有着非常不正确的描述。这本书里说，在同一时期，毕达哥拉斯在提洛（Delos）[47]受到尊敬。有一次，他走近那他所谓的父亲阿波罗的无血祭坛，然后敬拜它。在那之后，他找遍了所有的先知。他同时开始花一些时间在克里特岛和斯巴达居住，目的是掌握他们的法律。并且，在他成为一名这些法律的监督者和精通者之后，他回到了他的家中去寻找他所遗漏的东西。他确实首先在城里建立了一座学校，它现在被称为毕达哥拉斯的半圆（the semicircle of Pythagoras）[48]。如今，萨摩斯人在里面商议公共事务，一如关心所有人福祉的他所设想的那样，发挥着主持公正、促进福祉的作用。他还在城外挖了个洞穴，并在其中度过了他大部分的日夜，以此来印证他的哲学。他致力于研究学问中有用的东西，就如同朱庇特之子米诺斯（Minos）[49]那样打造他的知识堡垒。事实上，他远远超过了之后加入他学派并且从一些不那么重要的定理中提取知识并且获得巨大成就的人，因为正是毕达哥拉斯完成了这一科学的神圣水晶球，并通过算术和几何将其完全展现出来。而且他还因之后取得的一个更大的成就而被尊敬。因为在当时，哲学获得了巨大的发展，他被所有希腊人所敬佩，其中最优秀的哲人就为了他而来到萨摩斯，希望能够分享他的博学。于是公民们就派出所有的使节去请他，让他务必要在公共事务上统领他们。然而，由于他很轻易就看出了自己无法一边为国执法，一边又待在家里进行哲学研究，又考虑到所有这些他眼前的哲学家已经背井离乡而来，他就决定忽略任何政治职位而为他们讲学。根据其他人的证词，由于萨摩斯人在教育上的怠慢，促使他前往意大利。他构想在那里建立他理想中的城邦：在这个城邦中，乐于向学的人将比比皆是。这是一趟极为成功的旅行，当他达到克洛同（Crotona）[50]这个最为高贵的意大利城市之时，他的追随者据说已经达到了六百人。所有这些人都对他关于哲学研究的演说感到兴奋，也同时希望友善地一窥哲学家日常生活中的美好。在这个地方，他们得到了一个称呼，叫作教团（Caenobitae[51]）。

第六节

以上这些可以说是在践行哲学。他的弟子中大部分都是旁听者，他们被称为"Acusmatici"。根据尼科马库斯（Nicomachus）[52]的说法，当毕达哥拉斯第一次来到意大利时，单是一次公开正式演讲，就能有两千多听众。这些人往往拖家带口，连同他们的妻子和孩子一起被归入更为巨大的被称为"homacoion"的普通听众群里。他们数量之大，以至于在我们称之为"大希腊[53]"（Magna Graecia）的地区建立起了城市。这些数量庞大的人，一起接受毕达哥拉斯的法律和命令，就如同接受圣谕。没有他的命令，他们不从事任何工作。他们以一种极大的和谐居住在一起，以受赐福之人的姿态与他们的邻居一起列队庆祝。同时，如我们已经看到的那样，他们共享财产。而且又出于对毕达哥拉斯的崇敬，他们将他列入众神的行列，当作一个富有善心、利益众生的神灵来崇拜。有些人尊奉他为皮提亚之子，而有些人尊奉他为许珀耳玻瑞亚[54]的阿波罗（Hyperborean Apollo）。有些人认为他是佩恩（Paeon）[55]，而另一些人则认为他是来自月亮的神灵。更有一些人称颂他为奥林匹亚诸神之一，[56]为了造福并且纠正凡人的生活，而以人的形态出现在那个时代，从而得以用喜悦和哲学的无上光芒照亮他们。确实，从来没有过比毕达哥拉斯身上展现出的更大的善，而这种恩赐若非通过毕达哥拉斯也无法及于人类。由此，这个"长头发的萨摩斯人"，成了最受人尊

14

敬的人。亚里士多德在他的《论毕达哥拉斯的哲学》(*Treatise on the Pythagoric Philosophy*)中提到,毕达哥拉斯学派曾在他们的奥义中有着这么一种看法:在理性动物中,神是一种,人是另一种,而还有一种就如毕达哥拉斯这样。实际上,他们很有理由把他理解为这样一类人:通过他,人们得以对英雄、神灵有了一个正确的、符合事物本身的概念;也通过他,人们得以对世界、对各种各样的天体的运动及其相对位置、对其盈亏(eclipses)、奇(inequalities)绝(eccentricities)与圆满(epicycles)有了一个正确的、符合事物本身的概念;还是通过他,人们得以对天地之间的各种自然现象,连同居于其中的无论是显露的还是隐藏的性质有了一个正确的、符合事物本身的概念。没有什么东西(在所有各种变化的信息中)与现象对立,抑或是与智慧的观念对立。我们还可以补充说,所有这些学问、理论和科学研究,都擦亮了灵魂之眼,使得智识从另一种不同的学习所带来的盲目性中得以净化,从而能够认识宇宙的真正原理和原因——以上所有这些都是毕达哥拉斯为希腊人所开辟的。除此之外,最善之政、众人和睦、友人之间共享财富、对诸神的敬拜、对死者的虔敬、立法、博学、沉默、持斋、自制、节制、洞察、神性,用一个词来说,就是光。不管喜好学问的人急切地追逐什么,他们都在追逐毕达哥拉斯所带来的这道光。正如我刚才所说,所有这些都可以归结为,他在每一个地方都被如此超乎寻常地爱戴着。

第七节

因此，在这之后，我们将会讲述他是如何旅行的，他第一次造访了哪些地方，他做了什么演说，关于什么话题，是对谁说的；因为这样，我们将很容易理解他与当时的那些人们交往的性质。据说，他一来到意大利和西西里，就知道这些城邦用奴隶相互攻伐：有些发生在久远的过去，有些发生在最近期间。他用对自由的爱激励居民们，并通过以他为督察员的方式，让克洛同[57]、锡巴里斯（Sybaris）[58]、卡塔涅斯（Catanes）[59]、雷吉乌姆（Rhegium）[60]、希梅拉（Himaera）[61]、阿格里真图姆（Agrigentum）[62]、陶洛墨纳斯（Tauromenas）[63]及一些其他的城市重新获得了独立，并为这些城市建立了法律。他借由卡塔涅斯人卡隆达斯（Charondas the Catanrean）[64]和洛克里人扎莱乌库斯（Zaleucus the Locrian）[65]之手施行这些法律，并让这些城市变得繁荣，从而在相当长的时间里，成为被邻国效仿的榜样。此时的意大利和西西里的所有这些城市都被各种小肚鸡肠的恩怨所困扰，而他把这种骚乱、不和和党派狂热的情况完全地颠覆过来。受他影响的不仅是他的相识们，也包括了他们的后代好几代人。尽管历史最终告诉我们这段时间并不长，但至少在短期内确实如此。以下的这些警句总是被他用于各地，不管是在人多的场合还是人少的场合。它们就像神发出的具有说服力的预言，也可以算是他个人观点的一个缩影和总结：我们不该让人们肢体分离，无论是用火还是用剑，或是其他的种种手段；就如同我们应当让身体远离疾病、让灵魂远离无知、让口腹远离奢侈、让城市远离骚乱、让家庭远离不和，以及同时让所有事情都远离过分。通过这些警句，他带着父亲般的慈爱，以最完善的信条来提醒他的每一个弟子。而这就是他在当时最为常见的传道形式，不仅通过言论，也通过行动。当然，如果有必要在他的言行之间，建立一种更为特殊的关系的话，我们必须注意到一件事情，那就是他来到意大利的时间，正是第62届奥林匹克运动会的时候，当时卡尔基斯的阿里克西达斯（Eryxidas of Chaicls）正在运动场上大肆征服。但当毕达哥拉斯航行到提洛岛时，他就像往常那样显得光彩夺目，吸引了众人的注意。因为在那里，他在他的父阿波罗的无血祭坛前做敬拜，他因此也受到了岛上居民的爱戴。

第八节

也在那个时候，他准备从锡巴里斯到克洛同去。他在海岸附近遇到了一些渔夫，他们在那里拽着沉重的渔网。那渔网里装满了来自深海的鱼。他告诉他们，他知道他们抓到的鱼的具体数目。渔民们承诺，如果事情正如他所说，那么他们愿意听从他的任何指令。于是他就在他们点完鱼的具体数目之后，让他们放这些鱼回到大海里。而更神奇的是，尽管这些鱼已经被带出水里相当长时间了，但当他站在海岸边的时候，没有一条鱼死去。在向渔民付了鱼的钱之后，他就离开了，去了克洛同。这些渔民到处传播这件事情，使得他的名字连孩童也知晓了。他们把这件事告诉了所有人。也因此，听说了这件事情的人都渴望见见这个陌生人，而他们的渴望也很快得到了满足。他们惊讶地打量着他的面容，不敢相信他就是这么一个真实的人。又过了几天，他走进了体育场，被一群年轻人包围，据说他在此向他们做了一个演讲。在演讲中，他让他们要多注意他们的长辈，并向他们揭示：在这世界中、在城邦里、在生命中以及在自然中，井然有序地做事比自然而然的结果更为光荣。就如同，东方比西方更为光荣，而早晨比夜晚也更为光荣；开始比结束更为光荣，而生产比堕落更为光荣。他用同样的方式观察到，本地人比外来者更为光荣，殖民地的领导者比城市的建立者更为光荣；宇宙中的诸神要比神灵更为光荣，神灵又比半神更为光荣；而英雄比人类更为光荣。基于这些，他也认识到，时代的创造者要比他们的后代更为光荣。然而，他提供这些论证，是为了引导这些孩子去尊敬他们的父母。他断定，他们亏欠他们的父母的，就如同一个死去的人亏欠把他拉回到光明中的人那样多。最后，他又得出结论，爱他们的父母胜过爱其他人无疑是正确的，永远不要给这些在最大程度上造福他们的人带来痛苦。而父母早在他们的孩子降生之前就已经开始为他们造福，他们所有的直接行动都会影响到他们的子女。当孩子们对他们尊重不下于他们的父母为他们所造的福的时候，

18

他们的尊重就不会有错。因为有许多理由让我们认为，神会确认人们是否敬他们的父母不下于敬神自己，因为我们是从父母那里学到了敬神。所以荷马也给众神之王加上了同样的称谓，叫他"众神和众生之父"。许多其他的神话学家也同样告诉我们，众神之王一直都怀着强烈的愿望，试图通过婚姻以及孩子对父母的爱来证明他们对世人过剩的爱。为此，这些神话学家同时引入了众神的父亲的假设和众神的母亲的假设[66]。前者产生了密涅瓦（Minerva）[67]，而后者产生了伏尔甘（Vulcan）[68]。这两者在性质上是相互对立的，但也因为这种距离，他们产生了友谊。

他所有的听众也表示，他们同意神的判断是最为妥当的。他说，他会用把克洛同的建立者带到这个殖民地的赫拉克勒斯（Hercules）[69]来做例子，来向克洛同人说明，自愿听从父母命令是必要的，因为他们从传统中知道，这位神听从了长者的命令，自己承担了许多繁重的工作，才在这些他肩负的使命中无往不胜，并且这才创立了用于纪念他父亲的奥运会。他还向他们展示说，他们应该以这样一种方式相互联系起来：从不应该向他们的朋友们流露敌意，而对敌人则应该最快地成为他们的朋友；他们面对长辈应该表现得谦逊，用孩子最温柔的态度去对待他们的父母；他们面对他人则要博爱，以兄弟般的情谊和关怀去对待他人。

接下来，他又提到了节制。他说，人在年轻时期应该对他的天性进行试炼，这是欲望最为勃发的时期。然后，他又开始热心地告诫他们，一定要考虑这一美德究竟与哪些人相称：是男孩还是女孩，还是女人，或是那些听从长者的人？尤其是在共同体当中的年轻人，一定要好好考虑这一问题。他还补充说，单单是这种美德，就已经可以说是从灵魂和肉体上都领会了善，因为这留住了健康，也留住了最大的学习欲望。而且，从反面的角度来说，事实也是显而易见的。出于一个人的不节制，蛮族和希腊人为了特洛伊而相互交战。他们各自都陷入了最为可怕的不幸之中，这种不幸部分体现在这战争本身，部分则是体现在回到他们故乡的时候。而根据神的旨意，单单是对不公正的惩罚就应该持续一千零十年，而洛克里人则必须每年都将少女送进特洛伊的密涅瓦神殿去。这是一个预言了特洛伊的陷落的神谕中说的。毕达哥拉斯还劝诫年轻人修习学问，因为他们应该已经判断出来，理性的力量是所有事物之中最为伟大的，并且他们应该已经通过理性的话语去讨论其他的事物，但仍然不愿意为之花费时间和精力，这是多么的可笑！他们应该博学，应该像那些值得尊敬的好人那样，至死不渝，应该学习某些人在死后得到不朽的名声。毕达哥拉斯所做的这类意见表达，部分是出自历史，部分是基于哲学信条。他在其中表明，博学是一种天性上的卓越，每一个有智慧的人都拥有这种天性，并且它在人类天性中是排在最前列的。因为这一发现，所以他要让其他人也变得博学，正因为它从本质上是如此值得追求。相较例如力量、美貌、健康和财富这些值得称赞的目标，它更不可能通

20

过另一个人去得到。而相较财富、权力等我们提到过或者没提到过的东西，别人也无法从一个人那里继承博学。然而，我们又可以说，若是博学能够从另一个人那里接受，那么它又能够同时不会使给予者损失他所拥有的东西。用同样的道理来说，有些善是人不能继承的，但我们有能力通过自身正确而审慎的选择去接受训练。那么接下来，当这个被如此训练的人涉足他自己国家的管理事务当中时，就不是出于他的傲慢，而是出于他的博学。因为，仅仅是教育，就可以让一个人区别于野兽，一个希腊人区别于野蛮人；也能让自由人区别于奴隶，让哲学家区别于粗人。简而言之，那些博学的人拥有那些不具备博学的人所没有的超越性。就如同我们在一个城市里找七个人，其中一个人可以去参加奥运会，因为这个人在跑道上比别的人跑得更快；同样，在这整个可以居住的世界上，那些智慧超群的人，也要在七个人里面找一个。而在毕达哥拉斯所生活的年代里，他在哲学上超越了其他所有人。因为他称他自己为"哲学家"，而不是一个智者。

第九节

这些确确实实就是毕达哥拉斯对体育场里的年轻人所说的。而当他们把他们所听到的告诉他们的父母之后，有一千多人把毕达哥拉斯叫进了元老院，对他对他们的儿子们所说的话大加赞赏。并且，他们希望，如果他还有任何对克洛同人要说的话，那就去向那些管理者中的领导人说。他首先建议他们建一座神庙献给缪斯（Muses）[70]，以确保他们会遵守现有的和睦。因为他认识到，所有这些神祇都使用一个共同的名字（即缪斯），她们结伴生活，尤其是享受共同的尊敬，简单来说，就是她们从来都是一个整体，从来都是一起合唱。他同时更进一步说，她们自己领会了交响、和声、旋律，以及一切能促进和谐的事物。她们显然证明了她们的力量不仅仅包括那些最为美妙的定理，同时也包括了事物的交相辉映与和谐共处。接下来，他又说，她们有必要从接受她们的城邦的广大公民那里收取一些报偿，作为共同存款。而且，这样管理是十分有必要的，只有这样他们才能坚定信心、忠实地管理好这笔存款，使之能够成为一份可继承的财富泽被后世。而如果他们在任何事情上都平等地对待他们的公民，只让正义置于他们之上，那么影响必然是巨大的。因为人们都知道所有地方都需要正义，他们在寓言里听说过忒弥斯（Themis）[71]与朱庇特一样都是十二主神之一；而狄刻（Dice）[72]，也即正义，是坐在普鲁托（Pluto）[73]旁边的；而城市里则需建立起法律，以防止那些行为不正的人，做不符合他的社会身份所要求他做的事，也同时防止他对整个世界也做出不正的事来。他还补充说，长老们不应该将神用在各种宣誓之上，而应该让他们自己的话即使没有发誓也值得信任，这才是正确的做法。并且同时，他们也应该如此去管理城邦事务，去让他们的政府机关执行他们深思熟虑的选择。接着，毕达哥拉斯又对着克洛同人说，他们也应该真心对待他们自己的子孙后代，因为作为唯一对此有概念的动物理应如此；他们也应该如此对待他们生活的伴侣——他们的妻子，不应该总是念念不忘把契约刻在桌子上和柱子上，而应该刻在与妻子一起培育的孩子身上；同时他们也应该努力让自己被他们的子孙后代所敬爱，不是通过天然的亲缘关系，而是通过深思熟虑的选择：这才是发自内心的善行。

他进一步指出，他们应该谨慎行事，除了他们的妻子，不要与任何人有瓜葛，以免妻子用有意忽视和恶劣的行为来否认私生的种；他们也应该考虑到，他们既然在娶妻的时候向维斯塔（Vesta）[74]的灶台上献上了酒，那么在带她们回家的时候就应该视她们为神的供品，应当如神本身一般来看待。他们应该通过有序的行动和节制，来成为他们自己家庭和所居住的城邦的榜样。除此之外，他们还应该防止人作恶，也不能让那些不害怕法律惩罚的违法者藏匿起来；并且出于对美丽而有价值的举止的尊敬，应该将那些人绳之以法。他还告诫他们要从一切行为中驱逐懒惰，因为他说好运只会出现在每一次行动之后。他把父母与孩子们的彼此分离，定义为最大的伤害。然后他说，一个能预知什么对他自己有助益的人，应该被视为最卓越的人；而那些能够从别人发生的事情中领会出有用教训的人，拥有次一等的卓越性；而那些总是等着想要知道什么是最好的人，最终只会自己受苦，这是最差的人。他还说，那些希望得到尊敬的人，只要效法在那条道路上获得冠冕的人就不会犯错。因为那样不会伤害他们的对手，而只要独善其身就能获得胜利。而这也适用于那些从事公共管理事务的人，他们不应该对与自己闹矛盾的人发怒，反而应该去帮助他们，比如服从于他们。他同样也告诫每一个有志于获得真正的荣耀的人，要在其他人面前践行自己的期望。因为忠告并不像赞扬那么神圣，前者只对人有用，而后者通常指向神。在最后的最后他又说，他们的城市刚好是由赫拉克勒斯所建立的，当时他正驱赶着牛经过意大利，而且已经被李锡尼（Lacinius）[75]所伤。而当他在帮助克洛同[76]（Croton）守夜的时候，又因为误以为后者是敌人，而在不知情的情况下杀了克洛同。事发之后，赫拉克勒斯承诺在克洛同的墓室旁建起一座城市，并且为这座城市取名克洛同，使得他因此变得不朽。为此，毕达哥拉斯说，他们为所收到的福祉做回报是十分合适的。而这些克洛同人听到说要为缪斯建一座神庙，并且还要遣散他们业已习惯的娼妓，他们就要求毕达哥拉斯与皮提亚阿波罗神庙里的男孩们以及朱诺[77]神殿里的妇女们交谈。

第十节

因此，毕达哥拉斯遵从了他们的意愿，据说他给了男孩们如下的建议：他们不应该辱骂任何人，也不应该报复那些辱骂他们的人。他同时告诫他们要勤于学习，这是符合他们年纪的。他补充说，对于一个谦逊的年轻人来说，保持正直并贯彻一生是容易的；但是如果在那个年纪里秉性没有收敛好，那么保持正直则是困难的；而对于那些怀着恶意的冲动而开始保持正直的人，则不可能顺利保持到最后。此外，他还指出，男孩们是神所最为珍视的，因此在大旱的时候，他们被各个城邦送去向神求雨，正是出于相信神会特别对待这些孩子们。反而，那些有权不断修习神圣的仪式的人，却很难完美地得到净化。还有一个例子也说明了这一点，那就是在关于最慈爱的神，阿波罗和爱神的画中都普遍出现了男孩们。而且我们还知道，在某些比赛中胜利者要戴上冠冕，这也是由男孩们来制作的。而皮提亚，实际上是巨蟒皮同（Python）被一个男孩杀死的结果。[78]还有涅墨亚赛会和地峡赛会，也是由于阿耳刻摩洛斯（Archemorus）[79]和米利色特斯（Melicerta）[80]的死亡而出现的。此外，就如上面所提到过的那样，在建立克洛同城的时候，阿波罗向建造城市的人许诺，只要后者在意大利建立一个殖民地，他就将赐予后者一个子嗣。从这里可以看出，阿波罗早就在冥冥之中参与了他们的繁衍。既然所有的神都在注视着不同年龄的人，那么他们也应该证明自己配得上这份来自神的友谊。他还补充说，他们应该用倾听来训练自己，使得他们能够得以讲述。进一步来说，只要他们进入了他们打算一直走到老年的道路，那么他们就应该追随那些先行者的脚步，而永远不要与比他们自己年长的人闹矛盾。因为这样做，能使他们马上意识到自己也不应该被他们的晚辈所伤害。根据这些训诫，我们必须承认他配得上众人用神圣之名称呼他，而非只是用他自己的名字称呼他。

第十一节

但是那些他被要求去见的妇女们却有如下要求：首先，他们既然希望另一个人来为他们祈祷，那么这个人就应该是可敬而善良的，因为诸神正希望如此；而且他们也有必要采取无私和谦逊的姿态来献上最高的敬意，以使得诸神能够欣然去听取他们的祈祷。然后，他们应该将自己亲手制作的东西献给诸神，应该在没有仆人的帮助下前往祭坛，然后献上类似蛋糕、蜂蜜和乳香等物。但他们不应该用鲜血和死尸来祭拜神，也不应该一次供奉太多东西，就好像以后就不准备再来献祭。带着对于她们对男人们的回复的敬意，毕达哥拉斯劝她们考虑一下她们的父母赋予她们的女性天性，也就是她们应该爱她们的丈夫更甚于那些让她们存在于世上的人。也因为这样，她们既不用反对她们的丈夫，也不必再向他们屈服便可以将事情处理好。更有甚者，据说在这同一个集会上，毕达哥拉斯也做了著名的论断，说一名妇女在与她的丈夫结合并在当天举行了神圣的仪式之后，她就是神圣的；但她一旦与任何别的男人结合，就永远不再神圣。他也劝诫这些妇女，让她们在一生中多说些讨彩头的话，以使得别人会

26

为她们预先说好话。他同时纠正她们，让她们不要破坏众人的名声，也不要去指责寓言的作者，因为他们只是试图探讨妇女们从服装和饰物而不是从证据去判断他人的正义性，毕竟从这种自信中得出的结论并未产生诉讼，也不产生矛盾。毕竟妇女们经常相互交流，因此得到的结论难免一致。他又进一步说，他既然被称作众人之中最为明智的人，并且能以人类的状态发声，那么不管他究竟是一位神（god）还是一位神灵（deamon）[81]，或者说是一个某种程度上受了神恩的人，他都可以为人起名。[82]他认识到妇女的天资最多地表现为虔诚，于是就根据她们不同的年龄给她们冠以某些神的名。于是他就把一个未婚的女性，叫作普洛塞庇娜（Proserpine）；把一个新婚的妇女，叫作宁法（Nympha）；把一个带着孩子的，叫作玛塔（Mater）；把一个老妇人，根据她的多利亚[83]（Doria）口音，叫作玛伊亚（Maia）。这也是符合惯例的，因为多多纳（Dodona）[84]和德尔菲的神谕都是借由一个妇女之口来揭晓的。据说，通过毕达哥拉斯对虔诚的赞美，使得妇女们的着装发生了巨大的变化，以至于女人们再也不敢穿昂贵的衣服，反而奉献了无数的圣衣去装点朱诺的神庙。这次集会据说还导致克洛同人的丈夫对妻子的忠诚被广泛赞颂。正如同尤利西斯（Ulysses）[85]如果背弃了珀涅罗珀（Penelope）[86]，那么他将不会从卡吕普索（Calypso）[87]那里受赠永生。毕达哥拉斯也因此得到判断，妇女们应多向她们的丈夫展示她们高尚的情操，以使得他们也会像尤利西斯一样可敬。简要来说，有记录表明，毕达哥拉斯通过上述集会，不仅仅在克洛同，也在整个意大利获得了无尽的荣耀和尊敬。

第十二节

据说，毕达哥拉斯是第一个把自己称作哲学家的人。这并不是说要给自己一个新的名字，而显然是在用这种方式告诉我们要让自己的行为配得上名字。因为他说，人进入当下生活的方式，就是加入一些公共场所的人群中去。因为各种观点的人都聚集在那里：有些人可能为了金钱和收益而急着兜售；有些人可能试图通过展示自己身体的力量而获得名声；还有可能有这么一类最自由的人，他们聚集起来就是为了研究各地，为了美妙的艺术作品，为了栩栩如生的标本，以及经常在这些场合展出的文学作品。同样，在这现世的生活之中，各种追求不一的人也同样聚集在这些地方。有些人被对财富和奢侈品的深深渴望所影响；有些人被对权力和支配的热爱所影响；而有些人则被对荣耀的雄心壮志附了身。但最为纯洁而不沾染邪佞的品格，正是让自己投入对最美好事物的沉思之中。这样的人可被恰如其分地称为哲学家。他补充说，探究诸天和点缀其中的星辰，这无疑是美的，尤其是在想到那些支撑其运行的秩序之时。因为他们通过参与到这最初的知识本源中去抽取出美与秩序。而这第一本源就是数的性质和充斥于所有事物的理（比如生产性的原则），而通过它，

29

所有的天体被优雅而妥当地安置起来，装饰着星空。而所谓真正的智慧，实际上是一种与这些最美的事物共通的科学，是其神圣、不朽，以及所呈现出的一贯不变的自给自足。通过这些性质，其他的事物也可以被称为美。而哲学就是对这一类事物的渴望。因此，致力于博学同样也是美丽的：毕达哥拉斯为了让他的话正确地影响人们，就加上了这样一句话。

第十三节

另外，如果我们相信那么多可信的古代历史学家所写的关于他的事情的话，就可以看到毕达哥拉斯的话语中带有某种召回和忠告的性质，其范围甚至涉及非理性动物；我们也可以从他的观点中推断出，学习优于被赋予智慧，因为尽管野兽被认为是被剥夺了理性的，但它们也可以被驯服。因为据说毕达哥拉斯曾经让道尼亚[88]的熊（Daunian bear）平静下来，这熊已经严重伤害了好多居民，但他用他的手温柔地抚摸它好久，用谷物（maize）和橡子喂它，并让它发誓不再碰任何活物之后，放走了它。之后这头熊立刻躲进了深山老林里，再也没有人看到过它袭击任何没有理性的动物。同一时期，他在塔壬托姆（Tarentum）[89]看到一头牛在牧场上觅食，和其他动物一样吃着青豆。他建议牧人去告诉牛让它不要吃豆子。但牧人却笑话他，并且说他不懂牛的语言，如果毕达哥拉斯懂，那也没必要建议他去和牛说话，反而应该自己去建议这动物不要吃这些食物。于是毕达哥拉斯就走到牛身边，对着牛轻声说了很久。结果，这牛不仅马上不再吃豆子，而且据说之后也没有再吃过豆子。这头牛也在塔壬托姆的朱诺神殿附近活了很久，直到它老了还在那里，并被人称为毕达哥拉斯的神牛，那些带着人类的食物来的人会用食物喂它。又在这同一时期，他还和他的熟人讨论了鸟儿、神迹和异象，并认为这些都是众神派来的使者，是众神派给那些真正亲近神的人的。据说他让一只飞越了奥林匹亚的老鹰落在他身上，他轻轻地抚摸了它之后，才把它放走。所以，通过这几件，以及其他类似的事情，他证明了他有俄耳甫斯[90]那样的神通，可以支配野兽。他能用他嘴里说出来的话，来劝诱、驯服这些野兽。

第十四节

同时，他最大的学问来自其对关乎众人的事有着守护者般的关注，这对于那些有志于学习其他事情[91]的真理的人应该说是注定的。他用最明白而有据的征兆来提醒许多他熟悉的人，告诉他们在寓居于现在的肉体之前，他们前世的灵魂所寓居的地方。并且，他用不容置疑的征兆说明，他是潘托奥斯（Panthus）的儿子欧福尔波斯（Euphorbus）[92]，是击败了帕特罗克洛斯（Patroclus）[93]的人。他特别赞赏《荷马史诗》中给他自己送葬的诗句，常常弹着里拉琴（lyre）优雅地唱着，回

31

环往复、绵绵不绝：

> 欧福尔波斯怦然倒地，盔甲琅琅响，
> 他那美惠女神般秀丽的头发和用
> 金线银线扎起的发辫沾满了血污。
> 如同有人将旺盛的橄榄树苗
> 栽到空旷的地方，好让它多吸收水分，
> 幼苗茁壮地成长；和风从四面吹来，
> 轻轻地把它拂动，朵朵花儿繁茂；
> 一天忽然刮来一阵暴烈的狂风，
> 把小树连根从泥里拔起扔到地上。
> 阿特柔斯之子墨涅拉奥斯也这样杀死了
> 潘托奥斯之子，名枪手欧福尔波斯，剥下铠甲。[94]

这个弗里吉亚人欧福尔波斯的盾牌，与其他特洛伊的战利品一起被奉献在阿尔戈的朱诺那里。这类受人欢迎的细节，我们本该在此省略，但是，他正是想通过这一切的细节，来表明他知晓曾活过的前世，并且在此之后，他开始用他的神知去关注他人，让他们回忆起自己的前世。

第十五节

然而，要关注众人，首先需要关注的是那些通过感知发生的事情。因为一旦有人感受到外观和形式的美丽，听到美

妙的节奏和旋律，他就会第一次从音乐中建立起博学。从音 32
乐中，他获得了某种人类方式的救赎和激情，也第一次达到
了与灵魂的誓言者之间的和谐。毕达哥拉斯考虑到上述缘由，
就想出了同时抑制并驱逐灵魂和肉体上的疾病的药物。以朱
庇特之名，我们在所有的细节中最值得被提到的，就是他为
他的弟子们整理并校正了乐器和音律。他有如神助般地将这
些全音阶、半音阶、和声旋律混合在一起，使得他能够通过
这些旋律把弟子们近期形成的非理性的、隐秘的灵魂中的激
情——比如悲伤、狂怒、惋惜、滑稽的争吵，以及恐惧、各
种欲望、愤怒、贪吃、傲慢、懒散和冲动——引导到相反的
方向。他用美德来纠正每一个错误，通过合适的旋律来调节
他们的内心，正如使用某种有益健康的药物。同样，每当夜
幕降临，当他的弟子们开始休息入睡，他就会用这些方法把
他们从白昼的纷繁与骚动中解放出来，净化从他们的肉体之
身中一波又一波满溢而出的智识的力量，使他们安然入睡，
使他们做个愉快又充满预言的美梦。而当他们再次从床上起
来时，他会用某种特殊的歌声和变调，通过简单地拨动七弦
琴来驾驭歌声，从而把他们从黑夜的沉重中解放出来，变得
放松而沉静。然而，毕达哥拉斯却不用诸如乐器或声音等物
来调节他自己，他总是运用某种不可言说的、难以理解的神
性。他竖起耳朵，将他的神识固定在世界这一庄严的交响乐
中，他独自一人倾听并理解整个天穹的大共鸣和大合唱；星
辰在其中运转，使得这一旋律更为饱满、更为强烈，胜过了 33

所有世俗的声音。[95]这旋律是不同的声音、速度、幅度、节拍以某种音乐性的比例，相互参照排列的结果，因此显得格外轻柔，同时又显示出各种运动和回环往复的美。因此，我可以说，伴随着这旋律一起浇灌的，还有他通过理性的智慧精心安排的训练。他决心将这些图景尽可能地展示给他的弟子们看，尤其是要通过乐器来做一个模拟，只通过声音来展示这些。因为他考虑到，只有他可以将这些植根于大自然，并且从中涌出的声音，借由凡间的声音而被世上所有的居民听到并理解。因此，他认为自己值得领教并学会一些关于天体的东西。通过欲求和模仿，他可以接近它们。因为他的身体合适，所以他是这世间唯一一个可以通过启发他的神灵的力量而适应这些的人。但他也理解到，由于众人无法真正理解事物最初的，也是最纯正的原型，所以他们应该满足于通过他和他所拥有的天赋来从图像和例子中受教并受益。确实，对于那些没有能力直视太阳的人来说，透过他超凡的光彩，我们可以逐渐看清太阳的日食，就如同通过融化了的沥青，或者一些暗晶晶（darkly-splendid）的镜子那样。他设计了一种反射光线的方法，使得尽管形象没有原型那么强烈，但恰可取悦那些喜欢这类事物的人，这同样也节省了他们无知的双眼。恩培多克勒（Empedocles）[96]似乎也隐晦地指出了毕达哥拉斯的这一点，他意识到了毕达哥拉斯那上天赐予的凌驾于众人之上的身体构造。当时他说：

他们中间有一个人，他知识超群，拥有最为丰富的知识储备，他是对智者的作品最杰出的建议人。因为当他展开智慧的力量之时，他可以轻易地看透所有的事情，直到十几、二十代之前的人类。

而获得这样的赞誉，正是由于他卓越的言辞，他看透一切的锐利，他知识上的储备，尤其是由于他展示出的心智和身体上的光辉、卓越的构造、观察和倾听的准确性，以及他极富智慧的感知能力。

第十六节

这种灵魂上的适应性是由他通过音乐产生的。但另一种理论上的净化[97]则是在同一时间，让整个灵魂进行各种各样的学习，他是这样来影响众人的：他很自然地认识到，劳动应当运用纪律和学问，应当像立法者那样安排次序；劳动也得经受各种性质的考验，对于与生俱来的放纵和无穷无尽的占有欲望，得用火与剑来惩罚和约束。这是那些堕落的人所必然无法忍受的，他们也不可能坚持下来。除此之外，他还吩咐他的熟人们要远离所有的动物，特别是不要去吃它们的肉，因为这是与理性力量相敌对的，会阻碍真正的力量的获得。同时，他也要求他们克制自己的言论，而要保持完美的沉默，在控制自己舌头上多训练几年；而且要用最大的勤勉，去钻

36

研最困难的定理。因此，他也命令他们放弃饮酒，节约食物，减少睡眠；对荣耀、财富之类要有一种不假思索的蔑视和敌意；对那些该尊重的人要发自内心地尊重；对那些与自己同龄的人则要和善又亲切；对于后辈，则应该关心并督促他们，而不可嫉妒。要对遍布一切事物的和谐关系心存敬意，无论是诸神通过虔诚和科学理论与人们建立的和谐关系，还是人们彼此之间凭借教理建立起来的和谐关系；或是灵魂与肉体之间的普遍和谐关系，或是理性与非理性之间用哲学和理论维系的和谐关系；或是无论何种人与人相互之间的和谐关系，不管是通过法律建立起来的公民关系，还是由正确的哲学所联系起来的陌生人关系；或是由丈夫和妻子、兄弟们和亲属们等不悖逆的关系所建立起来的和谐关系：简而言之，万事万物与万事万物之间的和谐关系——以及进一步，与非理性动物们建立公正的联系这样的和谐关系，或是通过健康、节制的饮食所赋予的平静与和解使必朽的肉体上与其相对的力量之间的和谐关系，也即学习一种尘世的元素对身体健康的影响，并做出与之相应的节制的和谐关系。所有以上这些关
37 系的称谓，总括起来用一个词来理解的话，那就是友爱，而毕达哥拉斯是它公开的发现者和立法者。总而言之，他总是让他的弟子们最恰当地与神对话，无论在他们清醒的时候，还是在他们入睡的时候。当一个人被愤怒、痛苦、快乐，或者被朱庇特，或者被其他任何基本欲望或由无知带来的堕落所打扰的时候，他就无法做到这一点。而这是比其他任何事

情更为不洁而有害。通过所有这些创见，他有如神助般地治愈并净化了灵魂，保留了它神圣的部分，而且给智慧加上了神知之眼。而关于这件事，柏拉图说比拯救了一万双肉眼还要值得。[1]因为只要加以合适的助力来增强和擦亮它，那么单单只是运用神知之眼，众生所蕴含的真理就会被揭示出来。而毕达哥拉斯正是运用了这一点，才净化了灵魂中智识的力量。这是他博学的姿态，也是用以校正他的观点的指南。

第十七节

由于他为他的弟子们变得博学做着准备，所以他没有立刻就接受那些带着想做他同伴的目的而来的人，直到他设置了考验并贤明地考察他们。首先他要问他们对自己的父母态度如何，然后他再问他们对亲戚的态度又是如何。接下来，他又考察了他们不理智的笑声、他们的沉默，以及在不合适的场合所说的话。进一步，他还考察了他们的欲望是什么，他们与哪些人交往，他们与哪些人交谈，他们在白天的时候如何打发闲暇时间，以及他们的喜怒哀乐都对着什么而发。接着他又考察了他们的姿态，他们走路的样子，以及身体的整体运动。面相也被考虑在内，他考察他们骨骼的框架，把这些视作从不易表露的灵魂中明白显露出来的象征。因此，当时他如此考验了一个人：他无视这个人三年，但同时又在观察他是如何带着敬意去应对，如何坚定自己的内心去真正

38

热爱学习的；以及他是否已经做好充足的准备来迎接荣耀，以及抛弃荣耀。而在此之后，他又令那些来找他的人保持沉默五年，以便测试出他们在演讲时是否能够保持自制，因为驯服舌头是诸多胜利之中最为困难的，就如同那些涉足神秘的人向我们所展示的那样。而在这段（考验）期间里，每个人的财产都被交给那些专业的人共同处置，他们被称作政治家、节约家（Economizers）和立法家。而对于那些候补修行者，那些认识到参与他的教义是值得的人，在经过了五年的沉默期之后，他为他们设置的试炼就让他们形成了谦逊的品行，成为他的秘传弟子（Esoterics），使他们可以在帷幕里聆听并看到毕达哥拉斯。而在这之前，你要听他讲道，就只能隔着帷幕听，也看不到他的人，还要花很多时间来观摩并学习他们独特的礼仪。但如果他们被拒绝了，他们就可领回他们当初带来的财物的双倍，而且门徒（homacoi）们还会为他立一个坟墓，就如同他已经死去。顺带一提，所有毕达哥拉斯的门徒都被叫作"homacoi"。如果他们后来碰巧遇到了他们[98]，他们就会把他们当作其他人来对待，会说他们曾经想接受教育，并期待成为那些他们想要学习的门徒们那样的真正的善人，但是却死了。要我来说的话，他们也同样认为那些学习知识较慢的人，是缺乏条理的，是不完美的，是空洞的。如果一个人，在毕达哥拉斯看了他的相、观察了他的走路和所有其他举动的姿态、考察了他的身体状况后，让他对他们寄予了厚望；同时，他又经过了五年的沉默期，开始热切地与其他门徒一起致力于净化他的灵魂，并且通过诸多的定理（正是通过这些定理，灵魂的睿智和神圣才得以完美产生）表现出显著的净化。但在所有这些之后，这个人还是被认为在智力上迟钝又呆板，那他们就会为这个人在学校里立起一个立柱［就如同据传他们对图利[99]人佩里亚卢斯（Perialus the Thurian）、锡巴里斯的王子凯隆（Cylon）所做的那样，这两个人被他们拒绝了］作为纪念碑，然后把他从门徒或者听众中驱逐，并给他满满地装上一大堆的金银。因为这些财物都是他们共同存放的，也正是为了这个目的而用来照顾这些特定的人的。保管这些财物的人被称为经济学家（Economics），他们也负有做这件事的职责。而如果他们后来也碰巧遇到这个人，他们会认为他是另外一个人，而不是认为他死了。因此，莱锡斯（Lysis）曾指责一个叫作喜帕恰斯（Hipparchus）人，因为这个人曾经和那些俗人以及那些没有持戒律和掌握理论就说自己继承自毕达哥拉斯的人探讨教义。他是这么说的：

> 据说，你和每个恰好遇到的人都公开地讨论哲学，这是毕达哥拉斯认为不合适的。哦，喜帕恰斯，你确实学习刻苦又努力，但这些学问不是你应得的。哦，你这个出色的人，你已经尝过西西里的美味佳肴了，你就不要再尝第二次了。所以，如果你不再做这些事情，我会很开心；但如果你还要继续，那么你在我心里就会死去。因为，提及这些毕达哥拉斯的神圣戒律和人为戒律应该满

40　　怀虔诚，并且不要与那些从未梦想过净化他们灵魂的人
分享智慧的好处。你把它们随便分享给每一个人是不合
规矩的，因为这些是花了如此巨大的工夫、如此刻苦的
努力才得到的，就如同厄琉息斯女神的秘仪不该泄露给
世俗之人。那些做了这两件事中的任意一件的人，都是
非常不公正，而且也是非常不虔诚的。你应该好好考虑
一下，我们为了去除潜藏在我们胸中的污秽花了如此长
久的时间，直到过了多年之后，我们才成为毕达哥拉斯
教义的合格接受者。就如同染工首先要洗净衣物，然后
再将他们想要染上的颜料加上去，以使染料不会被洗掉，
并且永远不消失。那些圣人也是用同样的方法征服了那
些热爱哲学的人，这样他们就无法在他将那些美好的品
德变成他们所拥有的品德之时欺骗他。因为他既不传授
虚假的教义，也不设陷阱。这些是大多数成天游手好闲、
不怀好意、纠缠少年的诡辩家都在做的事情。他拥有关
于人和神的科学认识，而这些人却把他的教义当作借口，
去做许多可怕的事情，无时无刻不故意给年轻人设陷阱。
所以，他们会导致他们的听众中毒并堕落。这正是因为
他们在定理和神圣的教义之中掺杂进混乱和堕落的行为
方式的缘故。这就像，如果一个人把纯净清澈的水倒进
一个满是污泥的深井里，他就会惊动这些污泥，从而破
坏了水的清澈。同样的事情也会以同样的方式发生在那
些教育者与受教育者之间。那些围绕着未曾被戒律所净

化、启迪的智性和心灵而生长出来的厚厚的带刺的灌木丛，会阻碍灵魂中温和、宁静和理性的力量，并且会公开妨碍理智部分的增加和提升。同时，这也会滋长放纵和贪欲，它们是这些灌木丛的母亲，它们会让这灌木丛肆意疯长。而且，从放纵中，不法的婚姻、不正的欲望、腐败、酗酒、不符合天性的欢愉以及无限的贪欲开花结果，使得这些恶习的拥有者堕入绝壁深渊。如今，欲望已经驱使一些人不仅抛弃了他们的母亲，也抛弃了她们的女儿；他们违反法律、背叛家乡、背弃城市、忤逆君王，他们的手被绑在他们的身后，像奴隶一样被粗暴地拖走，并走向最终的毁灭。而从贪婪之中，还会滋生掠夺、抢劫、弑亲、亵渎、巫术，以及其他的作为它们的姐妹的恶魔。因此，首先必须净化这一座被他们的激情所占据的森林，要用火和剑以及所有戒律的武器来净化它，然后再将那理性的力量从这一强大的恶魔手里解放出来，使得我们能够用一些有用的和善的东西去装满它。

可以说，对毕达哥拉斯来说，戒律是如此重大和必要，使得门徒应该将它置于哲学之前。同时，他也为接受他的教诲和参与他的教义预先制定了一种独特的荣耀和最为精确的考察方法，并用来有效地考察那些为它而来的人们的内外资质。这种考察不仅是通过各种文本，更是基于不同形式的科学理论。

第十八节

在这之后，我们必须说明一下他是如何以及在何时承认某些人是他的门徒的，以及他是如何根据他们的各种优点将他们分配到不同的职阶上去的。因为，让他们所有人都平等地参与同样的事情，是不适于他们的天性的；同样，既不能让那些最尊贵的听众都参与进来，也不能不让其他的人参与进来。因为这会导致不团结和不公正。所以，他为他的演讲制定了合适的份额，尽可能地让更多的人受益，并且保证比例上的公正，以使得每个来参与的听众都得到他应得的那一份。也因此，为了配合这种方法，他把一些人叫作毕达哥拉斯门徒（Pythagoreans），而把其他的叫作毕达哥拉斯主义者（Pythagorists）；就如同我们称呼有些人为雅典人（Attics），而把另一些人称作持雅典口音的人（Atticists）一样。通过对他们的名字进行合适的区分，他认为其中有些人是极具天才的，而要其他人去模仿、学习这些人。同时，他也下令，让毕达哥拉斯的门徒共同分享财富，并且应该永远在一起生活；每个人都应该将自己的财产与其他人分开，然后共同存放在同一个地方；他们也应该一起追求同样的休闲。所有这些模式都来源于毕达哥拉斯，并被传给他的继任者。另外，在这些毕达哥拉斯门徒中还有两种哲学形式，他们追求着两个不同的类别的哲学，一种叫声闻派（Acusmatici），一种叫数理派（Mathematici）。在这两者之中，数理派也被另一方承

42

认为毕达哥拉斯门徒，但是数理派却不像声闻派那样承认自己来自毕达哥拉斯的教导，而认为自己的学问来自希帕索斯（Hippasus）[100]。关于希帕索斯，有些人说他是克洛同人，但其他人说他是梅塔蓬托姆人（Metapontine）[101]。声闻派的哲学坚持认为"声音"（auditon）是不需要证明也不需要推理过程的，因为它很少使用命令的方式来让一件事情完成，并且他们也应该尽力去保存他说过的其他类似的话，就如同许多神圣的教义一般。然而，他们却声称他们不会提起这些声音，因为它们是不可被言说的。但他们认为他们教派的人是最具智慧的，他们所听到并且保存于心的要远多于其他人。而所有的声音又可分为三种，其中一种可以确实地表示一件事物是什么；另一种则可以表示一件事物的特别之处是什么；而最后一种则可以表示一件事物应该或者不应该被如何处置。可以确实地表示一件事物是什么的声音，就比如说，什么岛屿是受祝福的？是太阳和月亮。德尔菲的神谕是什么？是四进表（tetractys）。什么是和谐？它是在塞壬所居住的地方。[102][2]可以表示一件事物的特别之处是什么的声音，就比如说，什么是最正义的事情？是去牺牲。什么是最明智的事情？是数字。[103]但是第二明智的事情，是给予事物以名字。与我们相关的事物（也可以说最让人们关心的）中最为明智的是什么？医学。最美的是什么？和谐。最具力量的是什么？精神的决断。什么是最好的？幸福。什么是最真实的主张？是人的堕落。然后，他们说毕达哥拉斯赞赏过萨拉米纳[104]诗人希波达莫

43

44

斯（Hippodomas），因为他曾唱道：

> 神啊！告诉我，你的本原是从何处来，
> 人啊！告诉我，你的邪恶将往何处去。

所以，像这些的，都是这类声音。因为所有的这些都展现了一件事物的特别之处。这与所谓七贤[105]的智慧是相同的。因为他们探究的并非那些简单的好，而是那些特别的好；同样，他们探究的也不是一般的困难，而是特别的困难（也即一个人了解他自身）。他们不是研究什么是容易的，而是研究什么是最容易的（也即做你习惯要做的事情）。看起来上面所说的声音是符合七贤的智慧的，但是从时间上看却要落后，因为这些人都早于毕达哥拉斯。所以，声音就像是尊重什么应该做或者什么不应该做，就如同，人应该生孩子是由于我们有必要在自己离开后留下孩子来继续敬拜诸神。然而，穿鞋子的时候有必要先把右脚穿上；[3]不要在公开的马路上散步，因为那不合适；[4]不要用洒水壶喝酒，也不要在浴缸里洗澡；等等，却不属于声音。因为所有这些都是不明确的（immanifest），尽管有些人使用它们的时候是纯粹的（pure）。[106]另外还有这样一类：不可帮助一个人放下担子，[5]因为不劳动是不合适的，反而应该帮助他挑起担子；不要为了生孩子而靠近一个女人，如果她有金子；[6]没有光就不要提起有关毕达哥拉斯的事。[7]要握着杯柄向诸神敬酒，这不仅可以讨个好彩头，也可以让你不用从同一个地方喝（倒出来的酒）。不要戴有诸神形象的戒指，[8] 这样才不会玷污诸神，因为他们本应该被供奉在家里。虐待一个女人是不对的，因为她是祈祷者（suppliant），也因为我们是从维斯塔的灶台上牵了她右手，把她带到家里的。同样，用白色的公鸡来献祭也是不正确的，因为它也是祈祷者，对于月亮来说是神圣的，[9] 而且同样也因为它会报时。对于寻求忠告的人，不要给别的建议，而要给最好的忠告，因为忠告是一件神圣的事情。劳动是善，而欢愉在各种意义上都是恶。因为我们来到现世之中是为了受罚，所以我们受罚也是必要的。我们应当去献祭，应当光着脚走进神庙。[10] 在去神庙的时候，中途拐弯是不合适的，因为不应该用一种漫不经心的方式去敬拜神祇。忍耐是善，应该把伤痛置于心中，而不是把它们抛到身后。人的灵魂唯独进不到那些要被合法地杀死的动物的体内，因此唯独吃这些适合被宰杀的动物是合适的，而其他动物都不行。这就是声音。

除此之外的延伸还包括他们在献祭的时候应该怎么做，在其他时候又该怎么做；同时，还包括在他们从现世的生命转移到来世的时候该怎么做；以及关于坟墓，应该用什么方式埋葬他们才是合适的。有一些被用来解释为什么他们应该接受如此命令的理由，比如说前面提到过的，之所以必须生孩子，是因为要留下另一个人代替自己去敬拜诸神。但其他的并没有附带理由。事实上，有些原因比较直接，但另一些

46

就比较间接。比如，面包不能是碎的，因为它是奉献给哈迪斯的审判的。然而，可能的理由是，[107]这些被加上去的东西，不是毕达哥拉斯的，而是从其他不同于毕达哥拉斯学派的哲学中提取出来，然后努力整合到其中去的。因此，关于刚提到的，为什么面包不能是碎的，有些人说是因为解散集会是不合适的，因为之前的那些人成了朋友，从一个粗陋的状态烙成了一整块面包。而有些人说，这么做不合适是因为这会在开始一番大事业的时候，产生一个破裂和消散的恶兆。而且，所有这些戒律在定义什么该做、什么不该做的时候，都以神意作为他们的归结点；所有的生命都注定要顺从神。这本身就是哲学的原则和教理，因为人在追寻善的时候总是可笑地找遍其他任何地方而不求诸神。而当他们这么做的时候，他们就会像生活在一个由国王统治的国家里的人，会自然而然地尊敬他们当中担任治安官的公民，并且忽视他是他们所有人的统治者。我们刚刚提到的毕达哥拉斯的门徒们就是这么做的。因为神是万物的主宰，众所周知的善构成了他。他传递善给所有他所爱的人和他所喜的人，而把善的反面给那些与之相反的人。而实际上，这就是这些训诫的明智之处。

而曾经，有一个人叫作希波墨冬（Hippomedon），他来自爱琴海地区（Aegean），是一个毕达哥拉斯门徒，而且是声闻派的。他主张毕达哥拉斯给出了这些训诫的理由并做了论证，但是因为这些理由和论证是要告诉很多人的，于是对于智力上相对愚钝的人，论证就被拿掉了，而问题本身却留了

47

下来。但那些叫作数理派的毕达哥拉斯的门徒认为，毕达哥拉斯的确给出了理由和论证，但是不仅如此，他们还坚持认为他们的主张才是正确的，出现分歧的原因如下：毕达哥拉斯说，他们是在珀吕克拉特斯的僭主统治期间，从爱奥尼亚（Ionia）[108]和萨摩斯来到意大利的，彼时意大利正处于繁荣之中，最早来到这些城市里的人们成了他的同伴。而对这些人当中的较长者来说，因为他们陷于政治事务而没有闲暇（来学习哲学），所以毕达哥拉斯的演讲是不伴随着一个论理的过程的，因为通过教义和论证来理解他的意思对他们来说会比较困难。而且，他认为就算他们很少知道为什么，但是也能或多或少地通过知道什么应该做来获益。就如同那些正在接受医师治疗的人，尽管他们没听过医师在他们身上所做的所有事情的理由，但他们也能获得健康。但对于他同伴中较为年少者，他们是有能力实践并且学会的，于是他在演讲的时候就带有论证和教义。这就是声闻派关于数理派的主张，而出于对希帕索斯特别的尊重，他们认为他是毕达哥拉斯门徒中的一人，但是由于他描述并泄露了用十二个五边形来组成一个球体的方法之后，[109]他被扔进海里淹死了。他通过他的发现赢得了名声，但却是一个不虔诚的人。而实际上，所有关于几何的发现，都是这个人做出的。但他们不提他的名字，而把这些放在毕达哥拉斯名下。但毕达哥拉斯的门徒们说，几何的秘密被泄露，是因为如下的情形：某个毕达哥拉斯的门徒不幸失去了他的财富，于是他被允许通过几何致富。而

48

几何被叫作毕达哥拉斯历史学（Pythagoras Historia），并且，对于它，每一种哲学模式的理解是不同的，每一类毕达哥拉斯的听众的理解也是不同的。那些在帷幔里或者干脆不用幔子听他说话的人，[110]和那些看着他或者看不到他而听他说话的人，分成了内部听众和外围听众，他们之间的区别也无外乎如此。因此，我们有必要在介绍政治、经济、立法等方面的毕达哥拉斯门徒之前，先介绍他们。

第十九节

然而，我们都应该知道，毕达哥拉斯发现了许多通往博学之道，而且他恰当地把他的智慧根据每个人的天性和能力向众人分享，接下来这些就是最有力的证据。来自许珀耳玻瑞亚（意为极北之地）的斯基泰人阿巴里斯（Abaris），既没怎么学过，也不怎么懂关于希腊的事情，而且他当时已经高龄，毕达哥拉斯没有用众多的原理来引导他走向博学之道，而是采用了长时间的沉默和倾听以及其他的考验。毕达哥拉斯立刻就认为阿巴里斯适合当自己的教理的一名听众，并且在最短的时间内写成了他的论文《论天性》和另一篇论文《论诸神》。因为阿巴里斯是许珀耳玻瑞亚人，是在那里被崇拜的一名阿波罗祭司，在圣事上极具智慧，所以在他从希腊回到他的家乡的时候，他带着自己收集到的黄金，想奉献给他所在的许珀耳玻瑞亚的神庙里的神。在经过意大利见到毕达哥拉斯的时候，他特地把毕达哥拉斯类比成他所奉的神。他相信毕达哥拉斯就是神本身，无人能与他比肩。不单单是从可敬的外表来看，而且与这个祭司所认识的所有人来比较，毕达哥拉斯都是真正的阿波罗。他给了毕达哥拉斯自己离开神庙时随身携带的一支飞镖，这是一件在他困难的时候能帮助到他的东西，陪伴他如此之长的旅途。他曾带着它，去过许多能够到达的地方，比如河流、湖泊、沼泽、山脉等等；而且据说，通过它，他得以让自己洁净，得以祛除病瘴和城市的污浊之风，从而从这些邪恶之物手中保护周全。而且，我们也了解到，拉刻代蒙（Lacedaemon）[111]在被他净化之后不再受到疫病困扰，而在这之前，这里时常陷入这种邪恶之手；因为此地建在一种毒害的环境之上，泰格特斯山[112]居高临下，对着这个城市产生了令人窒息的热量，就如同克里特岛的克诺索斯[113]一样。除此之外，还有许多关于阿巴里斯的能力的细节。而毕达哥拉斯在接受了飞镖之后，既没有因这东西的神异而惊讶，也没有问为什么要把这东西给他，反而就如同真正的神一样，把阿巴里斯叫到身边，给他展示自己的黄金大腿（golden thigh），以此来表示他（完全）没有欺骗他（就如他对他形成的看法一样）；而在向阿巴里斯细数了几件存放在他神庙里的物品之后，毕达哥拉斯给了他充分的理由相信自己（认为毕达哥拉斯正是阿波罗的化身）没有推测错误。毕达哥拉斯还补充说，他（来到尘世）是为了纠正众人、造福众生，也因为如此，他必须以人类的形态出现，以防止众人 50

因为他的超然而神异的形象慌了神，也能避开一些条条框框。他同时也劝诫阿巴里斯留在那个地方，与他一起去纠正那些他们可能遇到的人的生活和行为；但要把他收集到的黄金散了，在他所带领的同伴们中间共享，以符合他们的教义的要求，即"朋友之间财富应该共享"。由此，毕达哥拉斯把阿巴里斯留了下来，就如我们刚才所说的那样，他为阿巴里斯展开了一种简明的生理学和神学。他传授阿巴里斯通过数字来预知的本领，以取代通过野兽的内脏来占卜；他让阿巴里斯理解到这更为纯洁、更具神性，也更加契合于众神所展现的带着天意的数字。他也把其他适合阿巴里斯的学问传授给了他，以作为他写成前面提到过的论文的礼物。毕达哥拉斯根据每个人的天性和力量的不同，努力纠正不同的人。所有这类细节，从未被人们所认识，对我们来说也很难去描述关于他的所有故事。

第二十节

而接下来，我们将展示一些例子，来阐述毕达哥拉斯最为著名的修行和众人急切地想知道的他那些具有纪念意义的研究。首先，毕达哥拉斯会设置（适用于那些前来找他的人的）考验，来判断他们能否"保守秘密"（echemuthein）。比如说，他们是否能保持不说话（refrain from speaking，这是他所用的词），并且还要考察他们能否将他们所学到的和所听到

51

48

的东西封印在沉默之中。接下来，他会考察他们是不是稳当，因为他更在意他们应该保持沉默而不应该去诉说。同时，他也会把注意力放在其他所有的细节上，比如他们是否会因为任何不受节制的激情或者欲望的力量而动摇。他也没有肤浅地考察他们是如何被愤怒或者欲望所影响的，或者他们是否喜欢竞争或是充满野心，或者他们如何处理友谊与冲突。如果在他精准地考察了所有这些细节之后，他们在他眼里仍然是显得举止得当的，那么他就会直接把他的注意力放在考察他们的学习和记忆能力上。首先，他确实会考察他们是否能快速跟上并理解他所说的内容，但在接下来，他会考察他们是否喜爱和谨慎地对待他们所学到的戒律。他会调查他们是否能自然而然地待之以柔和的尊重，他把这叫作"井井有条"（catartysis），也即"举止优雅"（elegance of manners）。他把胡来视作这种教育的敌人。像自大、无耻、放纵、懒惰、学习迟缓、放荡不羁、丢三落四等等，都可以列入到这种胡来的行为之中，它们是柔和与稳重的反面。他通过考察这些内容来考验那些找他的人，也以此来训练求学者。而那些适应并接受了他所拥有的智慧的善意的人，他承诺让他们进入自己的门下，并致力于用科学知识提升他们。但如果他知道了他们当中任何一个人无法适应这些，他就会把他驱逐出去，并且从此视之为路人。

接下来，我将讲述他通过一整天来向他的同伴们传授的学问。对于那些承诺将他们自己置于他的教义指引之下的人，

52

他们应该如此行动：他们应该在独自散步中度过他们的早晨，他们散步的地方应该是一个幽然宁静的好地方，应该有神庙和树林，或者其他有助于启发思维的东西。那些认为他们暂时不太适合与别人交谈的人，在他们取回自己灵魂的沉稳，做好理性力量的再协调之前，可以这么做。因为他们明白，一起床就置身于人群之中，是一件多么胡来的事情。也因为这样，毕达哥拉斯总是为他们选择最神圣的地方。而在早晨散步之后，他们会聚集起来，尤其是在神庙里。如果不能在神庙，那就在别的类似的地方。而这段时间，他们会用来讨论教义和戒律，并纠正彼此的行为。

第二十一节

在这样一个集会之后，他们转而将注意力放在身体健康之上。他们中的大多数，会去涂油，然后去上课；但少部分人会在公园和树林里摔跤；其他人会手持重物做跳跃，或者摆出静止姿势，以观察自己身体力量的情况，从而谨慎地、有目的地选择相应的练习。他们的正餐包括面包、蜂蜜，或者带蜂蜜的蜂胶，但他们白天不会喝酒。在饭后，他们会把时间用到涉及陌生人和宾客的政治和经济事务上去，以完成法律赋予他们的责任。因为他们希望在饭后的这几个小时内处理这些事务。而到了傍晚，他们又会让自己去散步。但这不像早晨的独自散步了，而是两三个人聚在一起，在他们散

53

步的时候相互提醒学过的戒律，练习所学的美妙的学问。散步完了之后，他们会去沐浴；而在洗净自己之后，他们会聚集在一个地方吃饭，通常为这个目的而来的人不会超过十个。然而，这些聚到一起的人会熏蒸消毒，并点上乳香，向神献上酒和祭品。在这之后，他们会去吃晚饭，通常在太阳落山之前结束晚饭。但这一餐他们会喝酒，食用谷物和面包以及各种搭配面包的食物，同时也会包括生的和煮的香草。那些合法宰杀的动物的肉也会摆在他们面前；但他们很少吃鱼，因为出于某些原因，这些营养物质对他们没有用处。他们有一个观点，认为天性对人类无害的动物，既不应该被伤害，也不应该被杀死。而在这顿晚饭的献酒之后，接下来的就是诵读。一般的习惯是他们中间最年少的人来读，而最年长者来指示读什么，以及用什么方式来读。当他们准备要离开的时候，那个斟酒的人要为他们倒上酒。而在进行献酒的时候，那个最年长的人就会宣布这样的戒律：平和而丰产的植物既不应该被伤害，也不应该让其腐败，同样，任何对人类无害的动物也应该如此被对待。进而，我们对待神明、神灵和英雄之属，必须虔诚地说话，并形成正确的观念。同样，协助法律，反对非法行为才是正确的。在说了这些话之后，各人就各自回到自己居住的地方去了。他们穿洁白的衣服，也睡同样洁白的床。被单是线做的，因为他们不用羊毛被单。由于他们不赞成打猎，所以他们不会参与这类活动。这就是毕达哥拉斯门徒的日常处世之道，也是关于他们的饮食和生活

54

方式的内容。

第二十二节

还有一种通向博学的方法也流传了下来。这是通过毕达哥拉斯的训诫来实现的，包括许多涉及人类生活和人类观点的警句，我将讲述其中的一些。而其中有一段话是劝告人们让真正的友谊尽可能地远离冲突和争执的。如果这种冲突和争执无法避免，那么至少要在父系的友谊中避免，在来自长辈和恩人的友谊中避免。若是出于愤怒或其他类似的激情，在这些关系中喋喋不休地争辩的话，就无法保持（而将破坏）现存的友谊。但这些言论里也提到，在一段友谊之中，最低限度的撕裂和溃疡也是应该发生的。如果两个人都知道如何去收容并且克服他们的愤怒，那么这些话会对他们起到效果。尤其是对于两人中较年少的那一位，他会经常处在上述训诫的情形之中。同时，他们也认为，长辈对年少者的纠正和建议也是必要的，他们把这叫作"paedartases"，并且应该非常温和、非常谨慎地做；同时也应该在告诫中表现出足够的关心和认可，这样，告诫就会显得正当而有益。他们还说，不管是认真的还是戏谑的，信仰从不应该与友谊分开。因为一旦谎言和欺骗进入了那些自称为朋友的人们的关系之中的时候，友谊就不再能轻易地维持正常的状态了。他们又说，友谊不会因为不幸，以及其他发生在人类身上的愚行而被弃绝；

55

相反，对朋友或友谊所采取的唯一伟大的弃绝，只能发生在巨大和不可挽回的恶行之后。这就是通过警句流传在毕达哥拉斯学派中的训诫的方式，它囊括了所有的美德，还延展到整个生活之中。

第二十三节

然而，毕达哥拉斯认为最为必要的，是通过象征进行教学的方式。因为这种博学之道，植根于几乎所有希腊人之中，是最为古老的。但它漂洋过海，反而被埃及人所尊崇，并且被他们改造成了最为多样的方式。如果一个人能清楚地揭示出毕达哥拉斯的象征概念的含义和奥秘，进而发展出它们所包含的正确性和真理，并且将它们从谜一般的形式中解放出来的话，他会发现，毕达哥拉斯基于这些，[114]而对其给予了极大的重视。那些来自这个学派的人，尤其那些最早的毕达哥拉斯门徒，也同样包括那些在毕达哥拉斯年老之际成为他的门徒的人，也即菲洛劳斯（Philolaus）[115]和欧律都斯（Eurytus）、卡隆达斯[116]和扎莱乌库斯[117]，还有布赖森（Brysson）[118]和阿尔库塔斯（Archytas）[119]，以及阿里斯特苏斯（Aristzus）、莱锡斯、恩培多克勒、扎诺尔克希斯（Zanolxis）[120]和埃庇米尼得斯、米罗（Milo）[121]和留基伯斯（Leucippis）[122]、阿尔克迈翁（Alcmaeon）[123]、希帕索斯和泰玛里达斯（Thymaridas）[124]，与所有那个时代有所成就的饱学之人，以及那些称得上卓越的人[125]——所有这些人都接受了这种教育模式。我们可以从他们对他人的讲话之中、从他们的评论和注释之中知道这一点。他们的著作以及他们出版的所有书籍，其中大部分都保存至今。[126]这些作品并非用流行的通俗用语写就的，也与所有其他的作者写法不同，同样也不易被马上理解。它们处在这么一种不容易阅读、不容易被领会的状态。因为他们选择的这种沉默，是被毕达哥拉斯定为法律的。他们用一种秘传的形式来隐藏他们的学说，把这种秘而不宣的神秘感神化，把他们的著作和彼此之间的会谈模糊化了。所以，只要他选择这些象征却不通过贴切的阐述去揭晓其含义，就会导致那些恰好去和他们碰面的人认为它们是可笑而疯狂的，认为它们充满了无用和累赘。然而，当他们以一种合适的方式来揭示这些象征的时候，它们对于大众来说就显得明白又清晰；不同于模糊和幽暗，这个时候，它们会让人觉得这等同于先知的话语，如同皮提亚的阿波罗神谕。于是，它们会展现出令人钦佩的意义，在那些兼具智慧与博学的人们之中激起神圣的涟漪。为了让这种戒律模式更容易理解，这里提几个例子也并非不合适的：进入寺庙不得怠慢，也不要在敬拜时有哪怕一刻的分心，[11]就算你站在门边的角落里。献祭和敬拜的时候要光着脚。远离开阔的大道，去走人迹罕至的小路。没有光就不要提起有关毕达哥拉斯的事。这就是毕达哥拉斯所采用的象征方法的概要。

第二十四节

由于营养在以一种有序的方式被正确使用的时候，将大大有助于最好的戒律，我们也将考察毕达哥拉斯为此而制定的法律。他总体上拒绝了所有导致胃胀气的食物和导致焦虑不安的食物，而提倡那些与此相反的饮食，并下令要使用例如能够让身心平静的食物和让身体结实的食物。因此，他也认为小米是一种适合加入食谱的植物。但是他总体上拒绝那些对诸神来说属于异域的食物，因为它们会让我们远离对诸神的熟悉感。再者，他根据另外一种模式，命令他的门徒不要去吃那些被认为是神圣的食物，因为这些食物有着荣耀的价值，是不适合普通人类去食用的。他也劝他们放弃去吃那些对于与神沟通，或者对于灵魂的净化和纯洁，以及对于节制和美德的习惯等有所阻碍的食物。并且最后，他还拒绝所有与神圣相对的食物，因为这些食物会模糊并且扰乱灵魂其他方面的纯净，并且让人在睡梦中出现幻觉。他根据这些理念制定了关于营养的普遍法律。

58

而且，他还单独让那些最深沉的哲学家们，那些已经达到哲学造诣巅峰的人们，禁止去吃那些不必要的、不正义的食物。他命令他们绝对不吃任何会动的东西，即使在困难的时候；绝对不饮酒；绝对不用动物来向诸神献祭，同样也绝对不能伤害动物，反而要对它们保持最热切的正义感。而他自己也是这样生活的，戒食动物性食物，只拜无血的纯净祭坛。同样，他也仔细地避免其他人杀害与我们有亲近关系的动物，并选择通过语言和行动来纠正和训导野蛮的动物，而不是通过惩罚去伤害它们。进而，他还责成那些身为立法者的政客避免去伤害动物。因为，既然他们想表现出最高程度的正义，那么不去伤害任何与人亲近的动物就是相当必要的。毕竟，如果他们自己为了满足欲望而贪得无厌地享用与我们亲近的动物，那又怎么可能去说服别人公正行事呢？因为它们与我们以同样的元素结合成生命，是同样依赖这些元素而存的混合物，它们与我们之间存在着兄弟般的同盟。不过，他允许那些生活还没有完全被净化、圣化及哲学化的人吃某些动物，他还为这些人制定了斋戒的日期。而且，他也吩咐不要去吃心脏，[12] 也不要去吃脑子，[13] 吃了这些的人就会被所有毕达哥拉斯的弟子绝交。因为这些部分带有一种支配的性质，是智慧和生命的某种阶梯和座席。[127] 但其他一些东西被他视为神圣，是出于其带有神圣的性质。他劝诫他的弟子们，要戒除食用锦葵（mallows），[14] 因为这种植物是天人合一的最初的信使和信号。同样，他也要求他们戒吃黑尾鱼（Melanurus），[15] 因为它对于地上的神来说是神圣的；而且也不要食用红鲻鱼（Erythynus），[16] 理由也是类似的。他又劝他们禁食豆子，[17] 这是出于许多神圣的和生理上的原因，也与灵魂上有一定关系。他在法律之外也制定了许多类似的戒律，以图从营养出发引导人们走向美德。

第二十五节

毕达哥拉斯也认为，如果能以一种恰当的方式来运用，那么音乐也会对健康有极大的助益。他常常将这种方法使用在净化之中，但却不是用一种马虎的方式来进行的。他把这种通过音乐来获得治疗的方式叫作"净化"。他运用某种旋律而让人如沐春风。他会让一个人居中弹里拉琴，而他周围的人围着他坐成一个圆以便歌唱。而当居中的人弹起里拉琴，那些围绕着他的人就开始唱颂歌。借此，他们会显得乐在其中，而且他们的举止也变得优雅而有序。而在另外的时间点，他们会用音乐来做治疗。有些旋律被设计出来以抵抗灵魂上的激情，也有一些被用来抵抗失望和悲伤，这是毕达哥拉斯发明出来的，是对抗这些痛苦的最大帮助。此外，他也运用其他旋律来对抗激愤和愤怒，以及灵魂的各种失常。也有一种调子被发明出来作为抵御欲望的方子。他同时还会使用舞蹈，并且用里拉琴为舞蹈伴奏。他还认为木管（pipe）会导致兴奋的无礼，是一种舞台化的乐器，在各种意义上都不是自由的声音。[128] 出于纠正灵魂的目的，荷马和赫西俄德[129]（Hesiod）的诗句被他选用。据说，毕达哥拉斯，曾有一次用献酒歌平息了一个陶洛墨纳斯男子的狂怒。这个男子晚上吃饱后，正打算烧了他情妇的门廊，因为他看到她从他的情敌家里出来。他（这种鲁莽的企图）被一首弗里吉亚小曲激怒了，而毕达哥拉斯迅速让他平静了下来。当时毕达哥拉斯正

60

57

在夜观天象，恰好遇到了有人在这个不合时宜的夜晚吹弗里吉亚木管。他转而用献酒歌来盖过弗里吉亚小曲。那个狂怒的男子因此而迅速镇定下来，他举止如常地回到家，尽管在这不久前，他完全不能克制自己，也不接受任何的劝解。甚至在遇到毕达哥拉斯的时候，还愚蠢地侮辱他。也曾有一个年轻人，因为恩培多克勒的房东安奇图斯（Anchitus）作为法官公开判处了他父亲死刑，从而拔剑向他冲了过去，眼看要将他置于死地，这时恩培多克勒弹起里拉琴，对他唱起《荷马史诗》，改变了这个青年的意图。他唱道：

> 那药汁能解愁消愤，
> 忘却一切苦怨。[130]

他就这样把他的房东安奇图斯从死亡中拯救了出来，也把这个年轻人从杀人的罪行中拯救了出来。据说，这也使得这个年轻人从那时起就成为毕达哥拉斯最有名的门徒。更为甚者，整个毕达哥拉斯的教义都可用某种合适的歌曲来演绎，他们称之为 "exartysis"，即"准备"（adaptation），"synarmoge"，即"得体"（elegance of manners），以及 "epaphe"，即"互动"（contact）。它们有效地引导灵魂去应对激情，将之导向与之前截然不同的方向。当他们上床睡觉的时候，他们用某些诗歌和特别的歌曲，将白天暴露在纷扰和噪声里的理性力量净化，用这种方式让他们安眠，让他们做短暂而美好的梦。而当他们从床上起来时，又通过另一种歌曲，来让自己从睡眠的麻痹和沉重之中解放出来。有时候，他们只让音乐响起来，而不伴随着歌唱声。正如他们所说，这确实有一种加持的力量，可以治疗灵魂中的激情和某些疾病。很可能正因为此，他们通常称呼它为"epode"，即"加持"（enchantment）。通过这些方法，毕达哥拉斯用音乐来纠正人们的举止和生活，最大限度地造福人类。

第二十六节

不过，既然我们讲到毕达哥拉斯运用智慧去教导弟子，那么如果我们接下来不讲述关于他如何发明和谐的科学与和谐的比率的话，就不太合适了。然而为了这个目标，我们必须从更高的层面来开始。他曾考虑过，是不是有可能设计出某种有助于听的工具，使得人们可以准确无误地将它们[131]系统化，就如同光线可以通过日时计和圭表来测量，或者说经由朱庇特，以一种光的折射的形态来表现出来；也如同在称重的时候用一指来衡量，或者用度量衡工具来衡量。带着这种思考，他碰巧走进一家铁匠铺。他从锤子敲打在砧石上的铁片的声音中，听出了某种神圣的节奏。它们相互之间通过碰撞发出声音，只有一对组合除外。而他在这些声音当中，听出了纯八度（diapason）、纯五度（diapente）和纯四度（diatessaron）三种谐和音。然而，他发现在纯四度与纯五度

62

之间的音本身是无法和谐的，无论如何会产生相比两者更大的声音。他产生了这个如同神启般的念头之后，就急切地想探究清楚，于是他走进铁匠铺，通过各种实验，发现声音的差异来自锤子的大小，而不取决于打击的力度，也不取决于锤子的形状，更不取决于所打击的铁片的移位。因此，他精确地检查了锤子的重量和等重量的砝码，当他回到家时，就靠着墙架起一根木桩，以免在这种条件下会产生许多类型的差异，或者简要来说，就是避免不同的木棍的独特性质所产生的影响。然后，他又在这根木桩上悬挂了四根同样材料、同样大小、同样厚度和同样弧度的弦。在每根弦的顶端，他也系上一个砝码。而当他将弦的长度调整到完全相等的时候，他就开始同时打击这些弦，于是他惊讶地发现，就如之前所提到的共鸣一样，不同的组合之间也有不同的共鸣。他发现，在被最大的砝码所拉伸的弦与被最小的砝码所拉伸的弦之间，有纯八度共鸣。前一个砝码是12磅，而后一个是6磅。因此，在二比一（duple）比率下，它们表现出纯八度谐和音，就如同砝码重量所指示的那样。同样，他也发现那根挂着最重的砝码的弦与在那根挂着最轻的砝码的弦的旁边的那根重8磅的弦，表现出纯五度谐和音。因此，他发现这个谐和音的比率是三比二（sesquialter），也同它们所系的砝码重量比率一样。他又发现，那根挂着最重的砝码的弦与它旁边那根重量上仅次于它的挂有9磅重的砝码的弦之间，是四度谐和音。于是如同它们的重量一样，他发现这个比率是四比三（sesquitertian）。

而且，这个挂着9磅重的砝码的弦，和挂着重量最小的（6磅重的）砝码的弦之间，是三比二的比率。因为9和6的比值，就是三比二。同样，那个与挂着最轻的砝码的弦相邻的弦与挂着最轻的砝码的弦之间，也是四比三的比率（因为这是8比6的比值），而它与挂着最重的砝码的弦之间，是四比三的比率（因为这是12比8的比值）。所以，在纯五度与纯四度谐和音之间，也可证明纯五度是以九比八的比率强于纯四度，这个9比8的比值，也叫作"epogdoan"。而无论用哪种方法，它都可以证明，纯八度音阶是一个由纯五度音阶和纯四度音阶合成的音阶，就如同二比一的比率由三比二和四比三合成，也例如在12、8和6之间的比率关系；反过来说，一个纯四度音阶和一个纯五度音阶组成了一个纯八度音阶，就如同四比三和三比二的比率得到一个二比一的比率，也例如在12、9和6之间的比率关系。通过这种方法，他依靠自己的手和听觉固定了悬置的砝码，并给它们建立了固定的比率，然后用简单的工具将这些普遍固定好的弦从架起的木桩上转移到乐器的口子上去，这个工具他称为"弦音器"（chordotonon）。他利用夹子，让弦产生与它受砝码悬挂影响时同样的张力。

由于这是一条万无一失的法则，他以这个方法为基础，将这个实验拓展并且运用到许多乐器当中，包括响板和鼓的节拍、木管和簧，还有单弦、三角铁，等等。在所有这些实验中，他找到了数字比率的不变的一致性。他把有数字6参与的声音命名为许帕兹（hypate），把有8参与的声音和比率

64

为四比三的声音命名为墨塞（mese），把有9参与的声音叫作帕拉墨塞（paramese），把在音调上比墨塞更尖的声音叫作"epogdous"；把有12参与的声音叫作涅忒（nete）。[132] 为了从全音阶的角度用相似的声音填补中间的空位，他用这些谐和音数字建立了纯八度音程，也即把二比一比率、三比二比率、四比三比率，以及与以上几个有些不同的九比八比率都囊括了进去。就这样，他发现了和声进行[133]（harmonic progression），它通过某种自然法则，从最低沉的声音（例如单簧管）趋向最尖锐的声音。从全音阶角度，他把半音阶和等音处理得一清二楚，就如同我们的音乐所展现的那样。而这个全音阶属别，似乎有着如下的自然变化和和声进行：一个半音、一个全音，然后再来一个全音，这是纯四度和弦，是一个包含了两个全音和一个半音的系统；然后，在中间加上一个全音，纯五度和弦就产生了，这是一个由三个全音和一个半音组成的系统。另一方面，这个由一个半音、一个全音再加一个全音所组成的系统，构成了另一个纯四度和弦，也即另一个四比三的比率。所以在更古老的七弦琴中，实际上所有的声音，包括最为低沉的声音，也是与其他音之间相距四度的，无论何时何地都形成纯四度和谐。根据四和弦，半音从转位中产生，分布在第一个、中间和第三个位置。然而，毕达哥拉斯的全音阶是一个由纯四度和弦和纯五度和弦组成的系统的结合，这个系统如果分开就是由两个相互独立的纯四度和弦所组成的，而和声进行是从最低沉的声音开始的。因此，所有的声音相互之间的距离都是五度，它们相互之间形成纯五度和谐。半音被成功地纳入四个位置，也即第一个、第二个、第三个和第四个。因此，据说毕达哥拉斯通过这种方法发现了音乐，[21] 并且他还将其精简到一个系统之中，以此来告诉他的弟子，对所有事情保持谦卑是最为美丽的。

第二十七节

他的追随者们的许多政治实践是（值得）被赞扬的。因为据说，克洛同人曾经对奢侈的葬礼趋之若鹜，他们中的有些人对人们说，他们曾听到毕达哥拉斯在关于神祇的性质的演说中讲道：奥林匹亚诸神在意人们向他们献祭的态度，而不是他们献祭数量的多少；相反，那些被分配到管理次要之事的大地诸神会享用欢宴和哀歌，并进而沉湎于无尽的美酒佳肴中，沉湎于花费巨大的庆祝和葬礼当中。出于这个原因，他的愿望最终是被柏拉图称之为哈迪斯的神所接收的。因为，哈迪斯会让那些多少敬拜他的人长时间地留在地上的世界受苦，但他也常常把那些愿意在葬礼的庄严仪式中花费巨大的人拽下来，以使得他从对死亡的纪念之中获得荣耀。由于这个建议，克洛同人在心里产生了这样的观念：如果他们在遭遇不幸的时候表现得谦卑，那么他们将可保留自己的救赎；但如果他们在开支上不节制，那么他们都会过早死亡。也有一个人曾被任命为一件没有证人的案件的仲裁人，他带领所

66

有当事人到某个纪念碑前，对他们其中一个说，埋葬在这座纪念碑之下的人是无比公正的。结果另一个当事人祈祷说死者将从他的善行中得到更多的好处；而前一个却说，死者一点也不会像他的对手所祈祷的那样变得更好。因此，毕达哥拉斯对前一个当事人所说的予以谴责；又断言那个赞扬死者的人已经得到了他的信任，因为他在这件并非不重要的事情上声明了他的信仰。而在另一个时间，在一个重大的情况下，他决定让其中一个愿意通过仲裁平息纠纷的人支付4他连得[134]（talents），但另一个人应得2他连得。然后，他判了被告3他连得，这使得他看起来为双方都争取了1他连得。有两个人，曾经欺骗性地将一件衣服交存给一名在法院工作的女子，然后告诉她不要把衣服给他们两人中的任何一个人，除非两人一起在场。一段时间之后，其中一个人避开了另一个人，收取了他们共同存放的东西，并且说这是得到了对方的同意的。但另一个人，为了消遣上级，没有（在归还衣服的时候）出席，而指称一定要按照之前的合约办。某个毕达哥拉斯门徒接手处理这件事，说这个妇女的确做了符合合约的事情，因为双方已经都在场了。[135]还有另外两个人，双方之间似乎有着深厚的友谊，但其中一个人却因为另一个人的话而对他暗地产生了怀疑，因为有人告诉他，他的妻子被那个人玷污了。然而，当一个毕达哥拉斯门徒走进一个铁匠铺时，那个自认为受了伤的人正在将一把剑交给工匠看，这把剑是他让工匠磨砺的，而他愤愤不平地认为它不够锋利。这个毕达哥拉斯门徒因此怀疑，这把剑是蓄意用来对付那个犯了通奸罪的人的，于是他说，这把剑比什么都锋利，除了这诽谤。这句话一说，那个人就开始考虑自己（准备做的事情），而没有轻率地去让那个被牵连的朋友认罪，并且开始思考曾经有谁在之前跟他说这件事（以使得他可能会杀那个人）。有一个地区的一座阿斯克勒庇俄斯（Esculapius）[136]神庙里，曾有金饰掉到一个外来人脚跟前，而法律是禁止任何人捡起地上的东西的。一个毕达哥拉斯门徒就建议这个因为禁令而愤愤不平的外来人，把那些没有掉在地上的金饰拿走，但他要离开这个地区，因为这个金饰已经掉在了地上。[137]那时，还有一些状况被无知者传播到其他地方。据说在克洛同，曾经有一群鹤在公共演艺会的时候飞过剧场。而这时有些驶进港口的水手，对靠近他们的人说，你看到目击者了吗？某个毕达哥拉斯门徒听到了这些，就把那些水手带进法庭，成立了一个千人审判团，然后发现，他们把一些男孩扔进了海里，而那些男孩叫了（那时候）飞越船只的鹤来为这些行为作见证。当时，也有两个人新近成为毕达哥拉斯的弟子，他们彼此意见不合的时候，那个资历较浅的人就走到另一个人面前，对他说这件事情不必告诉第三者，就让这件事情到此为止，让他们将愤怒一起忘却。而当另一个人听到这些话的时候，他回答说，关于他刚才说的话，他自己也十分高兴，但是他也为此感到羞耻，因为他作为长辈，没有首先（向资历较浅的人）说同样的话。我们在这里所叙述的事情，也同样出现在芬提亚斯（Phinthias）

68

和达蒙（Damon）[138]、柏拉图和阿尔库塔斯，以及克利尼亚斯（Clinias）和普罗鲁斯（Prorus）[139]的故事中。然而，让我们先略过这些事情，先讲述一下麦西尼亚[140]人欧布洛斯（Eubulus the Messenian）的故事。当他在航行回家的时候，被第勒尼安（Tyrrhenian）[141]人抓走了。一个名叫纳乌西萨斯（Nausithus）的人认出了他，这个人也是毕达哥拉斯门徒，因为欧布洛斯是毕达哥拉斯的弟子之一，纳乌西萨斯就把他从海盗手中救了出来，并且带他安全地回到了麦西尼亚。当时，迦太基[142]人也准备派遣超过五千名战士到一个荒岛上去，迦太基人米提亚德（Miltiades the Carthaginian）在他们当中认出了阿尔戈斯[143]人波塞冬（Argive Possiden）（他们两人都是毕达哥拉斯门徒）。米提亚德趁人不注意走上前去，后劝波塞冬以尽可能快的速度回到自己的家乡去。他把他安置到一艘正在靠岸的船里，为他提供了航行所需的东西，就这样把他从危险中救了出来（为此他还暴露了身份）。简而言之，一个人若是要讲完所有的毕达哥拉斯门徒之间的相互联系，那么他的讲述会超过适合他写的论文的数量和长度。

因此，我也将继续说明，有些毕达哥拉斯门徒是政治性格的，他们更适合去管理。因为他们是法律的守护者，管理着某些意大利城市，并为这些城市开疆拓土，贡献最佳方略，节约公共开支。尽管他们受到了极大的诽谤，但是与此同时，毕达哥拉斯门徒在道德原则上的强烈正义性和城市本身的愿望占了上风，使得他们被许多城市邀请去处理政事。而在这个时期，最善之政出现在意大利和西西里。因为卡塔涅斯人卡隆达斯是表现得最好的立法者之一，他是毕达哥拉斯门徒。同样，洛克里人扎莱乌库斯和提马雷斯（Timares）也因为他们的立法而闻名。而且，那些建立了雷吉尼[144]的政治（Rheginic Polities），和被叫作吉纳西亚奇克（Gymnasiarchic）的政治，以及以忒俄克勒斯（Theocles）命名的政治的人，据说都是毕达哥拉斯门徒。斐提俄斯（Phytius），同样还有忒俄克勒斯、伊莱卡翁（Elecaon）和阿里斯托克莱特斯（Aristocrates）[145]，在毕达哥拉斯门徒中学习出众、举止突出，他们所在的城市也因此在当时采用了他们的政治模式。概括地说，毕达哥拉 70 斯是所有政治学问的发明者。当时，他说现存事物中没有一样东西是纯粹的，土关乎火，火关乎气，气关乎了水，水关乎精神（spirit）。同样，美关乎缺陷，正义关乎不公，而其他的事物也可适用于此。而根据这个假设，理性可倾向于两个不同的方向。他还说，身体和灵魂有两种运动，一种是非理性的，而另一种是在深思熟虑的选择的影响下的。这三条特定的线也构成了政治，它们的两端相互连接，形成一个直角，使得其中两条线有四比三的性质，两条线有纯五度的性质，而第三条则处于它们的中间。[146][147]但当我们通过推理的过程来考虑线条之间的重合，以及这些线之下的位置时，我们会发现，它们代表着一个政体的最佳形象。柏拉图已经用这个发明为他自己赢得了荣耀，因为他在《理想国》里清晰地描述说："四比三的比率是与五度中的两个和声相结合的。"[148]也据说，毕达哥拉斯在激情和平庸中找到了中庸之道，通过某种先天的善，他让每一个弟子的生活都变得幸福起来。简而言之，据说他发现了我们向善的选择和适应我们天性的工作。同样还有关于他的其他传说，说他把娼妓从克洛同人的生活中赶了出去，更是总体上把娼妓从未婚妇女中赶了出去。因为，克洛同人的妻子们曾去找布伦蒂诺斯（Brontinus）的妻子忒阿诺（Theano），布伦蒂诺斯是一名毕达哥拉斯门徒，而忒阿诺拥有一个睿智而卓越的灵魂（布伦蒂诺斯曾有一句美丽而令人钦佩的名言："只要女人从丈夫的怀抱里起床，那么这一天她去献祭就是合法的。"有些记载说这是这位毕达哥拉斯门徒的妻子忒阿诺说的）。克洛同人的妻子们因此去找她，恳求她说服毕达哥拉斯对她们讲一讲因为她们而导致的她们丈夫的不节制。她答应这么做，而毕达哥拉斯也据此给克洛同人发表了演说，并得到了预期的效果，曾经盛行一时的不节制被彻底地击溃了。同样，在这之后，一些外交使节为了追索逃犯从锡巴里斯来到克洛同人的城市；毕达哥拉斯认出了其中的一位使节，那个人曾亲手杀害过他的朋友，于是就没有应答。而当这个人来找他，并希望能与他谈话的时候，毕达哥拉斯说，与杀人犯谈话是不合法的。也因此，有些人认为他就是阿波罗。所有这些细节，包括之前略微提到过的关于摧毁僭主的统治和解放意大利和西西里的许多城市，以及其他很多事情，都证明了毕达哥拉斯在政治方面也给予了人类许多益处。

第二十八节

在这之后，我们将不再泛泛而谈，而要特别地将我们的注意力集中在由毕达哥拉斯的美德所产生的事迹之上。就如同人们时常所做的那样，我们首先要从众神开始，并尽力展现出他的神性和他所做的令人钦佩的工作。于是，我们将举一个他的神性的例子。就如同我们之前提到过那样，他知道他的灵魂曾是什么，从何处进入这个身体，而他的前世又是谁，并且他还能为这些事情给出最令人信服的证据。接下来，让我们去看看另外一个例子。他曾经带着他的许多同伴经过奈苏斯河（river Nessus），他对着河流说话，而河流用一个遥远而清晰的声音回答他，他所有的追随者都听到了，那个回答是：向毕达哥拉斯致敬！进而，几乎所有他同时代的历史学家都能充满信心地断言，在这同一天，他同时现身于意大利的梅塔蓬托姆和西西里的陶洛墨涅乌姆（Tauromenium）[149]，并且同时对同一群弟子们在两地做了同样的演讲。然而，这两座城市相互之间隔得很远，不管是从水路还是陆路都要走很多天。接下来这个故事也广为传播：他对许珀耳玻瑞亚的阿巴里斯露出了黄金大腿，于是阿巴里斯认为他是来自许珀耳玻瑞亚的阿波罗，而阿巴里斯自己则是他的祭司。他通过这件事情让阿巴里斯明白自己并没有被欺骗。同样，还有一万件更为神圣、更令人钦佩的事迹都毫无疑问与他有关。比如，对地震的精确预测、迅速驱散瘴气和狂风、瞬间停止

72

冰雹狂泻，以及抚平河流和海洋的波浪，[18]以便他的弟子们能够轻松通过。他的许多弟子，包括阿格里真图姆人恩培多克勒（Empedocles the Agrigentine）、克里特人埃庇米尼得斯（Epimenides the Cretan）和许珀耳玻瑞亚的阿巴里斯等人都受到了其力量的影响，在许多地方也展示了这类奇迹。而我们从他们的名号上就可以一目了然。我们必须补充说明，恩培多克勒有个绰号，叫"风之驱散者"（an expeller of winds）；埃庇米尼得斯有个绰号叫"赎罪者"（expiator）；而阿巴里斯的绰号叫"空行者"（a walker on air），因为他带着许珀耳玻瑞亚的阿波罗给他的飞镖，走遍了河流、海洋和人迹罕至的地方，就如同人在空中行走一般。许多人就因此认为，毕达哥拉斯在同一天，同时在梅塔蓬托姆和陶洛墨纳斯对同一群弟子演讲，并且做了同样的事情。还有一些传说，说他曾经尝过一口井里的水，然后预言从这口水井里会发生地震；还说他预言一艘乘着风航行的船会在海中消失。让我们把这些都看作是他神性的表现吧。

然而，我再次强调，如果我们要上升到更高层面的话，我会特别想介绍一下毕达哥拉斯和他的追随者所建立的敬拜诸神的教义，也即他们带着敬意所制定的所有要做的事情和不该做的事情。他们界定这些正出于与神意合一的目的，而且也正通过这些具体内容，（神圣的）教义与他们的整个生活就被置于"顺从神"的观念下并被安排得井井有条。他们的哲学语言也是如此，他们说，人们可笑地从别的源头去探索善，却偏偏不去诸神那里寻找。这种行为就如同一个人生活在国王统治的国家，但是却只尊敬城市里的治安官而不理会那个统治所有人的人。他们认为，这是人才会做的事情。由于神是万物之主，那么众人皆知，善是他的要求。因为所有人都把善传给了他们所喜爱的人，也传递给了那些与之相处十分融洽的人；而把善的对立面给了那些与他们不洽的人。所以，这些事情显而易见地应该在神的喜悦中做的。然而，作为一个人知道这些是不容易的，除非他能从一个已经听到了神的话语的人那里获得这些知识，或者他自己从神那里听到，或者受神迹所影响。也因此，毕达哥拉斯的门徒所热衷学习的正是有关神的事情。因为单单只是这件事情本身就已经是对诸神的慈爱的理解了。简而言之，相信诸神存在的人，会认为做这类事情是值得重视的；而那些将此视为愚弄的人，也会认为所有这些都是愚蠢的。然而，毕达哥拉斯学派的许多道德要求是用一种神秘的方式介绍的，因为他们不认为这些要求是傲慢的产物，而是来自某种神恩。同样，所有的毕达哥拉斯门徒都相信普罗康涅苏斯[150]人阿里斯提亚斯（Aristeas the Proconesian）、许珀耳玻瑞亚的阿巴里斯所提到过的那些神秘的事物，以及其他类似性质的具体事例。因为他们认为每一件这类事情都是可信的，而且其中许多这类事情他们都拿来考验自己。他们也收集了这类显得不可思议的事情，对关乎神的事迹他们从没有不相信过。有一个人因此曾提到，欧律都斯说，有一个牧羊人在菲洛劳斯的坟墓附近放羊，他听到有人在唱歌。而讲述这个故事的人并不是完全不相信传言的，就问这是什么样的和声？欧律都斯和菲洛劳斯都是毕达哥拉斯门徒，欧律都斯是菲洛劳斯的弟子。同样，也有人说，一个人告诉毕达哥拉斯，他曾经看到毕达哥拉斯与他死去的父亲对话，然后他问毕达哥拉斯这代表着什么？毕达哥拉斯回答道：这不代表什么，无非是他确实是在和他的父亲对话而已。于是这个人说，我现在和你的对话什么也没有昭示，正如你和你父亲的谈话什么也没有昭示一样。因此，从所有这类的事例中可以看出，他们不认为自己是愚蠢的，反而是那些不相信的人才是愚蠢的。他们不会像那些喜欢诡辩的人那样，认为某些事情对诸神来说是可能的，而另一些是不可能的，他们相信所有的事情对诸神来说都是可能的。这个论断也出现在里努斯（Linus）名下的诗句的开头，他是这样写

75 的：

> 所有事物都是我们希望的客体，
>
> 因为探寻四方无一物显得无望。
>
> 所有事物都在神恩下怡然自得，
>
> 然而无人能触动他无上的威光。

他们认为自己的观点是值得被相信的，因为第一个把它们彰显出来，不是什么寻常的人，而正是神。下面是他们的提问之一：毕达哥拉斯曾是什么人？他们说，他是许珀耳玻

瑞亚的阿波罗，一如阿波罗在奥运会中显露出他的黄金大腿，这是一个启示的出现；他也同样接受了许珀耳玻瑞亚的阿巴里斯作为他的客人，并且接受了他在空中穿行时乘坐的飞镖。而据传说，阿巴里斯来自许珀耳玻瑞亚地区，为了修建神庙而收集黄金，并且他预言过一场瘟疫。他也曾住在神庙里，却没有人看到过他吃喝。同样也有人说，净化邪恶的仪式是拉刻代蒙人做的，在那之后拉刻代蒙再也没有受到过瘟疫的侵袭。因此，毕达哥拉斯通过接待他，并且同时接受了他飞镖，而让阿巴里斯闻名遐迩（他不是一个凡人）：没有他找不到的路。也同样在梅塔蓬托姆，一些人在祈祷他们能够得到一艘刚好要进入港口的船上装的东西，毕达哥拉斯对他们说，那么你们将会得到一具尸体。也同样在锡巴里斯，他抓到了一条致命的毒蛇，然后赦免了它。同时在第勒尼安，他也以类似的方式抓到了一条小毒蛇，它咬起人来十分致命。而据说在克洛同，一只白鹰攻击了毕达哥拉斯，让他痛苦不堪。有一个人也曾想听他的演说，他告诉那人不行，除非有启示出现。在这之后人们在卡乌康尼亚（Cauconia）[151]见到一只白熊，有个人正要告诉毕达哥拉斯这头熊死了，毕达哥拉斯就预言了它的死。同时，他告诉克洛同人米利阿斯（Myllias the Crotonian），他曾经是戈耳狄俄斯的儿子米达斯（Midas the son of Gordius）。为此米利阿斯前往亚细亚大陆，去（米达斯的）坟前举行毕达哥拉斯嘱咐给他的仪式。同样也有传说说，有个人买了毕达哥拉斯的房子，并且挖掘了埋藏在里面的东西，却不敢和任何人讲他那时候看到的东西。作为这一罪行的代价，他被克洛同以亵渎的罪名抓住，并被判了死刑。因为他从一个雕像上拿走了一簇金胡子。因此，所有这些以及其他类似的事情，都被归于毕达哥拉斯，以使得他们的意见值得被相信。[152]并且因为这些都被认为是真的，然而它们又不应该恰好都发生在一个人身上，所以很显然，他们自然而然地会想到，这些与毕达哥拉斯有关的事情，应该被视为发生在一个超越了人类的人身上，而不是发生在凡人身上。而这也是他们的神秘主张的意思，也即"人、鸟，而第三种则是两足步行的"这句话的意思。因为这第三种指的是毕达哥拉斯。因此，毕达哥拉斯就这样被赋予了神性，人们也认为他确实如此。

而对于誓言，所有的毕达哥拉斯门徒都宗教般地对待它们，他们时刻牢记着毕达哥拉斯的教训，

> 首先要对不朽的神致以敬意，
> 因为根据法律正应如此处理；
> 然后要尊重誓言，然而荣光
> 紧随在这些璀璨的英雄身旁。

因此，曾经有某个毕达哥拉斯门徒被法律驱使要发下誓言，尽管这并非宗教式的发誓，但是他为了遵守毕达哥拉斯的教义，选择了支付3他连得来代替发誓，这是他被判支

付给被告人的罚款。而毕达哥拉斯认为，没有什么是偶然 　77
的和幸运的，所有的事件都遵从诸神的旨意发生，尤其对于
善良而虔诚的人来说。这是一位毕达哥拉斯门徒安得罗西德
斯（Androcydes）[153]在他的文章《关于塔壬托姆人泰玛里达斯
（Thymaridas the Tarentine）论毕达哥拉斯的象征》中提到并
且证实的。因为当时的情况是，他将要离开自己的家乡，在
场的朋友们拥抱了他。当他登上了船，他的朋友说：希望神
在这些事情上满足你，哦，泰玛里达斯，愿诸神如你所愿！
但是泰玛里达斯回应并且预言了更好的事情，他说我宁愿这
些发生在我身上的事情都如神所愿。因为他认为，不去抗拒
或抱怨神意才是更为科学和正义的。因此，如果有人愿意
去了解这些人如此虔诚的来源是什么的话，那么我们必须指
出，这种由数字衍生出的毕达哥拉斯神学的清晰范例，可以
在俄耳甫斯的著作中找到。毫无疑问，毕达哥拉斯得到了俄
耳甫斯的助力，写出了他的论文《论诸神》（Concerning the
God），并写出了《圣训》（Sacred Discourse），因为里面提
到了俄耳甫斯[154]最神秘的地方的花。无论这些作品如同许多
作者所说的那样，是真正由毕达哥拉斯所写，还是像某些毕
达哥拉斯门徒们所学到的并且深信不疑的那样，是由特劳格
斯（Telauges）[155]所写，从他所引用的由毕达哥拉斯自己留给
他女儿、特劳格斯的姐妹达谟（Damo）的评语［这些评语据
说在她死后留给了达谟的女儿彼塔勒（Bitale），而毕达哥拉
斯的儿子特劳格斯在他适婚的年纪成了彼塔勒的丈夫］中我

们都可以证实这一点。当毕达哥拉斯死去的时候，还十分年
幼的他跟随着他的母亲忒阿诺。在《圣训》中或者说在《论
78 诸神》中（因为两者都写了），都明确地写出了据说把关于
诸神的事情告诉毕达哥拉斯的那个人："墨涅萨尔科斯的儿
子毕达哥拉斯被教导了有关诸神的事情，当他在色雷斯的雷
贝特拉（Theracian Libethra）[156]欢庆酒宴时，阿格拉奥菲穆斯
（Aglaophemus）[157]启发了他。而卡利俄佩[158]（Calliope）的儿子
俄耳甫斯，在潘盖俄斯（Pangaeus）[159]从他母亲那里习得了智
慧。他说，数字永恒的本质就是天与地以及居于天地之中的
大自然的先天注定的普遍原理；[19]进而，它也是诸神和神灵
的神圣本质的永恒性的根基。"[160]从这些事实，显而易见，他从
俄耳甫斯教的创作者那里学到了诸神的本质是由数字定义的。

79 同样也通过数字，他拥有了令人惊讶的先知能力和对诸神的
崇拜，两者都尤其与数字息息相关。为了使人相信上述事情，
举出某个事实是必须的。当阿巴里斯用他惯用的方式做了神
圣的祭拜仪式之时，他展现出了对未来事件的预知能力，这
是所有野蛮人通过献祭动物，尤其是鸟类，所培养出来的学
问，正因为他们认为这些动物的内脏有助于更准确地做出预
言。而毕达哥拉斯不想压抑他对真理的热切追求，但想将它
导向一条更为安全的道路，一条不需要鲜血和宰杀的道路。
这是因为，他认为公鸡对太阳来说是神圣的，而太阳为他提
供了关于所有真理的完备知识，就如同人们所说的那样，通
过算术科学，他也从中获得了神性和对于诸神的信仰。因为

毕达哥拉斯也宣称，所有关乎诸神或神的教义的殊胜之事都不可不信，[20]因为诸神能成就所有的事。而神的教义中必须相信的那些，是毕达哥拉斯传达的。因此，毕达哥拉斯学派将其汇总起来加以教条化，并对它们信奉有加，因为它们不会是错误意见的产物。为此，菲洛劳斯的弟子克洛同人欧律都斯才会说，有一个牧羊人在菲洛劳斯的墓旁喂他的羊的时候，听到有人在歌唱。而叙述这个故事的人并非完全不相信传闻，便要问是什么样的和声。毕达哥拉斯自己也曾经被一个人问到，他在睡觉的时候看到毕达哥拉斯和他死去的父亲对话，这预示着什么。而毕达哥拉斯说，这什么也没预示，这甚至也不预示着你将来与我说话。

毕达哥拉斯还穿着洁白纯净的衣服，也同样使用洁白纯净的床单，因为他不使用那些用羊毛做成的东西。这些习惯也被他传给了他的听众们。当说到那些超越人类的特性的时候，他用敬称和吉利话加在每一个提及诸神的场合。在晚餐的时候，他会给神明献酒，也会让他的弟子们唱圣歌来称颂那些高于我们的存在，每日不辍。他也同样注意谣言、预兆、预言等，或者简单来说，就是偶然的情况。此外，他还向诸神献上小米、蛋糕、蜂蜜和别的香料。但他不献祭动物，正如没有一个其他冥想哲学家会这么做。但他的其他弟子，比如声闻派和从政派（politici）曾奉他的命令献祭动物，例如一只公鸡、一只羔羊，或者其他刚出生的动物，但这种情况不多。同时，他们被禁止献祭牛。他劝诫他的弟子们不要以

80

诸神之名发无用之誓，这也是他对待诸神以荣耀的一种表示。在克洛同，有一个毕达哥拉斯门徒叫赛留斯（Syllus），最终因为不愿发誓而被罚了款，尽管他就算发誓了也不会违背真理。以下的这个誓言也被记在毕达哥拉斯学派门下，因为他们很不情愿提起毕达哥拉斯的名字，就如同他们时常在避免使用诸神的名字一样，但他们通过提到四进表的发明来指明了这个人。

> 我以发现四进表之人的名义发誓，[22]
> 那是我们的智慧之源，那里保有永恒自然的喷泉，
> 那是我们的起因，那是我们的根。

概括而言，据说毕达哥拉斯有着胜于俄耳甫斯式的写作

81 能力和虔诚的性格，他尊奉诸神的方式和俄耳甫斯很相似，都用图形和铜球来承载，[161] 而不是与我们自身的外形结合在一起。因为它们包含并提供了所有的东西，而且有着与宇宙相似的性质与形态。他同时也公开了净化和启发的方法，它们包含着最准确的关于诸神的知识。据说，他还作为作者进一步发展出了一种结合神的哲学和对诸神的崇拜的理论。实际上这一理论的部分内容来自俄耳甫斯的追随者，另一些来自埃及的祭司，还有一些来自迦勒底（Chaldaea）[162] 的人和东方的博士，此外还有一些来自厄琉息斯（Eleusis）[163]、英布拉斯（Imbrus）[164]、萨莫色雷斯（Samothracia）[165] 和提洛的密仪，最后

还有一些来自住在伊比利亚的凯尔特人所举行的仪式。也有人说，毕达哥拉斯的《圣训》在拉丁人中存留至今，但并不是在所有人中传诵，而只在那些愿意学习最好的东西的人中传播，这使得它劝退了一些低俗的人。他同时也规定了人们应该献酒三次，因为阿波罗是通过三脚架（Tripod）[166]传达神谕的，所以最早的数字是三个一组的。而对维纳斯的献祭也是六天一次，因为这个数字在被除以每种可能的方式的时候，是最先参与到每一个数字中的，并且从那些除去的数字和剩下的数字中获得力量。[23] 而祭祀赫拉克勒斯则必须在当月开始的第八天，用以纪念他出生在第七个月份。他进一步断言，那些进入神庙的人有必要穿一件洁净的衣服，因为在那里面没人会睡觉；因为穿着黑色或者褐色的衣服睡着，是懒惰的表现，而纯净是理性中的平等和正义的象征。他又吩咐，如果神殿里发现了无意中被洒落的鲜血，那么就要做一次去秽，可以用黄金容器装着海水来做：因为前者（黄金）是最美丽的物品之一，又是衡量万物的价格的标准；而后者则是湿润的大自然的产物，是更普遍的物质最基本的养料。同时他又说，把孩子们带到神庙里是不对的，因为这不神圣，在神庙里灵魂的神圣部分应该与肉体绑定。他进一步下令，在节日里既不可剪头发，又不该剪指甲，不要认为我们丢弃诸神为了我们的福祉而提供的恩惠是适当的。他又说，不能在神庙里杀死虱子；他认为神的力量不应该参与到任何多余而容易败坏的事情当中。相反，神应该用雪松、月桂、柏树、橡树

82

和香桃木来尊奉，身体是不应该用这些东西来清洁的，也不应该用牙齿将它们分割。他又吩咐说，该用水煮的就不该用煎的，这就意味着温厚并不代表着它想被愤怒地对待。而且他不愿意让死者的尸体被焚烧，他在这件事情上追随着东方的博士，不愿让任何神圣的事物与凡间的特性联系起来。他也认为死者穿着白色的衣服被抬出去是神圣的；因为这隐晦地通过数字和万物的法则表现了最简单且最初的性质。但在上述他所有的吩咐当中，最重要的是他认为发誓应当是宗教性的；因为它带有后果，并且将持续很久。[167]他还说，自己受伤比致人死命要神圣多了；因为审判总会交给哈迪斯，在那里灵魂及其本性，以及所有事物最初的本质都会被正确地衡量。他进一步下令说，那个阴森的箱子（即棺材）不应该用柏树来做，因为朱庇特的权杖就是用这种木头做的，除此之外还有其他神秘的原因。他同时还吩咐，献酒应该在救世主朱庇特、赫拉克勒斯和狄俄斯库里（Dioscuri）[168]的桌前进行；这样做是为了庆祝朱庇特作为这次供奉的主因和首席，也庆祝赫拉克勒斯作为自然的力量，还庆祝狄俄斯库里作为这一切的合奏。他也说，献酒不应该闭着眼睛提供；尽管一切美好的事物都应该怀着羞愧和谦逊去领受，但他觉得此时这样做不合适。进而，他还吩咐人们在打雷的时候要触摸大地，以纪念这件事情的发生[169]。他还下令，必须从右手边进入寺庙，而从左手边走出来：因为他主张右手是所谓的奇数原则，是神圣的；而左手则是偶数的象征，它是可被分解的。这些就是据说他所采用的培养神性的方法。而其他相关的细节，我们也可以从已经讲述过的内容中推测出来。所以就此话题，我将不再赘述了。

第二十九节

然而，毕达哥拉斯所写的注释最能展现他的智慧。它们凡事力求准确，相比其他作品也更简洁，而且它们还有着古老并且优雅的韵味，以及由神的科学所启发而来的精妙结论。它们也浓缩了最为精华的概念，无论在形式和内容方面的都显得丰富而多样。同时，它们也是超乎寻常卓越的，在用词上毫无缺陷，并且在相当大的程度上，充满了清晰且不容置疑的论证，并附有科学的分析说明。只要不马虎地加以细读，我们就会发现，它们都是符合最完美的直言三段论（syllogism）[170]的路径的。因此，毕达哥拉斯在他的著作中对这门关于可理解的性质和诸神的科学给出了一个超然的起源。之后，他还教授了整个物理学，揭示了整个伦理哲学和逻辑学。同时，他还向我们传达了许多戒律和多种最出色的科学。概括来说，一切与人类知识有关的内容，都在这些作品中被详细讨论过了。所以如我们所知，在我们现在还在流通的（毕达哥拉斯）作品中，有一些是毕达哥拉斯自己写的；而有一些是别人听到他说的，实际上是佚名的作品，只是被归到毕达哥拉斯名下，作为他的作品出现。由此很显然，他在许多

领域都极具智慧。据说，他曾经投身于埃及人当中学习几何

85　学。因为埃及人有许多几何学问题：从遥远的时期开始，从
诸神时代开始，[171] 为了测量尼罗河的涨落，几何学就是必要的
学问，那些熟练掌握了这种技巧的人以此来丈量埃及人所耕
种的所有土地。这也是它得名"几何学"的原因。[172] 他们也
没有忽视研究天体理论，这同样也是毕达哥拉斯所擅长的。
此外，所有关于线的定理也是在那里被推导出来的。因为据
说，关于算术和数字的学问是在腓尼基被发现的，而有人曾
提到关于天体的定理是埃及人和迦勒底人都拥有的。因此也
有人说，毕达哥拉斯吸收并且发展了所有这些（理论），并在
接受了这些科学之后清晰而优雅地讲述给了他的听众。实际
上，他是第一个明确命名哲学的人，并且说哲学是一种渴望，
就如它是对智慧的热爱。而他将智慧定义为关于真理的科学，
寓于存在（beings）之中。他还说存在是非物质的，有着永
恒的性质，如同那些无形的本质一样，拥有一种有效的力量。
而剩下的事物只是一种同一性的存在，是通过真实的存在的
参与才得以被命名，它们是有形的、物态的，它们生成然后
腐朽，从未真正存在过。而智慧是这些真正存在的事物的科
学，而不是那些同一性存在的科学。因为有形的性质从来不
是科学的对象，也不能被认为是稳固的知识，因为它们是无
限的，是科学上无法理解的，而且因为它们并非存在，所以
当它们与普遍相比较的时候，是无法用定义来正确地衡量的。
因此，不能设想那些本就不是科学的对象的事物有一种关于

它们的科学。因而，也不可能对这些不成立的事物有一种科学的渴望。而对于那些永恒不变的事物来说，这种渴望将会扩展到这些总是以与其相称的状态成立的真正的存在。因为，恰好感知到的事物是一些同一性的存在，它们从来就不是真正如同它们看起来那样，必然伴随着对它们的真实万有的疑惑；就如同对细节的知识必然会跟随着对普遍的科学一样。阿尔库塔斯说，那些正确地了解普遍的人，也会对细节的本质有清晰的认识。因为存在的事物既非单独的，也不是仅仅自我成立的，更不是简单的，它们是丰富而多样的。它们中的有一些是可理解的，并且是无形的，这些被定义为万有；但还有一些是有形的，能被知觉所感知的，它们与真正的存在之间有着某种关系。就这样，他通过这些论述，向我们传达了最恰当的科学，没有留下任何（与它们相关的）未被调查的东西。他同时也向人们（向所有的门徒）揭示了那些普通的科学，比如说明性的、定义性的，都加以分门别类，正如我们能在毕达哥拉斯的注释中所得知的那样。出于惯例，他以一种象征性的方式透露了前面所提到过的关于他家人的神谕。在那些简短的话中包含了极为丰富而多样的含义，如同皮提亚的阿波罗传达某些神谕，或者就像大自然自己播下小小的种子一样，前者展现概念，而后者表现影响，它们头绪众多，很难被理解。它们就如同毕达哥拉斯自己的格言"开端是整体的一半"，对于其他人来说也起到了类似的效果。最为神圣的毕达哥拉斯，他用这些简短的句子，用最为丰富 87

却又难以理解的理论外延，把真理的火种埋藏了起来，作为宝藏留给了那些有能力点燃它们的人，就如同下面这半句：

> 万物皆从数。

这句话他经常向他的弟子们提起。还比如，友谊是平等；平等是友谊。又比如用这个词宇宙（cosmos），也即世界（the world）；或者以朱庇特之名，以哲学一词之名，或者以如此尊贵的四进表之名。所有这些以及其他类似的发明，都是毕达哥拉斯为了他的同伴的福祉和为了他们同伴的改进而想出来的；它们被理解它们的人们视为如此庄重，是如此多的神灵启发的产物，以至于下面这些话被那些生活在一起的普通听众用来发誓：

> 我以发现四进表之人的名义发誓，
> 那是我们的智慧之源，那里保有永恒自然的喷泉，
> 那是我们的起因，那是我们的根。

这就是他令人称羡的智慧的形式。

也有人说，在毕达哥拉斯推崇的科学当中，音乐、医学和占卜都是重要的。[173]但他们[174]总是习惯性地沉默并急切地听着，那些（以得体的方式）听着的人会得到他们的赞扬。在医学当中，他们总是特别倾向于食谱的种类，而且在实践中

这是最为准确的。[175]首先，他们会努力学习劳动、饮食和休息之间的适应和协调。接下来，关于食物的准备，他们几乎都是首先自己去执行，然后以此来决定哪些方式应该被使用。他们比他们的前辈更频繁地使用膏药，但相对来说要更少使用药用油膏。他们主要用它们来治疗溃疡。而刀伤和烧伤是他们认识得最少的。某些疾病他们也会用咒语来治疗。而毕达哥拉斯认为，如果使用得当的话，音乐也对健康大有裨益。同样，毕达哥拉斯的门徒也会选取某些荷马或者赫西奥德的诗句来纠正灵魂。他们认为有必要把他们所学到的和听到的事情保存在记忆里，而且也必须通过戒律和监督来做到，使得学习和记忆的能力得到最大的扩展；前者是获取知识的能力，而后者则是保有知识的能力。因此，他们非常尊重记忆，并进行了大量练习，在这上面花费了许多精力；而就学习而言，他们也没有忽视他们所学的东西，直到他们切实理解并且掌握了最基本的原理。他们还会回忆他们每天所听到的东西，并以下这种方式进行：一个毕达哥拉斯门徒只有当他开始回想起前一天发生的事情的时候，才会从床上起来；他会努力记住他最开始说的话，或者他最开始听到的话，或者在他起床时最开始命令他的佣人做的事情；以及他第二次和第三次说的话、听到的话和下令做的事情。然后在这一天剩下的时间里采用同样的方法。再接下来，他会努力记住在他离开家之后第一个会面的人，以及第二个；以同样的方法，他也会努力记住他和第一个、第二个和第三个人对话的地点。

然后接下来，他会将同样的方法用在别的事情上。他努力在他的记忆中再现这一整天的事情，理顺它们中的每一件所发生的前后顺序。而当他们从睡眠中获得充分的休息之后再次醒来之时，他们又会用同样的方法回忆前天的事情。他们就这样尽可能多地锻炼记忆力，因为没有什么比与科学、经验和智慧相关的记忆的能力更重要了。也正是这些学习，使得意大利到处都是哲学家，使得这个之前无人知晓的地方在日后因为毕达哥拉斯而被叫作大希腊地区。正如其名，这一地区有许多哲学家、诗人和立法者。他们所创作出的修辞方面的艺术、翔实的理论和各种法律，被从意大利传到希腊。人们一提到物理学，就会举出恩培多克勒和爱利亚人巴门尼德（Elean Parmenides）[176]。而当人们想要引用关于如何引导人们生活的名言的时候，则会举出埃庇卡摩斯（Epicharmus）[177]。几乎所有的哲学家都受益于这些人。这些就是关于毕达哥拉斯的智慧的内容，关于他如何去驱使他的听众去追求智慧、去尽可能地参与智慧的内容，也是关于他如何完美地将智慧传递给众人的内容。

第三十节

而关于正义，如果我们从其最初的原理、从其最初发端的理由开始考察，并且如果我们直接将注意力放到不公的最初的原理的话，我们就能以最好的方式学到他是如何培育正义并且将其传递给人类的。我们由此可以发现他是如何避免不公，以及如何用正确的方式让正义在灵魂中生根的。而正义是共有的，是平等的，通过它，所有人都像是不自觉地被召唤到同样一具身体、同样一个灵魂之中，无论你我都呼唤着共有的事物；这也是柏拉图所证实过的，他正是从毕达哥拉斯那里学到了这些。因此，毕达哥拉斯以最好的方式产生了影响，消灭了一切自私的态度，增加了共有的财富，而这种自私正是导致叛乱和动荡的原因。因为（对于他的门徒来说）所有的东西都是共有的，并且对所有人都是同样的，没有人拥有任何私有的东西。而他实实在在地赞同这个共同体，用最正义的方式使用共同的财富；但他并不是把那些别人带来并加入共同所有物中的财产当作他自己的财富。他就这样以最佳的方式从最初的原理开始建立起正义。

90

因此接下来，人们之间的沟通导向正义，而对众人的轻蔑则产生不义。因此，为了将这种遥远的熟悉感[178]注入人们心中，他命令他的弟子也要将正义扩展到与我们同类的动物们身上，命令他们把它们看作他们的亲属和朋友，这样一来，既不可去伤害它们，也不可去屠杀它们，更别说去吃它们中的任何一个个体了。因为它们与我们包含着同样的元素，与我们一起过着共同生活，所以一个将人类与动物联系在一起的人，也将会在更大程度上与那些能够与同类共情的人建立起友谊，并在同时塑造出一个理性的灵魂。从这里也可以看出，他是从最恰当的原则中引入正义的。同时，对财富的渴

望，有时候会驱使许多人走向正义的反面。他清楚地预见到
了这种情况，便通过创新开支的方法，使得经济与之相适应，
使得什么都刚刚好充足。我们再次强调，对内部事务的公正
处置是城市中所有良好秩序的原则。因为城市是由家庭构成
的。据说，毕达哥拉斯本人就是阿尔卡埃俄斯（Alcaeus）财
富的继承人，后者在一次出使拉刻代蒙的行动之后过世，尽
管如此，毕达哥拉斯打理经济的出色程度并不亚于他的哲
学。他结了婚，并好好地教育他所生的女儿，这个女儿后来
嫁给了克洛同人梅诺（Meno the Crotonian）。当她是个少女的
时候，她是唱诗班的领班，而当她成为妻子，她总在那些靠
近圣坛的人的最前列。也据说，当毕达哥拉斯身故之后，梅
塔蓬托姆人保存了对他的记忆，把他的家变成了一座刻瑞斯
（Ceres）[179]神庙，而他家所在的那条街则成了博物馆。

另外，因为傲慢、奢侈和对法律的蔑视常常会助长人们
的不义，所以他每天都劝勉他的门徒们要站在法律一边，并
且与不法为敌。因此，他做了如下的区分：最为邪恶的就是
所谓奢侈，它经常溜进家庭和城市之中；排第二的是傲慢；
排第三的是破坏。因此，应该尽可能采用一切手段将奢侈隔
绝并且（从每个家庭和每个城市）驱除，人们应该从出生开
始就习惯于过一种有节制且人道的生活。他进一步补充说，
所有的诅咒都有必要被净化，无论是令人遗憾的，还是招致
敌对的，以及出于一种辱骂、无礼或者诽谤性质的诅咒。除
此之外，他也同样建立了一份最为美丽的关于正义的分类，

即通过立法，下令哪些是确确实实应该做的，同时禁止了那些不该做的事情。而这个分类，比裁判所的裁判表更为卓越，它就像治疗病人的药。然而与之不同的是，它（教导人们）并非从生病之后才开始忍耐痛苦的，而是远在疾病出现之前就注意灵魂的健康。这正体现了最好的立法者来自毕达哥拉斯的学派：首先有卡塔涅斯人卡隆达斯；然后有为洛克里人写了第一部法律的扎莱乌库斯和提玛拉图斯（Timaratus）；在此之外，还有提阿忒图斯（Theaetetus）和赫利卡翁（Helicaon）、阿里斯托克莱特斯和斐提俄斯，他们成了雷吉尼（Rhegini）的立法者。所有这些人都被他们的公民奉以与神相似的荣耀。毕达哥拉斯不会像赫拉克利特[180]（Heraclitus）那样做。简单地说就是赫拉克利特在为以弗所人（Ephesians）[181]撰写法律的时候，会在法律中下令让公民们吊死自己。而毕达哥拉斯努力以善心和政治科学来建立法律。我们还有更多的人要钦佩。扎摩尔克希斯（Zamolxis）是一名色雷斯人，是毕达哥拉斯的奴隶。他听了毕达哥拉斯的演讲之后，获得了自由。然后他回到了戈太（Getae）[182]，为他们立法，就如我们在这部作品的开头所提到过那样，他在说服他们认可灵魂之不朽之后，劝勉他们坚韧。因为直到现在，所有的加拉太人（Galatae）[183]和特拉里人（Trallians）[184]，以及许多其他的野蛮人，都告诉他们的孩子，灵魂是不能被毁灭的；它会在死后继续存在，不用畏惧死亡，而通常危险来自一个固执的凡人的念头。在教导了戈太人这些道理，并且为他们撰写了法律之后，他被他们

92

奉为诸神之中最伟大者。

进而，毕达哥拉斯还认识到，诸神的支配对于建立正义是最为有效的，他在此基础上构建政治体制和法律，也构建起正义。而且他也并不令人意外地认为，出于这样的目的，我们应当在其中构想神性来作为手段。神对人类如此热心，他审视着人类，而非无视人类。这个概念是毕达哥拉斯门徒从毕达哥拉斯那里阐发出来的，被认为是大有用处的。因为我们需要一种在任何事情上都不会抗拒的监督，而这正是来自神的监督。神圣的天性正是这样一种东西，是值得拥有世界这一帝国的。毕达哥拉斯的门徒曾正确地说，人（就其非理性的部分而言）天性傲慢又摇摆不定，会随着冲动、欲望和过剩的激情而变化。因此，他需要一种超然的监督和这一类的管理，并从中产生某种惩戒与秩序。因此，每个人都应该意识到自己摇摆不定的天性，永远不应该忘记对神的虔诚和对神的崇拜，而要时时刻刻把他放在心中、放在眼前，以作为对人类行为的监督和勤勉的观察。除了神性以及神灵般的自然，他们认为每个人应该给他们的父母和法律以最大的关注，应当忠实而非虚伪地服从他们。并且他们认为，普遍来说，人们有必要相信没有什么比无政府状态更为邪恶的了；因为当没有人统治的时候，人类天然地不会被拯救。

他们这些人也认为应该坚持遵守他们祖先的习俗和法律制度，即使这些习俗和制度相比其他较劣。因为脱离现有的法律，而热衷于创新，绝不是有利且有益的。毕达哥拉斯已经给出了许多其他的对神虔诚的例子，以显示他的生活是符合他的教义的。他提到这些的目的没有一个是不明确的，都是可以为其他的例子做解释的。但在这里，我要提起当锡巴里斯的使节到克洛同的时候毕达哥拉斯所说和所做的事情，即关于索要流放者回归的事情。出于使节的命令，流放者的一些同伙已经被杀了，其中一部分是使节亲手杀死的；而除此之外他们中的另一个人是煽动暴乱者的儿子，已经因病而死了。因此当克洛同人在深思熟虑如何处理这件事的时候，毕达哥拉斯对他的弟子说，他不愿看到克洛同人在这件事情上有如此巨大的分歧，在他看来，使节甚至不应该带受害者去祭坛，更不应该让这个祈求者（即流放者）被从他们中间拖出去。但当锡巴里斯人带着抱怨来找他，说这个人亲手杀了他的一些同伴并还在为自己的行为辩护时，毕达哥拉斯说，他应该不回应这一谋杀案。而有些人指责他自称阿波罗，因为在这之前有人曾问他一件事情，问他这事情为何如此；而轮到他回答审讯者的时候，他问，当他传达神谕的时候，他再去质询阿波罗为什么要传达神谕给他，这合适吗？ [185] 而另一个使节表现出对他的学派的嘲笑，因为他教导说灵魂会回到一个超自然的领域，所以这个使节想让毕达哥拉斯给他的父亲带一封信，因为毕达哥拉斯将降入冥府，然后当他回来的时候，再帮他从父亲那里捎一封回信。毕达哥拉斯回答说，他不准备进入不虔诚的居所，他明显知道那里是用来惩罚凶手的地方。使节就骂他，他向着大海走去。许多人跟着他，

94

并将海水洒到他身上。而有个克洛同的辅佐官在骂了其他的使节之后，说他认为他们已经诽谤了毕达哥拉斯，而他是任何一个粗鲁的人都不敢亵渎的，尽管所有的动物都能发出和人相似的声音。[186]这是喻指他们在开头所做的事。

95

毕达哥拉斯同时还发现了另一种防止人们陷于不义的方法，即通过灵魂的审判。他知道这种方法确实是可以教授的，也知道人们害怕压制正义的心理是有用的。他因此断言，受伤害比杀死一个无辜的人要好得多，因为审判会积存在冥府；在那里，灵魂及其本质以及一切存在的第一本性都会被正确地估计。而在不平等的、不对称的和无限的事物中急切地表现出一种可定义的、平等的且可衡量的正义。并且为了说明它是如何运作的，他说：正义就代表了这个图形，这是在所有的几何图形中可以无限组合的图形，尽管它们彼此关系不同，但却有着同等的解释说明的力量。[187][188]由于某种正义也被另一个人所运用，[189]于是据说毕达哥拉斯学派就提取出了以下的这么一个模式：与他人的关系，一种是合乎时宜的，而另一种是不合时宜的；同样，我们也以年龄、亲疏和利害关系，以及其他类似的因素来区分彼此之间不同的关系。有一种关系，例如年轻人与年轻人之间的关系，并不显得不合时宜；而年轻人与老年人之间的关系就显得不合时宜了。因为，没有一种愤怒、威赫和豪勇是发自年轻人却指向老年人的，而所有这类不合时宜的行为都应该小心避免。类似的推理过程也同样应该被采用在亲疏上。而毫不谨慎地使用言论自由，或者

96

采用上述行为模式中的任何一种来对待一个达成了真正的尊严和无瑕的美德的人，是既不得体，也不合时宜的。与之相应的，他也说，应该尊重与父母之间的关系，也同时要尊重与恩人之间的关系。他补充说，对时机的把控有各种各样的形式。对于那些被激怒的人和发怒的人来说，有些是合乎时宜的，而另一些则是不合时宜的。他再次强调，对于追逐欲望或者受任何渴求所驱使的人们来说，时机就是对一些人有效的时间，而对另一些人来说则是不合时宜的时间。同样的道理也可以适用于其他的激情以及行动、性情、关系和会面。他进一步观察到，一个合适的时机在某种程度上是可以教导的，并且那些出乎意料的相反状况的发生，也是能够人为加以商讨的；但是当它被简单化地，并且被普遍化地思考的时候，上述所提到的细节就不包含其中了。不如说，这些事物，也即华丽的、相应的、合适的，以及其他与这些类似的东西，反而是附带的，有顺应时机的特性的。他同样主张，（最初的）原理在普遍统一之中，是最为尊崇的事物；它也以同样的方式存在于科学、经验和尘世之中。他再次提出，数字2在一个家族、一座城市、一个营地以及所有类似的系统中都是最受尊崇的。然而，在上述所说的具体细节之中，原理的性质是很难被考察与理解的。因为在科学之中，它并不是对学习与判断的某种偶然的理解就能领会的，它也不是通过仔细考察事物不同部分、仔细考察这些原理的性质就能把握的领域。他补充说，它会产生巨大的不同，并且当原理没有被

97

93

正确地提取时，它会对关于整个事物的知识都造成危险。简要来说，即当真正的原理是未知的时候，随之而来的结论就没有一个是正确的。同样的道理也能被用来描述其他类型的原理。就比如，如果没有一个真正的领导者来管理那些自愿追随他的人，那么没有一个家族、没有一座城市能被管理好。因为此时，不仅仅统治者应该要愿意管理，被管理的人也应该愿意服从。就如同当纪律要以正确的影响被教授时，教师与学习者之间的一致同意是必须的。因为只要其中任意一边有抵触，提拟的工作就永远无法以合适的方式完成。因此，他证明，被统治者所说服是一件美妙的事，服从指导者也如此。他通过以下行动得出最伟大的论证来表明他所观察到的是真实的。他从意大利去提洛，去见他的老师叙利亚的斐瑞居德斯，以便能为他提供一些帮助，因为他当时患了皮肤病。他小心翼翼地照料斐瑞居德斯直到他死去，并虔诚地完成了他应该为死去的老师所做的所有仪式。他在为自己曾受过指导的人履行职责时是多么地尽责。

此外，在关于契约及其所包含的真实性方面，毕达哥拉斯也为他的弟子提供了他的看法。据说，莱锡斯曾在朱诺神庙里做礼拜，当他要离开的时候，他的一个弟子叙拉古[190]人欧律法摩斯（Euryphamus the Syracusan）正准备从前庭进入寺庙。欧律法摩斯希望莱锡斯等他，已经拜过了女神的莱锡斯便坐在一张放在那儿的石凳上。然而，当欧律法摩斯做完他的礼拜之后，沉浸在了某种深奥的思想当中，忘记了他的约会，从另一个门走出了神庙。但莱锡斯没有离开自己的座位，在接下来的那天和当天的晚上以及第二天的大部分时间，都继续等欧律法摩斯。他本可能在那边停留更久，但幸好欧律法摩斯在第二天从旁人那里听说莱锡斯正在等待他的同伴，于是他重拾自己的契约，去找莱锡斯，把他从约定中救了出来。同时，他告知了莱锡斯自己遗忘的原因，并补充道："某个神制造了这次遗忘，以作为您坚持保守约定的一次考验。"毕达哥拉斯同时还戒除了动物性食物，这出于许多其他的理由，同样也因为这能让人平静。因为那些习惯了对屠杀动物产生厌恶并且视之为不道德与不正常的人，也会认为杀死一个人更是不合法的，即使是在战争之中。战争是领袖与立法者的屠杀，这些人借此变得强大而有力。不要跨过平衡的横梁，[24]这是一句对正义的劝诫，它表明了凡是正义都应该被培育，正如我们在讨论毕达哥拉斯的象征的时候。因此，这些细节显示了毕达哥拉斯对正义的运作倾注了极大的关注，他同时从行动和言辞上把它传达给了人类。

99

第三十一节

接下来，我们将讲述节制，我们将展示毕达哥拉斯是如何培养它，并且将它传递给他的同伴们的。我们之前已经讲述过了关于它的一般戒律，说到所有不相称的东西应该被火与剑剪除。戒除动物性食物，也是同样一类的戒律；并且某些食物会导致增长的放纵，并妨碍警觉和真正的理性的力量。进一步来说，这条戒律包括以下这种情形：即丰盛的食物确实应该在宴会上被提供出来，但应该（在不久之后）被送走，并且被赠送给仆人们，将它们放在桌子上只是为了惩罚欲望。同样，没有一个自由率真的妇女应该穿戴黄金，穿戴它的只能是妓女。再有，练习寡言少语和完美的沉默，是为了管住舌头。同样，要对最为困难的定理进行艰苦而勤勉的复习和研究。而有鉴于所有这些，我们必须引入同样的美德（即节制）：戒酒；减少食物和睡眠；对名誉、财富之类的东西要有一种天然的蔑视；对那些应当被尊敬的人给予真诚的尊敬，而对那些同龄人要表现出毫不虚伪的类似行为和博爱；对年轻人应当劝勉，且不要嫉妒；对所有类似的事物都应该如此。这些人[191]的节制，以及毕达哥拉斯是如何传授这种美德的，我们可以从希帕波图斯（Hippobotus）和尼安忒斯（Neanthes）讲述的毕达哥拉斯门徒米利阿斯和提米夏（Timycha）的故事中学到。他们说，暴君狄奥尼西奥斯（Dionysius）[192]不能得到任何一名毕达哥拉斯门徒的友谊，即使他做了每一件事来达成他的目的；因为他们已经观察过，并且小心翼翼地非难了他的君主身份。因此他向毕达哥拉斯门徒派去了一支有30名士兵的部队，由狄翁（Dion）[193]的兄弟叙拉古人欧律墨涅斯（Eurymenes）统领，希望通过在毕达哥拉斯门徒们从塔壬托姆到梅塔蓬托姆的定期迁徙路线上设伏，来寻找机会达成目的。因为他们每到不同的季节都要变换住处，因此他们所选的地点都是迁徙前确定的。所以，毕达哥拉斯门徒必须在旅途中穿过个叫法拉（Phalae）的地方，这是塔壬托姆的一个崎岖之处，而欧律墨涅斯就把他的部队藏在那儿。毕达哥拉斯门徒没有料到这样的事情，他们来到这个地方的时候约莫是当天中午。这些士兵们就像强盗一样，吼叫着向他们冲了过去。毕达哥拉斯门徒被这一突然袭击冲散，惊慌失措，又因为他们的敌人比他们人数多得多（因为这批毕达哥拉斯门徒只有不到10人），就都认为自己会被俘虏；并且由于他们没有武器，却要面对全副武装的人，因此最为安全的方式就是四散而逃，也没想过这与美德格格不入。因为他们知道，勇气是取决于正确理性的决定的，是关于去回避和忍耐一些事情的科学。现在他们都学会了这一点。那些全副武装的、跟随欧律墨涅斯的人本可能放弃追击，但是毕达哥拉斯门徒跑进了一块种满豆子的茂盛田地里，他们为了不违背不可触摸豆子的教条，就站着不动。出于必要，他们用石头和木棍攻击了追击者和任何他们遇上的人，直到他们杀死了一些人，并且打伤了他们中的许多人。然而，所有这些毕达哥拉斯门徒最终被长矛手所杀，他们当中没有一个人让自己陷于被俘的境地，反而选择了为遵从他们教派的命令而死。

因此，欧律墨涅斯和他的士兵都变得极为不安，因为他们发现自己没法带一个活着的毕达哥拉斯门徒回去见狄奥尼西奥斯，而这恰恰是他派他们来的目的。于是，在把这些被杀的人埋进土里，葬在了当地的一个公墓里之后，他们就转

101

身回家了。然而，在回去的路上，他们刚好遇到了克洛同人米利阿斯和他的妻子拉刻代蒙人提米夏，他们是落在后面的另一批毕达哥拉斯门徒。因为提米夏怀有身孕，已经满6个月[194]，所以他们慢悠悠地走着。于是这些士兵就高兴地俘虏了他们，并且十分注意地看着他们，以确保他们被安全带到暴君面前。但暴君得知发生的事情之后非常沮丧，他对这两个毕达哥拉斯门徒说："如果你们愿意协助我进行统治，那么你们将从我这里得到超越所有人的尊荣。"然而，他的要求被米利阿斯和提米夏拒绝了，于是他又说："你们只需要教我一件事，我就会派足够的警卫安全地将你们送回去。"米利阿斯于是就问他想知道的是什么，狄奥尼西奥斯回答说：是关于为什么你的同伴们都宁可去死都不愿意踩踏豆子。米利阿斯立刻回答道："我的同伴们确实是因为他们不愿踩踏豆子而死，但我却宁可去踩踏豆子也不愿意告诉你这件事的原因。"狄奥尼西奥斯被这个回答弄得哑口无言，便命人把他强行带走，反而转过头来拷问提米夏。因为他觉得，她是一个女人，怀有身孕，丈夫又不在身边，很容易会因为害怕痛苦而说出他想知道的事情。然而，这个英勇的女人却用牙齿咬碎了自己的舌头，然后啐在暴君身上。这表明，尽管她的性别使得她本可能被痛苦所征服，从而被迫揭露本该隐藏在沉默之中的东西，但追随学派的成员应当完全杜绝这种软弱。可见，要从外部获得他们的友谊是多么的困难，即使身份高贵者也难办到。

与此类似的，还有关于沉默的戒律，这通常是用来练习节制的。因为征服舌头是在所有的自制之中最为困难的。要说服克洛同人戒除与妓女藕断丝连的不洁关系，也同样需要这种美德。另外，毕达哥拉斯曾经通过音乐的方法纠正过一个年轻人，使之从来自爱的狂怒中恢复到节制的状态。规劝人们从肉欲和傲慢中走出来，也同样必然与这一美德有关。毕达哥拉斯把这些东西教给毕达哥拉斯学派，他自己就成为这些事物的起因。因为他们如此关心自己的身体，使得他们可以一直保持同样的状态，而不会一段时间消瘦，而另一段时间则大腹便便。因为他们认为后者代表了一种异常的生活。类似的方法也适用于精神，他们注意不让自己一时间欢呼雀跃，而另一时间悲痛不已，他们始终处在适度的喜悦之中，并且放逐了狂怒、沮丧和不安。他们曾有一条戒律认为，对那些被赋予智慧的人们来说，没有人的死亡是不可预料的；对于无力阻止的事情，他们应该早已预料到。但如果任何时候他们处在愤怒之中，或是被悲伤压制了，抑或是处于别的类似状态之中，他们就会让自己与同伴分离开来，让每个人独处，努力消化和治愈激情。

　　毕达哥拉斯学派也曾说过，他们中没有人在生气的时候惩罚仆人或者教训任何一个自由人，他们中每个人都会等待，直到他的心灵恢复到之前的（宁静）状态。他们会引入诫谕，即"paedartan"。他们会运用沉默和平静来完成这一等待，因而斯宾萨路斯（Spintharus）曾提到塔壬托姆人阿尔库塔斯，

103

他在塔壬托姆城对抗麦西尼亚人的战争之后不久回到家，去查看一些属于他的土地，结果发现土地管理人和其他的仆役没有好好花心思耕种，反而对土地不管不顾。于是他发了火，愤慨地告诉他的仆人说，他生气对他们是好事，如果不是这样，他们就不可能从如此严重的罪行中逃脱惩罚。斯宾萨路斯同时又提到克利尼亚斯也有类似故事，他推迟了所有的警告和惩罚，直到自己的精神恢复平静。

毕达哥拉斯学派进一步提到，他们将悲伤、哭泣和其他类似的情绪从自己身上放逐了出去，使得他们既无所谓获得，也无所谓欲望；既无所谓愤怒，也无所谓野心；无所谓任何类似性质之事，而这是他们之间产生分歧的原因。但所有毕达哥拉斯门徒都如此对待彼此，就如同一个称职的父亲对待他的后代。他们把每件事都归于毕达哥拉斯，以他的名字来指称。除了极少数之外，他们并不把因自己的发明而获得的荣耀据为己有。因此很少有作品是被声称为他们自己所有的。另一件值得钦佩的事情是，他们保存下来的著作中的准确性。在菲洛劳斯之前的许多年间，似乎没有人曾遇到过毕达哥拉斯学派的论集。而他第一个出版了那三本值得称赞的书。据说叙拉古的狄翁应柏拉图的要求买下了它们，花了100米那（mina）[195]。因为当时菲洛劳斯忽然陷入了极度的贫困之中，所以他得到了毕达哥拉斯门徒的帮助，作为参与者撰写了他们的著作。

就意见而言，据说他们是这样说的：一个愚蠢的人会陷入对每个意见都投入关注的境地，尤其是对那些多数人的意见。因为正确的意见和理解只属于少数人，很显然这些人只包括有智慧的人，可是他们是少数。因此就可以说明，这种能力并不会拓展到大多数人身上。但是，轻视每个人的意见也是愚蠢的，因为这样做的人会一无所学且不可救药。一个缺乏科学知识的人有必要学习他所不知道的科学知识。同样，学习者也有必要听取掌握了科学知识且能够教授科学知识的人的意见。普遍来说，对渴望获得拯救的年轻人而言，必须要听取他们长辈的意见，以及那些生活得不错的人的意见。而在人的一生中，有几个特定的年龄（他们称之为"endedasmenae"），并不是随便一个人就能与其他人建立彼此之间的联系的。因为他们彼此相斥，除非有人能从一个人出生开始时就用一种美好而正直的方式引导他。因此，有必要好好教育一个孩子，要让他养成节制的习惯和坚韧不拔的性格，要在他的青春期（也就是所谓少年时期）给予他大部分的教育。同样，在一个少年已经形成了节制的习惯和坚韧不拔的性格之后，有必要将他的大部分教育转移到成人阶段的方式上来。而大多数人在这件事情上是愚蠢又可笑的，因为他们认为男孩必须又听话又温顺，必须远离所有的棘手又粗野的事情；而当他们成年的时候，却又在大部分情况下可以做任何事。这样，两种不同的错误在这个年龄段合流了，因而少年出于幼稚和阳刚犯了很多错误。简而言之，要避免任何一种守成和秩序；要去追求各种不同的体育，孩子气的无

105

节制和傲慢是最适合男孩这个年龄段的。这样一种性情，是从幼年中产生并进入下一个年龄段的。而各种强烈的欲望、各种不同类型的野心，以及同样类型的多余的冲动和心性，是从少年阶段产生并进入成年阶段的。因此，这个年龄段是所有时期中最需要关注的。通常来说，任何人都不应该被允许想任性而为，总是有必要存在某种监督，需要一个建立在合法而体面之上的政府，每一位公民都听从它；因为对于动物来说，当放任自流时，它们会迅速退化到邪恶和堕落之中。

据说毕达哥拉斯学派经常询问并怀疑，为什么我们习惯于让男孩以一种乖巧听话的态度来拿着他们的食物，[196]并且向他们展示守序和规整才是美的；而与之相矛盾的，无序和不规整则是卑劣的。与此同时，这个人又被人倒酒又贪得无厌，做着极为失态的事情。因为如果所有这些在我们进入少年时代之时是毫无用处的话，那么我们在身为男孩的时候去顺从它们、去习惯它们就是白费力气，同样，关于其他的（我们在身为男孩时所习惯了的）习惯也是如此。因此，我们不会看到这发生在别的被人所管教的动物身上，反而，小狗和小马在第一时间立刻就要习惯的，是那些在达到它们的完美天性之时所必须要做的事情。据说毕达哥拉斯学派通常不仅会劝勉那些刚好遇到的人，也会劝勉他们的熟人，以防止快乐变成一种需要巨大的警惕的东西。因为，没有什么比这种激情更能欺骗我们，更容易诱使我们跌落到错误之中了。简而言之，这似乎表明，他们认为我们永远不应该以快乐为最终目的而去做任何事情。因为这在很大程度上是不得体的，是有害的。反而，他们声称，特别从美和得体的角度来看待，我们应当做任何应当被完成的事情。[197]然后接下来，我们应当检查它们是不是有益的，并且是有用的。然而这些事情，需要的是不随意下判断。

关于所谓的欲望，这些人据说是这么主张的：欲望本身确实是某种灵魂上的倾向、冲动和渴求，它想要让什么东西来填满，想要在当下享受某些东西，或者想要满足某种隐秘的力量所引发的欲求；但也有一种相反的欲望与此相对，这是一种撤退并离开的欲望，是一种希望对此一无所知的欲望。这种激情同样是多样的，而且几乎是所有关于人的此类事物中最繁杂的。但人的很多欲望都是附加的，而且是由人自己产生的。因此，这种激情最需要加以注意，而不能毫不留意并随意让肉身体验。因为当身体空虚的时候，它自然会渴望食物，而同样，当它被满足的时候，也需要一个合适的发泄途径。但渴望多余的食物、多余的且奢侈的衣服和铺盖或住处，则是附加的。他们也用同样的方法论证了，像家具、器皿、仆人和牲畜之类，相较于食物都是卑下的。而说到人类的激情，它们是一种任何意义上都不会永久存在并持续到无限的事物。因此，必须从最早的阶段就注意年轻人，使得他们去追求正确的事物，而避免无用且多余的欲望，如此，他们就不会被这类欲望所打扰，就可以从中净化析出，也使得他们得以唾弃他们鄙夷的对象，因为后者被（各种各样的）

欲望所束缚。但必须特别注意到的是，这些虚荣的、有害的、泛滥的和傲慢的欲望是与那些拥有巨大权力的人并存的。因为对于那些小孩和男男女女的灵魂来说，没有什么比权力更荒谬，更能煽动他们去行动的了。简而言之，众多的食物是最为虚伪的，是最为扭曲的。因为人们可以用无数的果实和无数的根茎来作为食物。同时，人们也可以食用各种肉类，并且很难找到任何尝起来会没有味道的陆生的、空中的，或水生的动物。人们还用各种各样的方法来制备它们，有各种酱料混合物。因此，如下的说法是很恰当的：根据灵魂的运动，人类族群是疯狂且多样的。每一种食物都被介绍给身体，而这又成为某种特定心性的原因。

108

遗憾的是，我们立刻就可以感知到某种因此引起的内在性情的巨大变化，这在酒上就十分显著。当一个人大大地喝醉时，他会在最开始的时候兴高采烈，但过后会变得更疯狂又粗鲁。尽管每一种被吃下去的食物都是某种特定心性的原因，但人们对于哪一种食物蕴含着这种力量却是无知的。因此，要能够明白并感知到哪些种类、什么数量的食物是应该被食用的，需要巨大的智慧。而这一科学最早是由阿波罗和佩恩揭示出来，并且在之后由阿斯克勒庇俄斯及其追随者所继承的。

关于尘世，据说毕达哥拉斯门徒曾做过如下的判断。首先，他们认为有必要反对过早生育。因为没有一种过早开枝散叶的植物或者动物是好的，在它们孕育果实之前，它们需要一段时间来准备，以便种子和果实能够从强壮而完美的躯体中产生。因此，男孩和少女必须应该习惯于劳作和锻炼，并且要适当地忍耐，给予他们的食物也应该适应于一种劳作、节制和忍耐的生活。人类生活中有许多这类事情，它们比较适合在后期学习，而性行为就是其中一种。因此，一个男孩应该被这样教育，不要在他二十来岁之前去寻求开始性关系，而当他到了这个年龄之后，才可以偶尔有性行为。如果他认为良好的身体习惯是一项光荣而美丽的事物的话，那他就应该这么做。因为不节制与养成良好的身体习惯，是很难同时存在于同一个人身上的。也据说，有些先于他们的时代就存在于希腊诸城邦中的法律受到了毕达哥拉斯学派的赞扬，也即禁止与一个身为母亲、身为女儿，或者身为妹妹的妇女发生性行为，无论是在神庙里，还是在公共场合。这种法律是美丽且有益的，显然有许多妨碍在针对这股力量。这些人也认识到，在异常的尘世中和在那些受到了这种淫靡的放纵所影响的人当中，这股力量是很难起作用的，所以他们理应继续受苦；而在那些顺应自然，与节制相伴的人那里，这股力量就会在纯洁而合法的孩子们的降生中产生效果。

他们同时也认为最大的天意也应当是注视着并让那些养育孩子的人们子孙延续。也因此对于那些致力于生育孩子的人来说，首先应该注意的是保持节制而健康地生活，他既不能毫无理由地用食物满足自己，也不能摄取那些会导致身体状态变得更弱的食物，并且最重要的是，他要戒酒。因为他们认为，败坏的种子正是从糟糕、无序和浑浊的气质中产生的。而且，他们通常也认为，只有懒惰和无情的人才会试图生产出一个动物并让其存在于世上，却不提供给它任何可能的努力，以使得它能够进入一种最优雅而愉快的生活。对于那些爱狗的人来说，他们付出一切可能来关注幼崽的生长，以使得它们能够以正确的方式长大；而既然这是正确的，那么他们也会以这种正确的方式来养育一个好的后代。那些爱鸟的人也会付出同样的关注。而且很明显，那些热衷于繁衍温顺的动物的人们，也会努力采取一切可能的办法，使得它们的繁衍不至于白费。因此，人们不关心自己的后代是荒谬的，不仅不应该随随便便地、漫不经心地生下他们，并且也不应该在他们出生以后用极度疏忽的方式去养育和教育他们。这是大部分人滋生邪恶、陷于堕落的最大的、最显著的原因，正因为他们众多的子女都以一种野兽般的、轻率的方式被处置。这些就是这些人关于节制的主张和教义，他们同时用语言和行动进行了证明。这份指导源自他们自己从毕达哥拉斯处所得，就如同从皮提亚的阿波罗那里传出来的神谕一般。

第三十二节

关于勇敢，很多细节我们已经在之前适当地提到过了，例如提米夏令人钦佩的事迹；还有那些为了不违背毕达哥拉斯关于豆子的决定和其他与之相符的追求而选择死亡的毕达哥拉斯门徒；也有毕达哥拉斯选择离开他的家乡，与陌生人居住，并在经历了巨大的辛劳和危险之后，达成了伟大的独行之旅的经历；同样，也有他解除暴政，给予混乱的政治以有序的安排和解放城市的事迹。当他阻止不法行为，制止了蛮横而暴虐的人们的举动的时候，他表现出自己是一个正义而又温和的仁慈领袖；但他也将野蛮和放荡的人从他的同伴中驱除，甚至拒绝给他们一个答复。他会高兴地给予前者帮助，而用尽全力去抗拒后者。我们可以举出许多类似的例子，也可以讲出他所做的许多正直的举动。但其中最重要的是他对法拉里斯（Phalaris）[198]所做的一场关于不可战胜的自由的演讲。当时，他被最残暴的僭主法拉里斯囚禁在牢房之中，一个名叫阿巴里斯的许珀耳玻瑞亚族人中的智者是他的相识。阿巴里斯为了与他交谈而前来找他，问了他很多问题，尤其是关于神圣的天性。他们提到了雕像和最神圣的崇拜、神的旨意、天堂与凡间的性质，以及许多其他的类似问题。毕达哥拉斯因为受神灵启发，所以用真理和最大的说服力激昂地回答了阿巴里斯的问题，使得许多听到的人也为之信服。然而，这却使得法拉里斯对阿巴里斯激怒不已，因为他赞扬了毕达哥拉斯，并且他自己也强烈地倾向毕达哥拉斯。法拉里斯为此还大胆地亵渎了神灵本身，就如同他往常所做的那样。而阿巴里斯则对毕达哥拉斯所说的话表示了感谢，并且在这之后，从他那里学到了所有由上天赐下的并受上天所管辖的事情；这些事情已经从许多其他的事物那里得到了印证，也

111

从神圣仪式的能量中获得过感受。阿巴里斯根本不认为教授了这些事情的毕达哥拉斯是一个妖言惑众者，反而超乎寻常地钦佩他，就如同他是神一般。对此，法拉里斯的回应是企图颠覆神意，还公开否认在神圣仪式中所进行的占卜的效果。而阿巴里斯则把对话的细节用对每个人来说都明白晓畅的方式转述了出来，并且努力劝说法拉里斯存在着一种天意，它是凌驾于各种状况之上，并且超越一切人类的希望和力量的。无论是庞大的战争，或是不治的疾病；无论是果实的腐败，或是瘟疫的侵袭；又或是任何类似的最难忍受、最可悲叹的事物：在所有这些之上，存在着一种来自神灵的和神赐的力量所产生出来的向善的能量。[199]

然而，法拉里斯却无耻而蛮横地反对这些言论。因此，毕达哥拉斯认为法拉里斯有意处死他，但与此同时，他也知道自己并非命中注定要被法拉里斯杀死，于是他开始了他那伟大的关于自由的演讲。他对阿巴里斯说，有一种转变很自然地发自天上，经由空中，再到世间的万物。他又进一步指出，万物都追随着天，这是尽人皆知的事情。他同时毫无疑问地证明道，灵魂中这种可传递的力量产生了意志的自由。他还进一步充分地讨论了理性和智识的完美的能量。在这之后，以他惯常的言论自由，他谈到了暴政以及所有财富的特权都与不公和人类的贪欲有关，而这教会了他坚信这些东西毫无价值。接下去，他给了阿巴里斯一个关于卓越生活的神恩警训，并且认真地把它与最堕落的生活做了比较；他同时也清楚地向他展示了灵魂和它的力量与激情是如何存在的，并且它是万物之中最为美丽的事物；他向阿巴里斯证明了诸神不是导致邪恶、疾病和身体上的灾难的原因，无节制才是其种子；他同时也谴责了神话学家和诗人，因为他们在寓言中（关于这个主题）说了些不好的话。他又批驳了法拉里斯，并忠告他，也向他展示了那些经由上天的力量而得到的成就，以及那股力量的巨大；并且用许多方法向他证明，合法的惩罚是通过理性建立起来的，他同样也向他展示了人与其他动物之间的区别，并且在演讲时和演讲后都进行了科学的讨论。他也完美地论证了智识的本质以及由此发展出来的知识，对由此产生的许多其他的伦理教条也一并做了论述。

进而，他又教训法拉里斯什么才是生活中最有益、最有用的事情，并且用最温和的方式来做与之相应的劝诫；同时他还禁止了做那些不能做的事情。而最重要的是，他向法拉里斯揭示了命运的产物与智识的产物之间的区别，以及天意所行之事与命运所行之事的区别。他也同样明智地讨论了许多关于神灵和灵魂不朽的事情，而这些细节更适合于我们现在的培养勇气的目的。因为我们可以看到，当身处极度的险境之时，毕达哥拉斯会在哲学上坚定自己的主张；他会在每个方面都抗拒财富，并且忍受它的持续进攻；他还会运用最伟大的言论自由来面对将他置于险境的人。很显然，他完美地唾弃了这些人们认为可怕的事物，认为它们完全不值得他注意。还有，我们也将看到他在面临死亡时，对其完全蔑视，

113

甚至不为这个预期所动。显然，他在死亡的恐惧面前是完全自由的。[200]

114　　比这还更进一步，他提出要废除僭主政治，阻止暴君给人类带来最悲惨的灾难，让西西里从最残暴和专横的帝国强权中获得解放。而显然，毕达哥拉斯达成了这些目标，他的话就是太阳神神谕的证据，预言了法拉里斯的统治将被推翻。而这会发生在那些被他统治的人民变得更好、彼此之间更加团结的时候，就如同他们在接下来将成为的那样；而毕达哥拉斯通过他所传授的教义和训勉与他们站在一起。而关于这件事的真实性，在它发生的时代就有一个更有力的证据出现。在法拉里斯把毕达哥拉斯和阿巴里斯置于死亡的危险之中的同一天，他自己就被谋杀了。埃庇米尼得斯也正好证明过这些事情的真实性。因为对他来说，他是毕达哥拉斯的门徒，当某些人试图毁灭他的时候，他的怒火就被激起，复仇女神就被召唤出来，并且他就这样让所有想要谋害他的性命的人都相互毁灭了。毕达哥拉斯也是如此，他以赫拉克勒斯的方式和勇气，给予人类以帮助，造福人类，惩罚并宣读了那个将野蛮和暴戾的行为施加给他人之人的死刑；这本身就是阿波罗的神谕，是同时存在于他和埃庇米尼得斯身上的神性，是他们与生俱来的。到目前为止，我们认为提到这些在他的勇气的影响下所做出的令人钦佩、艰苦卓绝的行为，是的的确确有必要的。

　　不过，我们也将举出另外一个例子，也即对正当意见的

拯救。毕达哥拉斯做他认为是正义的事情，而这是由正确的
理性来背书的，而不是出于他的快乐、辛劳，或者其他的激
情和危险而产生的倾向。他的门徒宁愿死也不愿意违背他的
诚命；当面对众多的财富的时候，他们也秉持同样的举止；
尽管遭遇万千劫难，他们也不偏离他的戒律。他们总是不让
毕达哥拉斯的劝勉失败，总是遵守法律，反对不法；他们从
出生时起就让自己过节制而刚毅的生活，使得自己能够克制
并击退奢侈。他们也有自己创作的旋律，来抚慰灵魂中的激
情，也同时用它来对抗沮丧和哀痛。这是毕达哥拉斯发明的，
在对抗病痛方面提供了最大的帮助。另外，他们也用其他旋
律来对抗他们的气愤和愤怒。通过这些，他们让激情充满了
包容和张力，直到它们被减弱到可控的地步，从而使得自己
变得坚毅勇敢。而这，也使他们强烈地主张，并尽最大努
力去坚持认为，没有任何一种人类的伤痛是无法被拥有智慧
的人所预料到的，对他们来说，所有的事情反而应该是被预
料到的，包括那些超出人类力量掌控的事情。

　　进而，如果什么时候他们碰巧生气了或者陷入了悲伤，
他们就会马上将自己与其他的同伴分开，每一个人都独自努
力消化并治愈（这压迫他们的）激情。他们也普遍认为，应
该在戒律和学习上下功夫，应当经受各种性质的严苛考验，
经受火与剑的惩罚和束缚，使得自己能够从天生的放纵和无
尽的占有欲中解放出来。为了这一目的，任何劳碌和忍耐都
不能逃避。同样，为了做到这一点，他们积极实践不吃任何

116　动物，除此之外，也不吃某些食物。他们也提倡控制自己的讲话，并且以完美沉默来作为控制舌头的准备；多年来，他们用这种方法来锻炼自己的毅力。关于此，我们还可以加上他们在对最为艰难的定理的研究和总结上所付出的辛苦和勤奋，他们戒酒、节制自己的食物和睡眠，他们对荣耀、财富之类事物的蔑视。结合这些细节，他们拓展了自己的毅力。

　　同样也有人说，这些人放逐了哀号和眼泪，以及其他所有类似的东西。他们也弃绝恳求，使得自己从所有狭隘的谄媚中摆脱出来，因为那是软弱的，并且是卑贱的。[201] 出于同样的方式，我们也必须提到他们特有的举止，即他们所有人都必须保守他们的奥义，这是他们的戒律中最主要的教条。这使他们保持最大的沉默而不向陌生人泄露，不通过书写而只通过记忆来口头传递给他们的继承者，就如同那是众神的奥秘一般。因此，对公众来说，他们的哲学无任何东西值得一提。尽管它已经被长时间地教授和学习，但它只在他们的圈子内部为人所知。而对于那些身处他们圈外的人来说，就比如像我这样的俗人，如果他们碰巧在场，那么这些人就会含糊不清地相互用象征交谈。这一著名的戒律直到现在仍保留有一些痕迹，比如，"用剑凿不出火来"[25]，以及其他类似的

117　象征。这些话从字面上看，就如同老妇人讲的老生常谈。但当它们被揭示出来，就会赋予那些接受它们的人某种令人羡慕又值得尊敬的好处。

　　然而，戒律中最为有效地让所有人做到勇敢的，正是帮

助人类将他们从出生开始就被禁锢的智慧从束缚中解放出来。没有它，任何人都无法通过任何他可能激活的感知去学习或领会任何正确和真实的东西。正如毕达哥拉斯学派所说：

> 所有注意到的都在看在听；
> 其他的存在则是又聋又瞎。

而在功效上仅次于它的戒律则是劝勉人要格外努力地净化智慧，并通过数学的盛宴从各个方法上适应它，并从中得到一些神恩的助益。这样，我们既不用惧怕智慧与身体分离，也不用因为最夺目的光辉而被迫转移视线，[202]更不至于被那些将灵魂固定在肉体之上的激情所左右。简而言之，它使得灵魂不被那些属于世俗领域的激情所驯服，这一激情会将灵魂拽入一个更加低劣的状态之中。练习并追求所有这些，正是在学习最完美的毅力。我们以上所举的，就是有关于毕达哥拉斯及其门徒的勇敢的实例。

第三十三节

而关于存在于一切之中又面向所有人的友爱，毕达哥拉斯已经用最清晰的方式传达了。神的友爱，实际上是面向那些表现出虔诚和科学教养之人的；它就如同那些教义之于众人、灵魂的普遍性之于肉体、理性之于非理性的特性，通过哲学和相关的理论表现出来。而关于人与人之间的友爱，大

118

多数公民是通过健全的立法来表现的；而外来者是通过正确的生理来表现出来的；[203] 而在男人与妻子、孩子、兄弟和其他亲人之间，则是通过纯洁的交流来表现的。简而言之，神展现了万物对万物的友爱，并且通过公正，以及一些物理上的关联将它拓展到某些非理性动物身上。但身体的平静和调和本身是易朽的，其潜在对立的力量通过健康、饮食和适应于此的节制表现出来，以一种对世间要素的健康状态的模仿而展现出来。毕达哥拉斯被视为所有这些的发明者和立法者，将它们以一个同样的名称作了总结性的理解，这个名称就叫作友爱。而实际上，他确实将令人钦佩的友爱传达给了他的同伴，使得那些在今天被认为对待彼此极度友爱的人都被说成是毕达哥拉斯的门徒。因此，讲述毕达哥拉斯关于这些事情的戒律是有必要的，他用这些训诫来教导他的弟子。

当时，他们劝其他人不要在真正的友谊中出现竞争和争夺，并且如果可能的话，事实上要在一切友情中都这么做；但如果做不到，那么至少不要在与父母的关系中出现，也不要在与长辈，以及与恩人的关系中出现。因为这类口角和纷争会导致愤怒的介入，或者其他类似的激情的介入，这不是拯救现存友谊之道。他们说，友谊中必须尽可能地减少伤痕和溃疡；如果那些朋友知道如何软化并制服愤怒的话，就会知道此言不虚。如果两人确实都知道这些，或者两个当中较年轻的那位知道，那么他们就位列上述所说的行列之中（他们的友谊将更容易保持）。他们也同样认为，纠正和训诫，即他们称作"paedartases"的行为，应该由年长者用更为温和和谨慎的态度来做出。同样，许多周密而恰当的注意要点也应该以训诫的形式表现出来，因为那样它们就会显得高尚而有益。他们还说，信任绝不能与友谊分离，无论是严肃的还是玩笑的。因为一旦谎言本身进入了那些声称他们是朋友的人的举止之中，就很难轻易地让现有的友谊保持正常状态。并且在他们看来，友谊不应该因为不幸或者其他对人类生活来说显得愚蠢的意外而被放弃，他们说，唯一可被允许的对一个朋友和一份友情的拒绝，只能是由于巨大而不可救药的恶。同样，仇恨也不应该主动攻击那些不完全坏的人；但如果它一旦形成，就应该竭尽全力地保持，除非对象改变了他的举止，成为一个更好的人。敌意也不应该存在于言语之中，而要表现在行动上。既然这场战争是合法而神圣的，那么当它以这样一种方式进行的时候，它就会变成一个人与另一个人之间的斗争。

他们还说，我们永远不应该尽我们最大的力量去成为纷争的起因，反而应该尽最大的可能去避免其来源。在友谊中也是如此，它本就应当纯洁，而更重要的是，有关这一点是明确且合法的。这些应该被恰当地重视，而不能随意置之；另外我们应当注意我们的谈话绝不能漫不经心、逢场作戏，而应当带着谦虚、友爱并且有礼有节。同样，也不要带有激情，比如欲望、愤怒、贸然兴奋，以及一些恶劣而错误的举动。提到激情和性情的时候，这些说法也是一样的。

120

此外，他们并没有随随便便地拒绝外来的友谊，而是用最大的耐心去接触并保护它们。同样，他们中处于不同年龄段的人之间也保持着良好的友谊，这可以从亚里士多塞诺斯[204]（Aristoxenus）的文章《关于毕达哥拉斯的生平》中推断出来。他提到毕达哥拉斯听说西西里的僭主狄奥尼西奥斯失去了他的君权，退而在科林斯（Corinth）[205]教语法。亚里士多塞诺斯这样说道："这些人尽可能地禁止哀号和眼泪，以及所有类似的东西，而以一种同样的方式奉承、恳求和请愿，以及诸如此类。于是，已经从他的僭主位置上退下来到达科林斯的狄奥尼西奥斯就向我们讲述毕达哥拉斯门徒芬提亚斯和达蒙的详细故事，那里面曾提到一个人成为另一个人死亡的担保人[206]。他[207]说一些人和他很熟悉，他们常常提到毕达哥拉斯学派，诽谤他们并且诋毁他们；说他们傲慢，还自诩很重要并伪装出忠诚，只要有人想要让他们陷入（某种大）灾难，他们就会被人们遗忘。而另一些人反对这些，在这个问题上发起了争论，于是有些人就动用了诡计，在他面前告发芬提亚斯，说他被证明与某些人合谋反对狄奥尼西奥斯。这事也有一些在场的人做了见证，针对芬提亚斯的指控显得十分可信。芬提亚斯对这一指控十分诧异。但是当狄奥尼西奥斯明确地说，他已经准确地探明了这些细节，他必须去死的时候，芬提亚斯回答道，如果这必须发生在他身上，他就要求赐予他白天剩下的时间，以便他处理好个人事务以及达蒙的事务，因为这个人和他生活在一起，并且分享所有的东西。而芬提亚斯作为年长者，管理着内部事务，这大部分都是由他来负责的。为此，他请求狄奥尼西奥斯允许他为了这个目的而离开，并且他将指定达蒙作为他的担保人。狄奥尼西奥斯为此说道，他对这个请求有疑问，并且问他是否有任何一个人愿意成为另一个人的死亡的担保人。但是芬提亚斯声称有这样的人。消息传到达蒙那里，他听了发生的事情，就说他会成为担保人，会一直待在那里，直到芬提亚斯回来。狄奥尼西奥斯因此说他当时立即被这种情况震惊了，而那些一开始引发了这个行动的人，嘲笑达蒙会被抓住，会被作为替代的牺牲品。而当接近日落的时候，芬提亚斯前来赴死，所有在场的人都惊呆了，都为之折服。狄奥尼西奥斯说，他拥抱和亲吻了这两个人，请求他们把他当作第三者接纳进他们的友谊之中。然而他们无论如何都不同意这样的事，尽管他恳切地希望他们答应他的请求。"这些事情据亚里士多塞诺斯说是从狄奥尼西奥斯本人那儿听闻的。

据说，毕达哥拉斯学派的人努力与本教派的人做朋友，尽管他们相互之间并不知道，也从未见证过他们彼此的身份，但在他们履行同样教义的时候会感受到某种气息。这使得这种友好的关系能被证实，使他们能认定那些值得信任的人。即使他们居住在地球上最偏远的地方，也互相是朋友。这甚至是在他们知道对方并相互致敬之前。据说，有一个毕达哥拉斯门徒，步行了一段漫长又孤单的旅程，进入一家客栈。在那里，他由于劳累和其他多种原因，陷入长时间的严

122

重疾病之中，这使得他急切地需要一些生活必需品。而这个客栈老板，不知是出于对这个人的同情，还是出于仁爱，为他提供了所需的所有物品，并且为此不吝惜任何帮助和花费。然而这个毕达哥拉斯门徒终究为病所害，临死前他在一张表格里写了某种符号，然后请求客栈老板说：如果我不幸去世，就把表格贴在路边，并且观察是否有客人读了符号。因为那个人会偿还您在我身上的花费，也会感谢您的恩情。于是，这个客栈老板在这个毕达哥拉斯门徒死后埋葬了他，为看顾他的身体支付了必要的费用，既没有希望得到回报，也没有寄希望于从任何读了这张表格的人那里得到任何报酬。但与此同时，惊讶于毕达哥拉斯门徒的请求，他还是把那人所写的东西贴到了众人经过的马路上。于是，在很久以后，一个毕达哥拉斯门徒经过那条路，理解了那些符号，得知了是谁把那张表格贴在那里的之后，就寻访了每一处细节，并支付了一笔比客栈老板所拥有的多得多的钱。

同样也有人提到，当塔壬托姆人克利尼亚斯知道昔兰尼[208]人（Cyrenaean）普罗鲁斯热衷于毕达哥拉斯学派的教义，而他有失去所有财产的危险的时候，便筹集了一笔钱航行到昔兰尼，使普罗鲁斯的事务恢复到了比之前更好的状况。他不顾他个人财富的减少，也不顾他自己在航行中所面临的危险。同样，波塞冬尼亚[209]人索斯托尔（Thestor Posidoniates）得知毕达哥拉斯门徒帕罗斯人泰玛里达斯从拥有巨大的财富的境地陷入了贫困，就在筹集了一大笔钱之后航行到了帕罗斯，让泰玛里达斯重新拥有了财富。因此，这些都是关于友谊的美好事例。然而，毕达哥拉斯学派关于神恩的善的共有、智慧的和谐，以及关于神赐的灵魂的种种，都比上述的例子更令人钦佩。因为他们总是相互劝勉，不泄露他们的神。[210]因此他们所有在友谊上努力的言行，都指向某种神性的混合物，都指向一种与神性的结合，以及一种智慧与神圣的灵魂的统一。我们并不能找到比这更好的了，无论是用言辞说，还是用行动做。因为就我看来，友谊的一切好处都包含在这里。因此，由于我们已经在收集所有这些受祝福的毕达哥拉斯式的友情上达到了一个顶点，我们也就不再进一步泛泛而谈了。

第三十四节

由于，我们已经大体上罗列且讨论了关于毕达哥拉斯和毕达哥拉斯学派的事情，那么就让我们在接下来的叙述中去寻找那些上述未曾提过的、零散的主题。据说每一个加入毕达哥拉斯学派团体中的希腊人都被要求使用他自己的母语。因为他们不赞成使用外国人的腔调。外国人也同样自行联合为毕达哥拉斯式的教派，如麦西尼亚人、卢卡尼（Lucani）人、皮切蒂尼（Picentini）人和罗马人。提勒索斯（Thyrsus）的儿子梅特罗杜拉斯（Metrodorus），他把大部分的教义引入医学中，他曾说埃庇卡摩斯（提勒索斯也是埃庇卡摩斯的父亲）在向他解释他父亲的著作时，说早在他[211]之前，毕达哥拉斯认

124

为最好听的方言，就如同最和谐的音乐，是多利亚方言。爱奥尼亚和伊奥利亚方言掺入了半音阶和谐，而阿提卡方言中充斥着更高的音调。他们也认为，多利亚方言中包含的发音的字母是等音的。

寓言也同样证明了这种方言的古老。因为据说涅柔斯（Nereus）[212]娶了大洋河的河神[213]（Ocean）的女儿多里丝（Doris）[214]，他生了50个女儿，其中有一个是阿喀琉斯（Achilles）[215]的母亲。梅特罗杜拉斯还说，根据某些人的说法，赫楞（Hellen）[216]是丢卡利翁（Deucalion）[217]的后代，是普罗米修斯（Prometheus）[218]和厄庇米修斯（Epimetheus）[219]的女儿皮拉（Pyrrha）[220]的儿子，多洛斯（Dorus）[221]和伊奥洛斯（Aeolus）[222]都是他的后人。他进一步提到，他从巴比伦人的神圣仪式中学到，赫楞是朱庇特的后代，赫楞的儿子们叫作多洛斯、苏瑟斯（Xuthus）[223]和伊奥洛斯，这些故事希罗多德（Herodotus）也有记录。然而，对于更接近现在的人来说，要确切地知道如此古老的细节是困难的，很难知道这些叙述中哪些更被人采信。但是我们从这些历史的每一段中可以得出，多利亚方言被认为是最古老的；得名自伊奥洛斯的伊奥利亚方言次之；爱奥尼亚方言排第三，它得名自苏瑟斯的儿子爱奥（Ion）。阿提卡方言排第四，它是由厄瑞克修斯（Erectheus）的女儿克瑞乌萨（Creusa）[224]命名的，比前面的方言晚了三代人，因为它大概存在于色雷斯人的时代，对俄瑞提亚（Orithyia）[225]的劫掠，就是被大多数历史所见证的证据。最古老的诗人俄耳甫斯，用的也是多利亚方言。

在医学方面，他们总是特别倾向于食谱的种类，而且在实践中这是最为准确的。[226] 首先，他们会努力学习劳动、饮食和休息之间的适应和协调。接下来，关于食物的准备，他们几乎都是首先自己去执行，然后以此来定义哪些方式应该被使用。他们比他们的前辈更频繁地使用膏药，但相对来说要更少使用药用油膏。他们主要用其来治疗溃疡。而刀伤和烧伤是他们认识得最少的。某些疾病他们也会用咒语来治疗。[227] 据说，他们反对那些出卖纪律的人，[228] 认为那些人把自己的灵魂像客栈一样打开，使得每个人都能进出；而如果这些人没找到买主，那么就会把自己分散到各个城市，然后，简单来说是利用体育场，从年轻人那里得到那些无价的东西作为奖励。然而，毕达哥拉斯在很大程度上隐藏了他所说的话的意思，使得那些真正接受教导的人能够清楚地领会它，而其他人在听到这些时则陷入痛苦，从而无法从中获得快乐，就如荷马讲述的坦塔洛斯[229]的故事一样。

我也认为，据说毕达哥拉斯的门徒曾说过，那些为了报酬而教导的人，让自己表现得比雕像或那些坐着表演他们的作品的艺术家们还要糟糕。因为在有人命令艺术家制作一尊赫尔墨斯的雕像时，他们会去寻找能容纳正确形状的合适的木材；但那些人会假装他们能随时生产每一种性质的美德。[230] 毕达哥拉斯的门徒也说过，关注哲学是有必要的，要比对父母和农业都更重视。多亏了后者我们才活着，但是哲学家和

126

导师是我们生活得好、变得明智的原因，因为他们发现了戒律和教诲的正确模式。他们也不赞同以这样一种方式[231]说话和写作，这样一来，他们的观念就将对随便一个人都显而易见了。据说毕达哥拉斯在最开始就教那些来找他的人，教他们应该用沉默来保存他们所听到的教义。因此，据说那个最先把通约和不可通约理论透露出去给那些不配得到它的人的人，是如此地被毕达哥拉斯学派所憎恨，以至于他们不仅把他从他们共同体和生活中驱逐了出去，并且还为他建造了一座坟墓，把他看作已经从人类转移到另一个生命中去了。也有人说，神圣力量对那些泄露了毕达哥拉斯教义的人感到愤怒：于是就让他死在了海里，因为作为一个不虔诚的人，他公开了五边形的结构。这也就是说，有人公开了在球面上刻十二面体的方法，其中的每一个五边形就是所谓的稳定图形。但据别的人说，这件事发生在那个泄露了无理数和不可通约理论的人身上。此外，所有毕达哥拉斯的戒律都是象征，类似谜语，以格言的方式构成，使得它们在文字上显得古老[232]。对于那些无心领受它们所给出的答案的人来说，它们如同真正神圣的皮提亚的神谕一般在某些方面难以理解和解释。因此，关于毕达哥拉斯和毕达哥拉斯学派，我们能从他们的传播中收集到的内容就是这些了。

第三十五节

然而，有一些人对这些人怀有敌意，并且起来反对他们。当毕达哥拉斯不在的时候，各种阴谋诡计都被拿来摧毁他们，这事广为人知。但那些写了这个话题[233]的人，对他当时进行的旅行的描述各不相同。有些人说他去见叙利亚的斐瑞居德斯，而其他人说他去了梅塔蓬托姆。而许多阴谋都是可以列举的。其中有一个，据说是由被叫作凯隆族（Cylonians）的群体制造的，具体如下：克洛同人凯隆在公民中从出身、名望和财富来看都是第一等的，但他同时也是一个严厉、粗鲁又暴躁的人，有着暴君般的举止。然而，他曾经极度渴望过毕达哥拉斯式的生活，并向当时已经年老的毕达哥拉斯申请加入，结果因为上述的情况而被拒绝了。于是，这最终导致他和他的朋友对毕达哥拉斯和他的弟子表现出了强烈的敌意。同时，凯隆和那些跟随他的人的野心是如此激烈而放肆，使得这种敌意延续到了毕达哥拉斯学派的最后时期。因此，毕达哥拉斯为了此事到了梅塔蓬托姆，并且据说在那里结束了他的生命。但这些所谓的凯隆族继续针对毕达哥拉斯学派勾画阴谋，并向他们表现出了所有可能的恶意。然而无论如何，在某一段时间里，毕达哥拉斯学派的正直压制了这种敌意，也影响这些城市本身的决定，使得它们愿意让毕达哥拉斯学派（单独）管理他们的政治事务。然而时间一久，凯隆族就对这些人[234]充满了敌意，他们放火烧毁了米罗的房子，此时毕达哥

128

拉斯的门徒正坐在那里讨论着战争问题。他们烧死了所有人，除了其中两个——阿尔基普斯（Archippus）和莱锡斯，因为这两人最有活力也最健壮，得以逃出那座房子。而在这事件与其他许多未曾提到的灾难发生之后，毕达哥拉斯学派就不再关注任何政府事务了。这出于两个理由，一个是因为这些城市的过失（因为它们完全不因为发生了如此巨大的灾难而有所触动），另一个是因为失去了那些最有资格治理国家的人。而这两个得救了的毕达哥拉斯门徒都是塔壬托姆人，阿尔基普斯确实回到了塔壬托姆，但莱锡斯痛恨这座城市的过失，就去了希腊，定居在伯罗奔尼撒（Peloponnesus）的亚该亚（Achaia）。后来，他被一种强烈的归隐欲望所刺激，就移居到了底比斯(Thebes)[235]。在那儿他有一个听众叫伊巴密浓达（Epaminondas）[236]，他称莱锡斯为他的父亲。莱锡斯也在那里结束了他的生命。而其余的毕达哥拉斯门徒，除了塔壬托姆的阿尔库塔斯，都离开了意大利，聚集到雷吉乌姆，在那儿与众人一起定居下来。他们当中最著名的，有范多（Phanto）、厄刻克拉底（Echecrates）[237]、波利姆纳斯图斯（Polymnastus）、弗里俄斯[238]人（Phlyasians）狄奥克勒斯（Diocles）和色雷斯人哈尔基底刻的（Chalcidensis）色诺菲洛斯（Xenophilus）[239]。而随着时间的推移，当公共事务的管理变得更为糟糕的时候，这些毕达哥拉斯门徒还或多或少地保留着他们最初的举止和戒律，然而教派开始衰弱，最终无疾而终。这些事情，是亚里士多塞诺斯讲述的。

尼科马库斯从另一个角度证实了亚里士多塞诺斯的讲述，但是关于毕达哥拉斯的旅行，他说这个阴谋发生在毕达哥拉斯身处提洛的时候。因为他去那儿是为了给他的导师叙利亚的斐瑞居德斯帮忙，因为当时他得了皮肤病，并且在他死后，为其举行了必要的葬礼仪式。于是，那些被毕达哥拉斯学派拒之门外的、已经被建立起纪念碑、被当作已经死去的人，就攻击了他们，把他们全部投进火海。后来，他们被意大利人用石头击溃，被丢出房子无人掩埋。那个时候，科学也恰好随着这些掌握科学知识的人一起陨落了，因为一直到那个时期，科学是被作为某种奥义和神妙之物保存在他们的心里的。保存在那些不属于毕达哥拉斯教派的人的记忆里的，只有这些事物是难以理解的，是没有被揭示过的这样一种印象。有一些内容除外，因为一些毕达哥拉斯门徒当时正好身处国外，这才使得它们作为晦涩难懂、难以索解的科学的火星被保存下来。而这些被单独留下的人，因这场灾难而心灰意冷，他们散布到了不同的地方，不再与其他人结成团体，而是离群索居，选择他们刚好找到的地方。每个人都更愿意与自己的熟人交往，而不再与其他任何人交往。

然而，由于害怕哲学之名将从人类中完全消失，害怕接受了诸神的厚礼却任由它们消逝而招致诸神的愤怒，他们对某些评论和象征做了一个整理，并同时将一些更早的毕达哥拉斯学派著作，以及他们记得的东西收集到一起。所有这些，他们每个人都在死后留给了他们的儿子、女儿，或者妻子，

130

并且严令禁止不能交给家族以外的人。于是，这一命令被遵守了很长一段时间，并且成功地传给了他们的后代。

不过，阿波罗尼乌斯[240]对于这些细节有异议，并且增加了许多我们没有提到过的东西，我们也应该引入他关于这场针对毕达哥拉斯学派的阴谋的叙述。他说，嫉妒从一开始就跟随着毕达哥拉斯。因为，当他与所有追随他的人交谈时，他是令人愉快的；但是当他只与他的弟子交谈时，许多人对他的好感就消失了。他们确实认可他对陌生人而不是自己倾注更多注意，但是他们对他喜欢某些他们的同伴而不喜欢另一些同伴感到愤慨，于是他们就认为他的弟子带着对他们的敌意聚集在一起。而接下来，由于这些对他感到愤慨的年轻人都身份尊贵，在财富上超过众人，到了合适的年纪时，还不仅仅在他们自己的家族中享受第一等的尊荣，更是普遍掌管着城市的事务，他们聚集起一大帮人（因为他们在数量上超过三百人），使得城市中只有很少一部分人不沾染与他们同样的举止与同样的追求。

而且，因为克洛同人继续生活在他们自己的国家，而毕达哥拉斯与他们一起居住，政府形式保留在这个城市建立之时的样子，但这并没有讨好人民，反而引诱他们去寻求改变的机会。于是当占领了锡巴里斯，但在战争中夺取的土地也没有如多数人期望的那样分给大家时，他们对毕达哥拉斯学派的无声憎恨就忽然爆发出来，而群众就自行抛弃了他们。这场纠纷的发起者就是那些与毕达哥拉斯学派最亲密、最接近的联盟者。导致这种不和的起因是，毕达哥拉斯学派的不少举动在冒犯了许多普通人的同时也冒犯了这些领导者，因为比起其他人，这些举动对他们来说显得更特殊，而最重要的是，他们认为这些举动落到自己头上是耻辱的。

进一步来说，毕达哥拉斯学派中没有一个人用名字称呼毕达哥拉斯。当他活着的时候，一旦他们要称呼他，就称他为"神圣的"；而当他死后，他们指称他为"那个人"，就如同荷马的故事中欧迈奥斯（Eumaeus）[241]在提及奥德修斯时那样：

> 啊，客人，尽管我怀疑那个人不在
> 但他的名字却是我的爱和关切

同时，毕达哥拉斯的门徒遵循着他们导师的教诲，总是在太阳升起之前起床，并且从来不佩戴刻有神的形象的戒指。他们也小心地注视并赞美初升的太阳，同时避免穿戴带有上述形象的戒指，以免不小心戴着它去了葬礼，或者一些不洁净的地方。同样，他们也谨记毕达哥拉斯的命令，不做任何未经事先审议和深入思考的事情，而是要在早晨制定一个计划，决定（这一天）应该做什么，并且到了夜里要回忆这一天的行为。他们用这种方法检讨自己的行为，同时也锻炼自己的记忆力。他们也遵守这样的戒律，即如果他们中的某个同伴约他们在某个地方见面，那么他们就应该待在那儿直到

132

那个人来，就算经过一整天。这里再次强调，毕达哥拉斯的门徒习惯于记住所说的话，并且不会随便去说。总之，毕达哥拉斯吩咐他们只要还活着就要注意秩序和方法，不要亵渎他人的死亡，而要在有人死去的时候说些吉利的话，就如同对那些驶出港口进入亚得里亚海的人所要说的那样。[242]

然而，这些毕达哥拉斯门徒的亲戚对他们除了父母之外只向他们教派内部尽心尽力感到愤慨：他们相互之间分享他们的财产，但是却把这些亲戚排除在外，仿佛他们是陌生人。这也成了争端的根源，其他人轻易地就陷入了对毕达哥拉斯学派的敌意之中。希帕索斯、狄奥多罗斯（Diodorus）和泰阿革斯（Theages）都说过，每个公民都应该成为行政管理和集会的一员，因此作为他们行为的汇聚者，统治者应该让那些被多数人选中的人来当。但是一些毕达哥拉斯的门徒，例如阿尔其马科斯（Alcimachus）、狄马科斯（Dimachus）、墨东（Meton）和德谟刻得斯（Democedes）反对这个意见，坚持反对瓦解源于他们的祖先的政策。然而，那些讨好群众的人，压倒了另一方。于是群众就被聚集起来，雄辩家凯隆和尼农（Ninon）开始指责毕达哥拉斯学派。他们当中的一个出身于贵族阶层，而另一人则是平民。他们也分别做了他们的长篇大论。而在这些长篇大论中，较长的是凯隆做的。尼农做了总结，他假装自己探究了毕达哥拉斯学派的奥义，并且特地总结出被认为是毕达哥拉斯学派罪行的细节，并且给了他[243]一本书让他读。而这本书正是《圣训》，下面这些是他们举的一个例子：应当像敬爱神一样敬爱友人，而对待其他人要像对待牲畜。这句话也被毕达哥拉斯的弟子归到他名下，他们表述的诗句是这样的：

> 他像爱神一样爱他的朋友，
> 但却把别人看得一文不值。

他们说，毕达哥拉斯学派之所以认为荷马值得被称赞，是因为他称一个国王为人民的牧人；因为很少有统治者把自己称作政府的朋友，所以荷马是用这种污蔑来表明其他人都是牲畜。[244] 他们还说，毕达哥拉斯学派之所以要对豆子有敌意，是因为多数人用豆子来决定领袖，人们用豆子来决定行政事务。并且，应该要有建立帝国的欲望，因为他们声称做一天的公牛，胜过当一辈子的老黄牛。别人制定的法律体系尽管是值得称赞的，但是人们应当劝自己尽量用他们熟悉的。一句话来说，尼农表示毕达哥拉斯学派的哲学是一场反对群众的阴谋，并且劝人们不要听元老的话，而要考虑如果毕达哥拉斯学派的评议会被千人大会通过，那么他们就永远不会有资格进入集会。所以，不应该再容忍那些人说话，因为他们尽其所能地阻止其他人的呼声被人们听到。所以他认为，他们应该考虑举起右手支持那些被毕达哥拉斯学派拒绝的人，以此作为对毕达哥拉斯学派的敌意。选举是他们的手的延伸，[245] 他们也应该举起手来去投下支持的选票。他们应该认为这是一个不光彩的局面，即在特雷西斯（Tracis）河畔征服了30万人的克洛同人却被只有这个数字千分之一的人在城市里发起的煽动所征服。总之，尼农用他的诽谤极大地激怒了他的听众，使得在几天之后，大量的群众聚集在一起，打算趁毕达哥拉斯的门徒在阿波罗神殿附近的一座房子内祭奠缪斯的时候攻击他们。不过，毕达哥拉斯的门徒预见了这一切的发生，就退避到了一家客栈，而德谟刻得斯和那些刚成年的则退到了普拉提亚（Platea）。那些废除了法律的人颁布了一个公告，他们指控德谟刻得斯强迫共同体中较年轻的那些人脱离政府统治，并且悬赏30他连得给任何杀死他的人。一场争斗发生了，泰阿革斯在争执中战胜了德谟刻得斯，他们分到了城市答应给他们的30他连得。但是由于整个城市甚至整个地区都被卷入了众多的邪恶之中，流放者被带到了法庭，这一决定所产生的力量波及3个城市，即塔壬托姆、梅塔蓬托姆和考洛尼亚（Caulonia）。而被他们送去决定这个案子的考洛尼亚[246]人（Caulonians）被金钱所腐化，正如我们从克洛同人的编年史里看到的那样。克洛同人因为他们自己流放了那些被指控的人而遭到非难。这个决定也导致他们运用被赋予的权威，把所有对现状不满的人都赶出了城市，同时也驱逐了他们所有的家属，并且声称不虔诚者是不适合这个城市的，并且儿子们不应该与他们的父母分开。他们同时也取消了所有贷款，并且规定土地不可分割。

多年以后，当狄纳科斯（Dinarchus）和他的同伴在另一场战争中被杀，并且这场叛乱的最大主谋利塔古斯（Litagus）也死去的时候，公民们怀着某种怜悯和悔恨从流放中重新召回了剩下的毕达哥拉斯门徒。为此，他们从亚该亚派出[247]使者，通过他们与流放者重归于好，并且在德尔菲立下了郑重的誓言。从流放中回来的毕达哥拉斯门徒有60人，除了那些老朽的人之外，他们当中的一些人亲自给人们治病，挽救了那些因为某种饮食而得病之人的健康，而这些治病的方法都是他们自己写的。于是，这些毕达哥拉斯门徒就受到了民众特别的欢迎。据说当时有人对那些不法分子说："现在已经不再处于尼农的治下了。"而也正是这同样一群毕达哥拉斯门徒，为了抵御图利人对这个国家的入侵，在战场上陨落，相互护卫而死。于是这座城市对毕达哥拉斯学派的态度完全改变了，除了给予他们赞美之外，还理解到，如果在缪斯神庙举行一个公开献祭的话，会更加让缪斯女神满意。这座神庙正是在毕达哥拉斯学派的要求下，为了纪念女神而建造的。而这就是关于对毕达哥拉斯学派遭袭击事件的全部内容。

136

第三十六节

大家公认毕达哥拉斯的继承人是阿瑞斯泰俄斯（Aristaeus），他是克洛同人达摩丰（Damophon）的儿子，他在世的年代大致与毕达哥拉斯相当，比柏拉图大了7岁。阿瑞斯泰俄斯不仅仅被认为足以在学派上继承毕达哥拉斯的衣钵，还教育了他的孩子，并且娶了他的妻子忒阿诺，因为他对毕达哥拉斯的教理非常精通。而据说毕达哥拉斯在学派里教了四十年，一直想找一个继承人，并且活了将近一个世纪。而当阿瑞斯泰俄斯上了年纪之后，就移交了学派，在他之后继承的是墨涅萨尔科斯，他是毕达哥拉斯的儿子。布拉哥拉斯（Bulagoras）继承了墨涅萨尔科斯，在他的时代，发生了克洛同人的城市被毁弃的事情。克洛同人加尔泰达斯（Gartydas）从他先前参加的一场战争中归来后继承了布拉哥拉斯。无论如何，由于家乡的灾难，他深感焦虑，并由于悲伤而过早去世。通常，其他毕达哥拉斯门徒的习惯是在极度衰老的时候让自己从身体的牢笼中获得解放。

接下来一段时间之后，卢卡尼人阿瑞萨斯（Aresas Lucanus）通过一些陌生人的帮助，开始管理学派。阿斯班度[248]人狄奥多罗斯（Diodorus Aspendius）来找他，因为毕达哥拉斯学派困于人员稀少，他就被接纳进了学派。在赫拉克勒亚（Heraclea）[249]，有克利尼亚斯和菲洛劳斯；而在梅塔蓬托姆，有狄奥莱德斯（Theorides）和欧律都斯；在塔壬托姆有阿尔库塔斯。据说埃庇卡摩斯也曾是外国听众之一，但实际上他却不是学派的一员。他在到达叙拉古之后，因为希罗[250]的暴政，没有公开进行哲学探讨。但他在音律中加入了毕达哥拉斯的概念，并发表了暗含毕达哥拉斯教义的喜剧。

然而，在所有毕达哥拉斯学派成员中，许多人是不为人知的或者匿名的。而下面这些是被人知道并且享有名声的，他们是：克洛同人希波斯特拉图斯（Hippostratus）、迪马斯（Dymas）、伊刚（Aegon）、伊蒙（Aemon）、希鲁斯（Sillus）、克雷欧斯忒涅斯（Cleosthenes）、阿格拉斯（Agelas）、伊壁赛留斯（Episylus）、菲基亚达斯（Phyciadas）、伊刻梵图斯（Ecphantus）、提马俄斯（Timaus）、布迪俄斯（Buthius）、厄拉图斯（Eratus）、爱忒玛俄斯（Itmaus）、罗狄普斯（Rhodippus）、布里亚斯（Bryas）、厄范德洛斯（Evandrus）、米利阿斯、安提墨东（Antimedon）、阿格亚斯（Ageas）、勒奥弗隆（Leophron）、阿基鲁斯（Agylus）、欧纳图斯（Onatus）、希波斯忒涅斯（Hipposthenes）、克勒奥法隆（Cleophron）、阿尔克迈翁、达谟克勒斯（Damocles）、米伦（Milon）、墨农（Menon）；梅塔蓬托姆人布伦蒂诺斯、帕尔米瑟俄斯（Parmiseus）、欧雷斯塔达斯（Orestadas）、莱翁（Leon）、达玛尔墨诺斯（Damarmenus）、厄涅阿斯（Eneas）、基拉斯（Chilas）、墨利西阿斯（Melisias）、阿里斯提亚斯、拉菲翁（Laphion）、厄范德洛斯、阿格西达谟斯（Agesidamus）、色诺卡得斯（Xenocades）、厄利菲谟斯（Euryphemus）、亚里士多墨涅斯（Aristomenes）、阿格萨尔科斯（Agesarchus）、阿尔刻阿斯（Alceas）、色诺万得斯（Xenophantes）、忒拉瑟俄斯（Thraseus）、阿尔图斯（Arytus）、伊壁弗隆（Epiphron）、厄里斯库斯（Eiriscus）、墨基斯提阿斯（Megistias）、勒奥基德斯（Leocydes）、忒拉赛墨德斯（Thrasymedes）、厄菲谟斯（Euphemus）、普罗克勒斯（Procles）、安提墨涅斯（Antimenes）、莱克里图斯（Lacritus）、达谟塔格

斯（Damotages）、皮尔霍（Pyrrho）、雷西比俄斯（Rhexibius）、
阿洛佩库斯（Alopecus）、阿斯泰鲁斯（Astylus）、达基达斯
（Dacidas）、阿里奥科斯（Aliochus）、拉克拉忒斯（Lacrates）、
格莱奇诺斯（Glycinus）；阿格里真图姆人恩培多克勒；爱利
亚人巴门尼德；塔壬托姆人菲洛劳斯、欧律都斯、阿尔库塔
斯、狄奥多罗斯、阿里斯提普斯（Aristippus）、莱康（Lycon）、
赫斯提亚俄斯（Hestiaeus）、波勒玛尔科斯（Polemarchus）、
阿斯泰斯（Asteas）、克利尼亚斯、克尔隆（Clron）、厄律
墨东（Eurymedon）、阿尔刻阿斯（Arceas）、克利纳哥拉斯
（Clinagoras）、阿尔基普斯、索庇鲁斯（Zopyrus）、厄提诺
斯（Euthynus）、狄卡阿尔科斯（Dicaearchus）、菲洛尼达斯
（Philonidas）、弗隆提达斯（Phrontidas）、莱锡斯、莱西比俄斯
（Lysibius）、狄诺克莱特斯（Dinocrates）、厄刻克拉底、帕克提
翁（Paction）、阿科西拉达斯（Acusiladas）、伊克谟斯（Icmus）、
皮西克莱特斯（Pisicrates）、克利亚拉图斯（Clearatus）；勒温
蒂尼[251]人（Leontines）弗里尼科斯（Phrynichus）、斯米基亚斯
（Smichias）、亚里士多克利达斯（Aristoclidas）、克利尼亚斯、
阿布罗忒勒斯（Abroteles）、皮赛尔里德斯（Pisyrrhydus）、布
里亚斯、厄范德洛斯、阿尔刻玛科斯（Archemachus）、闵诺
玛科斯（Mimnomachus）、阿克蒙尼达斯（Achmonidas）、迪卡
斯（Dicas）、卡罗梵提达斯（Carophantidas）；锡巴里斯人墨托
普斯（Metopus）、希帕索斯、普罗瑟诺斯（Proxenus）、厄法诺
尔（Evanor）、狄安纳克斯（Deanax）、墨涅斯托尔（Menestor）、

狄奥克勒斯、恩培多斯（Empedus）、提玛西俄斯（Timasius）、波勒玛俄斯（Polemaeus）、厄法俄斯（Evaeus）、泰尔瑟诺斯（Tyrsenus）；迦太基人米提亚德、安忒恩（Anthen）、奥迪俄斯（Odius）、勒奥克利图斯（Leocritus）；帕罗斯岛人（Parians）伊厄提俄斯（Aeetius）、菲涅克勒斯（Phaenecles）、德克西忒俄斯（Dexitheus）、阿尔其马科斯、狄纳科斯、墨东、提玛俄斯（Timaeus）、提墨西阿纳克斯（Timesianax）、阿玛洛斯（Amaerus）、泰玛里达斯；洛克里人盖普提俄斯（Gyptius）、色诺恩（Xenon）、菲洛达谟斯（Philodamus）、厄瓦特斯（Evetes）、阿狄库斯（Adicus）、斯忒诺尼达斯（Sthenonidas）、索西斯特拉图斯（Sosistratus）、厄提诺斯、扎莱乌库斯、提马雷斯；波塞冬尼亚人阿塔玛斯（Athamas）、西谟斯（Simus）、普罗瑟诺斯（Proxenus）、克莱诺俄斯（Cranous）、迈厄斯（Myes）、巴泰拉俄斯（Bathylaus）、斐东（Phaedon）；卢卡尼人欧塞洛斯（Ocellus）和他的兄弟欧基洛斯（Occillus）、欧勒桑德洛斯（Oresandrus）、克莱姆玻斯（Cerambus）、达尔达涅俄斯（Dardaneus）、玛里翁（Malion）；爱琴海人希波墨冬、提谟斯忒涅斯（Timosthenes）、厄尔同（Euelthon）、忒雷塞达谟斯（Thrasydamus）、克里托（Crito）、玻利克托尔（Polyctor）；拉科尼亚[252]人（Lacones）奥托卡里达斯（Autocharidas）、克雷安诺尔（Cleanor）、厄里克拉特斯（Eurycrates）；许珀耳玻瑞亚人阿巴里斯；雷吉尼人亚里士泰德斯（Aristides）、德谟斯忒涅斯（Demosthenes）、阿里斯托克莱特斯、斐提俄斯、赫利卡翁、

138

墨涅西布洛斯（Mnesibulus）、希帕尔基德斯（Hipparchides）、阿托西翁（Athosion）、厄泰克勒斯（Euthycles）、欧普西谟斯（Opsimus）；塞利农特[253]人（Selinuntians）卡莱斯（Calais）；叙拉古人勒普提涅斯（Leptines）、芬提亚斯、达蒙；萨摩斯人墨利斯苏斯（Melissus）、拉孔（Lacon）、阿尔基普斯、格洛里普斯（Glorippus）、赫洛里斯（Heloris）、希蓬（Hippon）；考洛尼亚人卡利布洛图斯（Callibrotus）、狄孔（Dicon）、纳斯塔斯（Nastas）、德莱蒙（Drymon）、色恩塔斯（Xentas）；弗里俄斯人狄奥克勒斯、厄刻克拉底、波利姆纳斯图斯、范东（Phanton）；西库昂[254]人（Sicyonians）玻利亚德斯（Poliades）、狄蒙（Demon）、索斯特拉提俄斯（Sostratius）、索斯忒涅斯（Sosthenes）；昔兰尼人普罗鲁斯、梅拉尼普斯（Melanippus）、阿里斯坦格洛斯（Aristangelus）、狄奥多罗斯；基齐库斯[255]人（Cyziceni）毕托多洛斯（Pythodorus）、希波斯忒涅斯、布忒洛斯（Butherus）、色诺菲洛斯；卡塔涅斯人卡隆达斯、莱锡亚德斯（Lysiades）；科林斯人克莱西普斯（Chrysippus）；第勒尼安人瑙西忒俄斯（Nausitheus）；雅典人涅奥克利图斯（Neocritus）；以及本都（Pontus）[256]人莱拉姆诺斯（Lyramnus）。以上所有，总计二百一十八人。（而这些，实际上并不是所有的毕达哥拉斯学派成员，而是其中最为有名的。[257]）

最光彩照人的女性毕达哥拉斯学派成员是：克洛同人米利阿斯的妻子提米夏；克洛同人狄奥弗里俄斯（Theophrius）的女儿斐尔提斯（Philtis）；卢卡尼人欧塞洛斯、欧基洛斯兄

弟的姐妹拜达西斯（Byndacis）；拉刻代蒙人基戎（Chilon）的
女儿基戎尼斯（Chilonis）；拉刻代蒙人克雷安诺尔的妻子拉
刻代蒙人克拉忒西克勒阿（Cratesiclea）；梅塔蓬托姆人布伦
蒂诺斯的妻子忒阿诺；克洛同人米伦的妻子米亚（Mya）；阿   139
卡迪亚人拉斯忒尼亚（Lasthenia）；塔壬托姆人阿布罗忒勒
斯的女儿阿布罗忒利亚（Abrotelia）；弗里俄斯人厄刻克拉底
亚（Echecratia）；锡巴里斯人泰尔瑟尼斯（Tyrsenis）；塔壬
托姆人皮西尔隆德（Pisirrhonde）；拉刻代蒙人尼斯勒亚都萨
（Nisleadusa）；阿尔戈斯人布里欧（Bryo）；阿尔戈斯人巴贝莱
玛（Babelyma）；以及拉刻代蒙人奥托卡里达斯的姐妹克勒伊
克玛（Cleaechma）。总共十七人。

毕达哥拉斯学派伦理学著作残篇

来自图利人希波达谟斯的著述
《论幸福》
(*On Felicity*)

在动物当中，有些可以领受幸福，有些却无法得到幸福。事实上，那些拥有理性的动物是能领受幸福的。因为没有美德，幸福就无处寄寓。而美德，又首先产生于拥有理性的动物之中。因此，那些缺乏理性的动物就无法获得幸福。不仅是那些被剥夺了视力的动物，它们既没有接受工作的能力，又没有接受美德的眼界；那些缺乏理性的动物，也同样既不能接受工作，也无法拥有理性从而获得美德。然而对那些拥有理性者来说，幸福是一项工作，而美德则是一种特定的技艺。但是，对于拥有理性的动物来说，有些是自我圆满的，[258]因为他们是通过自身来变得圆满的，并且无需任何外物，不仅对于他们的存在是如此，对于他们现有的善和美也如此。

而这正是神。[259]而那些非自我圆满的动物，它们不是通过它们自身来达到圆满的，而是亟须通过外界原因来达到它们自身的圆满。而人就是这种动物。这就是为什么，在非自我圆满的动物中，有些是圆满的，而另一些并不圆满。而那些既从自身的（合理）原因，又从外界的原因中获得其存继的动物，确实是圆满的。并且他们实际上靠自身的原因获得了存继，因为他们从中不仅获得了一种卓越的天性，也做出了深思熟虑的选择。至于外部原因，则是他们身处公平的立法和善的统治之中。但对那些不圆满的动物，这些外部原因要么全部都不具备，要么只具备其中一种，又或者他的灵魂是完全堕落的。而这，就将是一个与上述所说完全不同的人了。

此外，圆满的人有两个不同之处。因为他们中的一些人，天生就圆满；而对其他人来说，他们的圆满，取决于生活。并且那些能确实独善其身的人，才是天生圆满的。这些人都是有美德的人。因为万物天性的美德是至善和圆满。因此，眼睛的美德是眼睛天性的至善和圆满，而人的美德是人天性的至善和圆满。那些其圆满取决于生活的人，不仅是善的，而且是幸福的。因为实际上，幸福是人类生活的圆满。而人类生活是一个行动的系统，幸福使这些行动得以圆满完成。美德也如此，幸运使得行动得以圆满；而美德实际上取决于运用，但好运则取决于顺境。[260]因此，神既不是因为向任何人学习美德而变得善，也不是因为得到好运而感到幸福。而是他凭借天性而善，凭借天性而幸福，过去是这样，将来也会是这样，而且永远不会从这一状态中退出；因为他是不可腐蚀的、天然的善。但是人并非天然就是善的，天然就是幸福的，而是需要戒律和天意的看顾。为了变得善，他确实需要美德；而要变得幸福，就需要交好运。如此一来，人类的幸福可用这两件事来概括，即赞美和对至福的预知。赞美，实际上来自美德；而对至福的预知，则来自顺境。[261]因此，获得

145　美德是出于神的恩典，获得顺境则是出于凡人的运数。但凡人是被悬置于神圣事务之外的，就如同尘世被天堂悬置在外。居于下位的事物，也会被更卓越的事物所悬置。正因如此，追随众神的善人是幸福的，而顺从凡人本性的人则是痛苦的。对于拥有智慧的人来说，顺境是好的，也是有用的。通过他对运用它的认识而言确实是好的；而通过他用行动与之配合，则是有用的。[262]因此，当顺境与智慧并行的时候，并且当航行也像这样顺风而行的时候，行动就会着眼于美德，这就是美；就像领航员注视着群星的运动一样。因此，这样做的他，不仅仅是追随神，并且还用神的善将人类妥善安排。

　　显而易见，人的生活由于心性和行动而变得不同。但心性既可以是高尚的，也可以是堕落的，这都是有必要的；同样，行动不仅可伴随着幸福，还当伴随着痛苦。实际上，高尚的心性，会融入美德；而糟糕的心性，却会融入邪恶。而就行动而言，那些处于顺境的人也伴随着幸福，因为他们是通过研究理性来获得圆满的；但是那些不幸的人，却伴随着痛苦，因为他们对结局失望。因此，不仅有必要学习美德，

而且有必要拥有并运用美德；这不仅仅是确保美德，更是为了在美德较少时增长美德，对于矫正家庭和城市，这是重中之重。因为不仅应该拥有美丽的东西，更应该使用它们。然而，当一个人生活在一个使用公平的法律的城市里时，这一切都将发生。我说，这就是所谓的阿玛尔忒娅之角[263]。因为一切的事都包含在公平立法中。要是没有这一点，则人的天性中最大的善便无法实现，就算实现了，也无法增加并永远持续。因为其[264]本身就包含了美德，以及一种趋于美德的倾向；因此卓越的天性也由此产生。礼仪、学问和法律，都通过它以最卓越的状态存在；除此之外，还有正确决断的理性，对最受尊崇的天性的虔信，以及圣洁。因此，一个人如果想要幸福、想要让他的生活一帆风顺，则无论是活着还是死去，都必须在一个由公平的法律所统治的国家里，并弃绝一切不法行为。与此同时，我们也必须注意所说过的话。因为人是社会的一部分，因此，如果他不仅仅是在与他人交往，而且是在以一种合适的方式进行交往，那么由于众人都来自同样的理性，就都将变得完整且圆满。因为有些东西天生适合在许多事物中存在，而不是只在单个事物中存在；而另一些则只在单个事物中存在，却不在许多事物中存在；还有一些却既在许多事物中存在，又在单个事物中存在，因为它存于万物因，所以存于一。像和谐、共鸣和数字，是天然适应于在许多事物中产生的。这些从部分构成了整体的事物，没有任何是能够自给自足的。然而，像是视觉和听觉的敏锐以及脚

146

步的敏捷，则只存在于单个事物中。至于幸福和灵魂的美德，是既在单个事物中存在，又在许多事物中存在；在整体之中存在，又在宇宙万物中存在。因此，它们之所以存在于单个事物之中，是因为它们存在于许多事物之中；它们之所以存在于许多事物之中，更是因为它们内在地存在于一个整体之中，并且存在于宇宙万物之中。因为一切万物的分布井然有序地安排着每个个体。而个体的有序分布，则让一切万物、让宇宙得以完善。只是这[265]紧随一切万物之后而先于部分，并且不是整体的一部分[26]。如果这个世界并非如此，那么太阳不会存在，月亮也不会存在，行星更不会存在，井然有序的整体更是不会存在。幸而世界存在着，所有的这些也都存在着。

这个事实，也可以从动物的性质本身看出来。因为如果动物不存在，就不会有眼睛，不会有嘴巴，也不会有耳朵。而动物存在着，它们每一个个体也同样存在着。而正如整体之于部分，整体的美德之于部分的美德亦是如此。倘若和谐不存在，那么令万物生辉的神对世俗事务的审视也不存在，而生辉的万物也将不再能够保持绝佳的状态。而城市如果没有公平的立法，那么公民就不可能变得善良或是幸福。同样，动物如果不健康，四肢就不可能变得强壮和健康。因为，和谐实际上是世界的美德；公平的立法是城市的美德；而健康和力量，则更是身体的美德。同样，这些事物中的每一部分也最终是由整体和宇宙安排妥当的。眼睛能看见得益于整个身体；而其他的部分与成员被安排妥当，则是为了整体和宇宙。

来自欧律法摩斯的著述
《关于人的生活》
(*Concerning Human Life*)

　　人的圆满生活的确在神的生活面前相形见绌，因为它不是自我圆满的，但它超越了非理性动物的生活，因为它包含了美德和幸福。不仅神的圆满不需要外在原因——因为他天性是善的并且是幸福的，他从自己处获得圆满——任何非理性的动物也同样不需要。因为野兽缺乏理性，也缺乏与行动有关的科学。但是，人的天性一部分在于他自身恰当而深思熟虑的选择，另一部分则在于对来自神的帮助的渴求。因为那些能够被理性塑造的、那些对美丽和卑下的事物具有理智的感知的、能够从大地上笔直地伸展自己而仰望天空的、能够用理智的眼睛感知到最高的众神的——那些能够实现这一切的事物，同样也得到了众神的帮助。但是，由于拥有意志、深思熟虑的选择，以及一些原则就使其既能学习美德，又能被堕落的风暴所诱惑，还能追随或背离众神的原则，故它同样能够被自身所触动。因此，它[266]是赞美和责备、荣誉和耻辱的分享者，一部分来自神，一部分来自人，因其狂热地将其自身应用于美德或是堕落。事情的全部原因如下：神把人作为最精致的动物引入世界，与他自己同受尊荣，并作为事物有序分布的眼睛。因此，人也通过使自己成为万物的秉性，而为万物命名。他同样发明了字母，并借此获得了一座记忆的宝库。他通过模仿宇宙的既定秩序，由司法程序和法律协调着城市之间的交流。因为，对人们来说，没有任何一种工作，会比一座由良好的法律所管理的城市所拥有的政治体制以及法律和政治的有序分配，与世界更相称，或者更值得诸神注意。因为，即使每个人就其自身来说并不重要，其也不足以仅靠自己就走向一种符合普遍和谐且适应妥善政治的生活，但他还是很好地适应了整体以及整个社会的完美体系。因为人的生命是一个精确（和谐化）的琴弦的形象，并在各个方面都是完美的。

因为每一把里拉琴都需要这三样东西：器具、合适的作曲，以及某种音乐引导（musical contrectation）。而器具，实际上是为所有相关的部分（即琴弦以及与里拉琴的良好发声和正确拨动相配合的乐器）做准备的。而合适的作曲关乎声音之间的彼此混合。音乐引导则是让乐器做出与合适的作曲相匹配的运动。故而，人类的生活也需要这三样东西。实际上，器具就是构成生活的所有零件。它还构成了生活的各个部分，包括身体的健康、财富的丰盈、声誉的远扬和朋友的安泰。合适的作曲则是根据美德和法律将这些都安排妥当。而音乐引导则是将这些与美德和法律进行恰当的混合；美德借着顺风航行，就没有任何外力可以阻碍。因为幸福，不在

于被随性的意图目标所驱使，而在于驾驭它们；也不在于那
些不借助随从和辅佐的帮助而形成的美德，而在于完全拥有
其适应行动的正确的力量。因为人并非自我圆满的，是不完
美的。他能变得完美，一部分因为其自身，另一部分则来自
外部原因。他同样也是完美的，无论是取决于天性，还是取
决于生活。实际上，若是取决于天性，那么只要他成为一个
好人，他就是完美的。因为，每一事物的美德，即是那一事
物天性的至善和圆满。由于眼睛的美德是眼睛天性的至善和
圆满，而耳朵的真正美德亦是如此。所以也同样，人的美德
是人天性的至善和圆满。不仅如此，当人变得幸福时，也将
通过生活变得圆满。因为幸福是人类诸善的圆满和完备。因
此，美德和顺境再次成为人类生活的零件。事实上，只要他
拥有灵魂，美德就是他的一部分；只要他与身体相连，顺境
就是他的一部分。而只要他是动物，这两者就都是他的一部
分。以一种相应的方式运用在符合天性的诸善之中，是美德
的职责；而顺境的职责在于授予它们[267]的使用。事实上，前者
授予深思熟虑的选择和正确的理性；而后者，则授予活力和
行动。因为通过行动去寄予事物美好的希望，以及去忍受一
件可怕的事情，是美德应当做的事情。但是，顺境的工作是
让深思熟虑的选择成功，并且促使行动达到（期望的）目的。
因为将军依靠美德和幸运的结合来征服，领航员依靠技艺和
顺风的结合来顺利航行，眼睛依靠锐利的视线和光线的结合
来看清楚，而人依靠美德本身与顺境的结合来臻于卓越。

来自喜帕恰斯的著述
《论安宁》
(*On Tranquillity*)

尽管人的寿命相比整个时间不过如此短暂，但只要他们能够安宁地过完一生，那么他们也将踏上并且度过一段美妙的人生旅程。然而，如果他们准确而科学地认识了自己，也即知道他们不过是肉体凡胎，终究不免一死；而且他们的身躯腐朽易蚀，还会轻易受伤，并且它是暴露在一切难以忍受、最为严苛的事物之中的，那么他们将对此[268]拥有最深刻的认识，直到他们的最后一次呼吸。首先，让我们把注意力放到那些会发生在身体之中的事情上；这些事情不单单包括胸膜炎、肺部炎症、膈肌炎、痛风、喉痛、痢疾、嗜睡、癫痫、腐烂性溃疡，另外还有其他成千上万种疾病。但是与这些疾病比起来，那些发生在灵魂上的疾病不仅更加严重，还更加可怕。因为，人类生活中所有的不公、邪恶、不法以及不虔诚的行为，都源自灵魂的激情。许多人由于不自然并且不节制的欲望，已经被不受约束的冲动所支配，已经无法从那最为不洁的欢愉中克制住自己，而去与那些女儿甚至母亲产生瓜葛。同样，许多人也已经被蛊惑去毁掉他们的父亲，并且毁掉自己的子嗣。但若是这样，他们又有什么理由喋喋不休地叙述外面那些迫在眉睫的灾祸，例如暴雨、干旱、酷暑和严寒；同样还有因空气的异常状态而导致的瘟疫和饥荒频繁发生，各种灾难屡屡出现，整座城市也陷入荒废？[269] 因为许多这类灾难迫在眉睫，我们既不应该高看我们所拥有的物质上的财富，因为只需要一场小小的流感侵袭，它们就会被迅速消耗；我们也不应该在意那些被认为顺利的外界条件，因为它们往往因其自身的特点会消失得比预想得更快。因为所有的这些都是不确定，并且是不稳定的，并且还变化无常；其中没有一件是永恒的、稳定的，或者不可改变的、稳固的、不可分割。所以，好好考虑这些事情，并且要相信，如果有什么东西出现并被赐予我们，那么我们所能期待的至多是我们能保有它的那部分最短的时间。这样，我们就能愉快地生活在安宁之中，慷慨地承受一切可能降临到我们头上的事情。

而如今，许多人事先在想象中认定，凡是出现在他们身边的、天然地或者偶然地赐予他们的事物，都比它本身更好，而并非按照那些事物本身的真实情况去思考，而只是按照它们在达到最佳的巅峰时的情况去设想。于是当他们忽然被剥夺这些转瞬即逝的财富时，他们就会让灵魂背负许多重大、邪恶又愚蠢的罪恶。这样就会导致他们过上无比痛苦、无比悲惨的生活。而这会发生在某些特定的时候，即财富的损失、朋友和子女的死亡，或者某些被他们认为是最值得珍重的东西失去的时候。然后，他们又是哭泣，又是哀叹，声称没人比自己更不幸更悲惨，然而他们不记得这些事情曾经发生，并且仍然发生在许多其他人身上。他们既不能理解当下那些活着的人的生活，也不理解以前那些曾经活着的人的生活，更看不到当下众多的人身处罪恶的巨大灾难和波澜之中，而在过去，许多人已经被卷入其中。因此，考虑到我们自己，许多人虽然不幸失去了财产，可后来也幸亏失去了财产才得以保全自身，因为，他们可能落入强盗之手，也可能落入暴君之手；也同样有许多人，他们曾经爱过某些人，并且对那些人爱得极其深沉，后来却对他们极度仇恨。我们不光要考虑到所有这些通过历史传递给我们的东西，也要知道有多少东西是被他们的子女和他们所最深爱的人给毁掉的。如果，我们不仅仅把我们自己的生活拿去与那些比我们更加不幸的人的生活相比较，还要加上人类（普遍的）灾难，以及那些不仅仅发生在我们自己身上的事情，那么我们就将更为平静地度过一生。这是因为，当一个人生而为人，却看到所有生灵自然地暴露在许多灾难之中时，要是他认为别人的灾难容易忍受，而自己的灾难却不容易忍受，那么这就是不合法的。而那些哭泣着的、悲叹着的人们，不光无法挽回他们已经失去的东西，也无法复苏那些已经死去的人，还会使自身的灵魂陷入更大的不安，因为他们的灵魂之中充斥着如此多的堕落。因此，这有必要被洗涤和净化；我们必须用一

153

切可能的方法，用哲学的理性来擦去我们根深蒂固的污点。而如果我们想要做到这一点，就不仅要保持审慎，还要保持节制，满足于我们目前所处的状况，而不能追求过多的东西。因为，那些为了自己而获得规模巨大的身外财富的人，哪会料到，靠这些财富维持的享乐会突然终结。因此，我们应该使用我们现在拥有的财富；凭借着以哲学为源的、美好而可敬的事物的帮助，我们应将自己从被堕落占据的贪得无厌中解放出来。

来自阿尔库塔斯的著述
《善良而快乐的人》
(*The Good and Happy Man*)

首先，我们必须先知道这样一件事，即善良的人并非必然是快乐的；这里的重点在于"既快乐又善良"。因为快乐的人，不只是得到了祝福的称赞，更是赢得了祝福的确证；但善良的人（只要他是善的），却仅仅得到了称赞。人的美德同样能赢得称赞；可是，想要得到祝福的确证，却需要好运。并且实际上，一个人变得值得尊敬源自他拥有的善；而快乐的人有时候却被剥夺了他的幸福。这是由于，虽然美德的力量是完全自由的，然而幸福的力量却是被约束的对象。因为，那些在身体上长期持续的疾病，以及感官的日渐衰退，将使得繁花似锦的幸福化为泡影。然而，神之所以在这一点上不同于快乐的人，是因为神确确实实不仅拥有一切来自凡人激情中的真正的被净化了的美德，而且他的力量更是永不疲倦、无拘无束的，乃至可以进行最为庄严、最为壮丽的永恒创造的事业。然而人在实际上困于他凡人的特点，所以不仅只能在较低程度上享有这种力量和这种美德，而且有时由于渴望与他所拥有的善相称，或是出于强大的风俗习惯，或是出于堕落的本性，或是出于众多其他的原因，他往往无法真正正确地将一种善极致地掌握。

因此，有些人自己就有能力获取财富，而不用取决于另一事物；但其他人，却得益于其他事物而拥有财富，而不是靠他们自己；还有第三种情况，他既可以靠自己去取得财富，也可以靠另一事物去取得。那么，什么样的财富，人们可以仅仅靠自己去取得，而不用借助其他事物呢？显而易见，那就是幸福。因为，我们之所以追求别的东西，是因为想要得到幸福；但是我们却不会因为想得到别的东西，而去追求幸福。必须再次强调的是，什么样的财富是我们确确实实出于一些别的原因而渴望，但其本身却不是我们所渴望的呢？很显然，这是一些有用的，并且事先认定的财富，它们是我们有资格靠我们自己而获得其他财富的原因。像那些为了养成良好的身体习惯而进行的肉体上劳作、锻炼和按摩，还有阅读、冥想和学习，这些都是为了美好的事物和美德而进行的。但是，什么样的事物，在靠它们本身就能让我们获得资格[270]的同时，也是我们为了别的事物而去获得的呢？它们就是像美德这样的事物，以及关于它们的习惯，深思熟虑的选择和行动，以及任何将它们视为真正的美来遵循的事物。因此，那些为了它们自己就能让我们获得资格而不为了其他事物的事物，唯有善本身这一种。[271]那些为了它们自己就能让我们获得资格，并且也为了其他事物的事物却一分为三。[272]其中一部分实际上关乎灵魂，另一部分关乎身体，还有一部分与外物相关。关乎灵魂的部分，在于灵魂的美德；关乎身体的部分，在于身体的美德；与外物相关的部分则包括朋友、荣耀、尊重和财富。同时，对于那些获得它们是为了有资格获得别的事物的事物，也是同样的道理。因为其中一部分是灵魂的善的影响，另一部分是身体的善的影响，与外物相关的部分是财富、荣耀、尊重和友谊的起因。

然而，那些仅仅是为其本身而去获得的美德，显而易见是出于如下的考虑。因为，如果那些属性上较低的事物，我指的是身体的善，是为它们而去获得的，而灵魂的善要好于身体的善，那么显而易见，我们爱的是灵魂的善本身，而不是为了它们附带出现的结果。[273]

同样，人的一生也有三种特定的时间；一种是顺境，另一种是逆境，第三种则介于两者之间。因此，由于善良的人不仅仅拥有，还使用美德，并且他根据三个时间阶段来使用美德；他不仅在逆境中使用它，还在顺境中使用它，更在介于两者之间的时候来使用它——事实上，在逆境中他是不快乐的，在顺境中他是快乐的，在居中的状况下他是不快乐的（尽管他也不痛苦）。那么既然如此，很明显，幸福无非就是在顺境中运用美德。而我们现在谈的是人类的幸福。但人并不只有灵魂，同样也有肉体。因为同时拥有这两样事物的动物并由此构造而成的就是人。因为，尽管肉体天然地适合作为灵魂的容器，但只有灵魂是人的一部分（只要他是动物[274]）。

156

因此，善也一样，有些是人的善，而有些则是属于人的部分的善。而人的善，实际上是幸福。但属于人的部分的善中，灵魂的善是审慎、勇敢、公正和节制，身体的善是美丽、健康、良好的身体习惯和卓越的感知。而与外物相关的善则是财富、荣耀、尊重和高贵，是天然地伴随着人的，是跟随在前面所述的两种善之后的。它们位置较低，是更高级的善的辅佐。因此，友谊、荣耀和财富同时是身体和灵魂的辅佐，而健康、力量和卓越的感知则是灵魂的仆役，而审慎（也即贤明）和公正是灵魂的智慧的辅佐。智慧是神性的随从。因为神是最为卓越的，他是万物的领导者和统治者。为此，其他的善有必要在场。因为实际上，将军是军队的领导者；领航员，是船只的领导者；而神，是世界的领导者；智慧，是灵魂的领导者。审慎是与生活有关的幸福的领导者。因为审慎只不过是与人类生活相关的幸福的科学，或者是与天然地属于人类的善相关的科学。

神的幸福和神的生活是最为卓越的；而人的幸福则关乎科学和美德，以及顺境的形成。而我要说，科学是关于神圣的事物和神灵的事物的智慧；审慎是关于人类的关切和生活事务的智慧。因为有必要称那些运用理性和论证的美德为科学。而我们以道德来称呼美德也是合适的，也适合这样称呼那些灵魂中非理性部分的最好的习惯，因为通过这些我们将获得某些与之相关的品质；也即通过它们，我们才被称为自由的、公正的和节制的。但是，有必要把顺境称作是先于理性的善的存在（或者是不借助理性的善的给予），并且它是不受其影响的。因此，美德和科学在我们的能力范围之内，而顺境却并非如此；而且幸福也存在于对真正美好的事物的沉思和表现之中。而由于沉思和行动，当人们不顺利时，就会得到有益且必要的帮助；而当人在正确的道路上行进之时，就会产生喜悦和幸福：这些事情都受顺境所影响——那么既然如此，很明显，幸福无非就是在顺境中运用美德。因此，善良的人就会像拥有一具卓越而壮实的身体的人一样，以同样的方式来对待顺境。因为这样的人能够忍受炎热和寒冷，能够挑起沉重的负担，能轻易地忍受许多其他的苦难。

因此，由于幸福是在顺境中运用美德，我们必须谈谈有关美德与顺境的事，并且首先要谈关于顺境的事。因为就善而言，有些确实是不允许过度的，美德也是如此。因为没有什么美德是过度的，[275] 也没有什么值得尊敬的人是不能用好来形容的。所以美德适合作为尺度，并且是高尚者在实际事务中的习惯。但顺境会有过度和不足。实际上，当它过度的时候，它会产生某些恶习，并让一个人摆脱他的自然习惯；这使得他常常为此反对美德的统治。不仅仅顺境会如此，许多其他原因也可能产生同样的影响。因为，这在各种意义上都在质疑，有些吹笛子的人应当傲慢自大，对真理点头告别，用某种错误的形象去蛊惑那些不擅长音乐的人；并且不相信这种事不会在美德中发生。[276] 因为一件事物越值得尊敬，那些假装拥有它的人就越多。因此有许多事情会扭曲习惯和美德的形式，其中有些是阴险的伎俩

159

和矫揉造作；而另一些则是肉体激情的产物，它们有时候会产生一种与真正的美德的秉性相冲突的不道德。这也受到人们长期以来养成的行为方式的影响——无论年幼还是年老，无论顺境还是逆境，这并非不常见——并且这还受到很多其他方式的影响。因此，我们不应当怀疑，在所有事物当中，有时候会形成一种扭曲的判断，真实的秉性会被改变。因此我们可以看到，最优秀的木匠在他技艺最擅长的作品中也常常会出错，将军、领航员、画家也是如此，简而言之，所有的专业人士都是如此。然而与此同时，我们并没有剥夺他们所拥有的习惯。[277] 因为我们并不会把那些在某些时候行为不节制、不公正或者行事胆怯的人列为坏人；同样，我们也不必把他归为好人（即那些在关于节制、正义或勇气的事情上，能够做对的人）的行列。但我们必须指出，坏人在这类事情上的行为偶尔是对的，而好人有时是错的。在这种情况下要建立正确的判断，不是根据某一场合，也不是根据某一段时间，而是根据整个生命。而由于不足和过度对身体是有害的，过度和所谓的过剩天然地容易滋生（比那些由不足所导致的）更严重的疾病，因此无论是顺境还是逆境，当它们不合时宜地发生时，都会伤害灵魂。而被众人所称道的顺境天然地（比逆境）容易产生更严重的疾病，因为它像酒一样会使善良的人的理性的力量被麻醉。

因此，以一种合适的方式承受顺境比承受逆境更难。因为对所有的人来说，当他们处于逆境中的时候，大多会被视为举止稳健、井井有条；但当他们处于顺境时，当他们以一种合适的方式承受，则被视为勇敢的、惊人的，并且是伟大的。逆境有收缩并且抑制灵魂的力量；而顺境与之相反，有提升并且拓展灵魂的力量。因此，所有那些不幸的人，他们的行为举止都持重又谨慎；但那些幸运的人却傲慢又自信。但顺境的边界在于，一个善良的人会深思熟虑地选择用正确的行为与之合作；正如一艘船的实际大小，或一个舵的实际大小，是让一个优秀的领航员跨越广阔的海洋，完成伟大的航行的关键。而过度的顺境并不是天然容易征服，而是要用灵魂去征服的。正如（极度）耀眼的光会使眼睛的视线模糊不清；同样，过度的顺境也会让灵魂的智慧变得黯淡。关于顺境，我已经说得足够多了。

来自狄亚哥斯的著述
《美德》
（*The Virtue*）

　　灵魂的秩序以这样一种方式存在：一部分是理性的力量，另一部分是愤怒，还有一部分是欲望。事实上，理性的力量支配着知识；愤怒则支配着动力；欲望则无畏地统治着灵魂的贪念。因此，当这三部分合而为一，表现出一种适当的构成时，美德与和谐就在灵魂中产生了。但当它们因混乱而彼此分裂，就会在灵魂中产生邪恶和不和谐。然而，美德必须具备这三样东西，即理性、力量和深思熟虑的选择。因此，灵魂中关于理性的力量的美德是审慎，因为这是一种判断和思考的习惯，而愤怒部分的美德是勇气，因为这是一种可以抵制并且忍受那些可怕的天灾人祸的习惯。欲望或贪念部分的美德是节制，因为这是在中和并束缚那些从身体之中升起来的快感。而整个灵魂的美德是正义。因为实际上，人会变坏，这要么是由于他的恶习，要么是由于他不节制，要么是由于他天性凶残。而人们的互相伤害，要么是出于获取，要么出于享乐，要么出于野心。因此，罪恶更适合属于灵魂的理性部分。因为审慎实际上类似于技艺；但邪恶则是有害的技艺，因为它出于施行不义的目的而百般谋划。而不节制则与灵魂的贪念部分有关。因为节制在于制服快感，不节制并不制服快感。而凶残与灵魂中易怒的部分有关。当某人因为欲望而行病态之事，像一头野兽那样以非人的满足为乐，那么这类事情就被称为凶残。这些秉性是他们所表现出来的行为的产物。因为贪婪是罪恶的产物，而罪恶是灵魂的理性部分的产物。并且实际上，野心来自易怒的部分，而这一旦变得过度，就产生了凶残。再者，快乐与贪念部分有关，而当它被更强烈地追求时，就产生了不节制。因此，既然不公正的行为是由如此多的原因产生的，那么显然，公正的行为也是受同样多的原因所影响的。事实上，美德是天然有益并且有利的；而罪恶是滋生邪恶的，并且是有害的。

然而，由于在灵魂的各个部分中，一些是带头的，而另一些则是紧随其后的。美德和罪恶与此相关，并且存在其中。那么显而易见，在美德中，也同样有一些是带头的，另一些是紧随其后的，并且还有一些是由这些组成的。事实上，带头者就例如审慎；而紧随其后的是勇敢和节制；而由这些所构成的，就包括了正义。然而，激情是美德的肉身；因为美德与此相关，也寄寓其中。[278]但在激情之中，一种是自愿的，[279]而另一种是不自愿的。事实上，自愿的就是快感，而不自愿的是疼痛。同样，具有政治美德的人也给予这些美德以张力和缓和，使灵魂的其他部分与拥有理性的部分协调一致。但

163　这种共同适应（co-adaptation）的边界是，不能因为匮乏或过度而阻碍智慧完成其适当的工作。因为不那么优秀的东西，是为了更优秀的东西而被共同安排的。因此，在这世界上，所有始终被动的部分，都是为了始终在动的部分而存在的。就动物而言，雌性为了雄性而存在。因为只有后者播种，才能生长出一个灵魂；而前者，只是赋予所产生的灵魂以肉身。因此，在灵魂中，非理性是为了理性部分而存在的，因为愤怒和欲望是被安排在灵魂的第一部分支配之下的。前者是某种随从，是身体的守护者；而后者则是必要需求的分配者和有远见的管理者。而智慧生物建立在身体的极致之上，它以一种从各种角度上都居高临下又看透一切的俯视，[280]考察着真实的万物的智慧。这是它出于天性要做的工作，即考察并获取对真理的占有，从而去追随那些比它自身更卓越和更尊贵的存在。因此，对神圣的，并且最可敬的事物的认识，不仅仅是人类幸福的原则，也是人类幸福的原因，更是人类幸福的尺度。

来自墨托普斯著述
《关于美德》
(*Concerning Virtue*)

人的美德是人的天性中完美的部分。因为任何一种存在都会根据其美德的正确天性而趋向完美、臻于至善。因此，马的美德，能将马的天性引导到它的至善。同样，这个道理也适用于一件事物的好几个部分。这样，眼睛的美德，在于视觉敏锐，而这是眼睛天性中的至善。而耳朵的美德，在于听觉敏锐，这也是耳朵天性中的至善。同样，脚的美德是敏捷，这是脚的天性中的至善。然而，每一种美德还必须有这三样东西：理性、力量以及深思熟虑的选择。理性，美德实际上通过它进行判断和思考；力量，美德通过它来禁止和征服；而深思熟虑的选择，美德通过它去爱正确的事物，并为此喜悦。正因如此，判断与思考属于灵魂中理性的部分；但是禁止和征服却是灵魂中非理性部分的特点；而去热爱并且喜悦于正确的事物，既属于理性的部分，也属于非理性的部分。因为深思熟虑的选择包括理智（或理性的推理能力）和贪欲。因此，理智属于灵魂中理性的部分，而贪欲则属于灵

165

魂中非理性的部分。而所有的美德，都可以从灵魂的各个部分看出；同样，美德的产生，以及美德的天性也可以从中看出。因为在灵魂的组成部分中，有两个是排在最前面的，也即理性的部分和非理性的部分。并且事实上，我们凭借理性的部分来判断和思考；而非理性的部分，则是我们的动力和欲望。它们彼此之间要么和谐，要么不和谐。它们之间的竞争和不协调，是由于过度和不足而产生的。因此显而易见，当理性部分战胜了灵魂中的非理性部分时，忍耐和自制就产生了；当前者引导，后者跟随，两者之间相一致的时候，美德就产生了。因此，忍耐和节制伴随着痛苦而产生，但忍耐可以抵抗痛苦，节制可以抵抗快感。然而，不节制和软弱，没有一种能做到抵抗，更别说是制服快感了。因此，人们通过痛苦完成向善的飞跃，而为了快感将善拒之门外。同样，赞美或是责备，以及那些人类行为中的一切美好事物，都产生于灵魂的这一部分[281]。简而言之，美德的天性正是通过这种方式派生出它[282]的存在的。

然而，灵魂的种类及其各个部分可以依此来考察：因为灵魂有两个部分，即理性的部分和非理性的部分。后者，即非理性的部分，可分为易怒的部分和贪念的部分；而前者，也就是理性的部分，我们用它来判断和思考。因此，非理性的部分，是我们的动力和欲望。在这当中，那些用来保护我们，并且报复意外的骚扰的部分，被称为易怒的部分；而会被刺激并希望保持身体的合理机能的部分，则是贪念的部分。因此显而易见，在众多的美德中，不仅有它们的不同之处，还有它们的独特之处，它们都与灵魂的各组成部分相适应。

来自克利尼亚斯的作品

每一种美德都是完美的，正如我们一开始所展示的那样，从理性、深思熟虑的选择和力量这三者中可以看出。然而，这三者中的每一个，本身都不是美德的一部分，而是美德的起因。[283]因此，那些拥有美德中的智慧和灵知部分的人，[原文评注1]就被认为是富有技巧且充满智慧的；但是，那些拥有美德中的道德和预先选择的部分的人，就被认为是有用且公正的。[27][原文评注2]然而，人类天生就习惯于因为激动而做出不公正的行为，而这样做的原因有三种：其一是沉湎于肉体享受的爱欲；其二是在积累财富过程中的贪婪；其三是想要超越那些与他相似且平等之人的野心。而关键在于，我们必须知道它们的反面也有可能会出现，会招致人们的恐惧、羞耻和欲望。也就是说，因法律而恐惧，因众神而羞耻，因理性的力量而产生欲望。因此，我们有必要从一开始就教育年轻人应该敬重诸神、尊重法律。因为如此一来，我们就能看到，每一个人的工作、每一种人的生活，都能通过保持神圣和虔信而顺利航行，跨越尘世的海洋。

原文评注1：即那些有神思美德的人。

原文评注2：即那些拥有道德和政治美德的人。

来自狄亚哥斯的著述
《论美德》
（*On the Virtue*）

　　所有美德的原理有三个：知识、力量以及深思熟虑的选择。[284]事实上，知识是我们思考事物并对事物作出判断的根据。力量就如大自然中的某种力，我们靠它来获得我们的存在，靠它来让我们的行动具有稳定性。而深思熟虑的选择就像是某双灵魂之手，我们被它驱使着去抓住我们所选择的对象。灵魂的秩序也是这样存在的：一部分是理性的力量，另一部分是愤怒，还有一部分是欲望。实际上，理性的力量支配着知识；愤怒主宰着灵魂中的炽热的冲动；而欲望总是倾向于统治贪念。因此，当这三者合而为一，并且表现出一种共同适应（co-adaptation）的时候，美德与和谐就在灵魂中产生了；但当它们变得混乱，并且彼此分裂的时候，罪恶与不和就在灵魂中产生了。而当理性力量战胜了灵魂中的非理性部分的时候，忍耐和克制就产生了。实际上，忍耐是对痛苦的承受；而克制，是对快感的约束。但是，当灵魂的非理性部分战胜了理性的力量的时候，软弱和不克制就产生了。软弱实际上是对痛苦的逃避；而不克制，则是被快感所征服。然而，当灵魂较好的部分在支配，而较差的部分被支配的时候，前者引领，后者跟随，两者一致，彼此之间互相协调，于是美德和每一种善就都在整个灵魂中产生了。同样，当贪念跟随灵魂的理性部分的时候，克制就产生了；但是，当在暴躁部分中出现这种情况的时候，就会产生勇敢；当这种情况发生在灵魂的所有部分时，那么正义就是其结果。因为正义能把灵魂中所有罪恶与美德都区分开来。而正义又是灵魂的各个部分与完美且至高的美德结合起来的既定秩序。因为一切善都包含在这里面，而灵魂中其他的善也离不开这个而存在。因此，正义在神与人两者之间都拥有极大的力量。因为这种美德包含着把整体[285]和宇宙连在一起的纽带，也包含着把神与人连在一起的纽带。因此，正义被说成是忒弥斯之于天神，狄刻之于地上诸神，而法律之于众人。而这些断言表明并且象征着，正义是至高无上的美德。因此，当美德包括沉思与判断时，就叫作审慎；当它用来承受一种可怕的状况时，它被命名为刚毅；当用来抑制享乐时，它被称为克制；当我们不从伤害我们的邻居中获取利益时，就叫作正义。

另外，美德的有序取决于正确的理性，美德的无序则会与正确的理性背道而驰，在前者的情况下，会产生一种以名正言顺（decorous）为最终标志的趋向，在后者的情况下，会产生一种以名不副实（frustration）为最终标志的趋向。而名正言顺是我们应当达到的。但这既不需要额外增加也不需要

170

除去多余，因为它是它所必须成为的。而不够名正言顺的则有两种；一种是过度，另一种是不足。的确，相比名正言顺，过度是多了，而不足是少了。美德也是某种名正言顺的习惯。因此，它正好是一个极点，也是一个居中的位置。因此，那些名正言顺的事物也都既是居中的也是极点。它们确实是居中的，因为它们介于过度和不足之间；但它们也是一个极点，因为它们既不需要额外增加，也不需要除去多余。因为它们本身就是它们应该是的东西。

然而，由于行为的美德与激情有关；而对于激情来说，快感和痛苦是至高的。因此很明显，美德不在于消灭灵魂中的激情，也不在于消灭快乐和痛苦，而在于使它们和谐一致。就健康而言，它是身体诸多力量的某种恰当混合，同样既不在于驱除寒冷或炎热，也不在于驱除潮湿或干燥，而是将这些适当地混合在一起。因为，这可以说是它们的一种均衡。同样，在音乐中，和谐也不在于排除升调与降调；而是当它们协调一致的时候，就产生了和谐，而不和谐就被消除了。同样的道理，炎热与寒冷，潮湿与干燥，它们彼此和谐地混杂在一起，便产生了健康，疾病就被消灭了。而当愤怒和欲望和谐一致的时候，罪恶和其他激情就会被消灭，美德和礼仪便会产生。然而，在美好的行为中，深思熟虑的选择却是行为的美德的最大特点。因为没有美德也可以使用理性和力量；但要是没有深思熟虑的选择，就不可能使用它。因为深思熟虑的选择昭示着行为的尊严。因此，通过理性力量来强

171

制性地压制愤怒和欲望，就产生了克制和忍耐。再者，当理
性力量被非理性部分暴力推翻的时候，不克制和软弱就会产
生。然而，灵魂的这些性情，既是半完美的美德，又是半完
美的罪恶。因为灵魂的理性力量（根据它的自然存在）处于
健康的状态，而那非理性的部分则处于患病的状态。实际上
就目前而言，当愤怒和欲望被灵魂的理性部分所支配和引导
的时候，克制和忍耐就成了美德；但只要这是由暴力而非自
愿造成的，它们就成了罪恶。因为，美德应该以享受而不是
痛苦的方式来完成这些合适的事情，这是必要的。此外，只
要愤怒和欲望支配着理性力量，就会产生柔弱和不克制，这
些都是某种罪恶。但只要他们以痛苦来满足激情，[286]让其知道
它们是错误的，因为灵魂的眼睛是真切的——只要这样，它
们就不再是罪恶。因此显而易见，美德必须自愿地执行那些
适当的事情——那些非自愿的事情，并非没有痛苦或恐惧；
而那些自愿的事情，则又并非没有享受和快乐寄寓于其中。

将它们分开时也可以发现情况确实如此。因为知识和对
事物的知觉是灵魂中理性部分的领域。而力量属于非理性的
部分。因为无法抵抗痛苦或又无法战胜快感是灵魂中非理性
部分的特点。但深思熟虑的选择与这两方面都有关，也就是
说，它既属于理性的部分，又属于非理性的部分。因为它包
括理智和贪念，其中，理智属于理性的部分，而贪念则属于
非理性的部分。因此，每一种美德都与灵魂各部分的共同适
应有关；而意志和深思熟虑的选择，都完全寄寓在美德之中。

192

因此，普遍地说，美德是灵魂中非理性部分与理性部分的某种共同适应。然而，美德则是通过给快乐与痛苦划出合适的界线而产生的。因为真正的美德无非是适当的习惯。但是适当，或者说名正言顺，是其本身应当成为的；不适当，或者名不副实，是不应该的。然而，名不副实的有两种，即过度的和不足的。确实，过度比适当还要多，而不足则比适当还要少。但是，既然适当是应该所是的，那么它既是极致的，又是居中的。它的确是极致的，因为它既不需要消减，也不需要添加；并且，它还是居中的，因为它介于过度和不足之间。然而，适当的和不适当的，彼此之间是平等的和不平等的，是有安排的和没有安排的；而前两者和后两者分别是有限的和无限的。[287] 因此，不平等的部分是指中间的部分，而不是二者彼此的部分。就角而言，大于直角的角叫钝角；而小于直角的角，叫锐角。并且，直线（在圆里）也更长，它比从中心画的线要长[288]。在春分时节里，白天的确更长。同样，身体的疾病也是由于身体的温度变得比合适的更热或更冷而产生的。因为体温比合适的更高就是超过了适中，而体温比合适的更低则是低于适中。灵魂以及与之有关的事物，也具有这种性质和相似之处。因为在忍耐可怕的自然状况时，果敢实际上是一种过度的忍耐；而羞怯则是一种不足的忍耐。挥霍是指对金钱的花费超出了预算；但在这方面，不慷慨是一种不足。实际上，愤怒是灵魂中易怒部分的过分冲动；而在这方面，其不足是麻木不仁。这一推理也同样适用于灵魂的其他性质的对立。然而，有必要指出，美德既然是名正言顺的习惯，是激情的居中，那就既不应该完全冷漠，也不应该毫无节制地消极。因为事实上，冷漠会使灵魂失去动力，在行为上不会对美有热情的倾向；而毫无节制的消极会让自己满是不安与草率。因此，在美德看来，激情应当像图画中的阴影和轮廓那样也呈现在视线之前。因为在一幅画中，生动的和细腻的，以及与美好色彩相结合的栩栩如生的东西，会特别受到这些色彩（即通过阴影和轮廓）的影响。但灵魂的激情是由美德天然的激励和热忱而激活的；因为美德产生于激情，并且当它产生时，又与它们一起存在。这正如同升调和降调的完美和谐，热的和冷的良好混杂，轻的和重的之间所达到的重量平衡。因此，没有必要消除灵魂中的激情，因为这样做也没有什么好处。但它们必须与理性部分和谐一致，应当与适度和中庸（mediocrity）结合起来。

来自阿尔库塔斯的著述
《论伦理性的博学》
(*On Ethical Erudition*)

我说，如果我们明智地考虑（由这些美德产生的）习惯，就会发现单凭美德便足以避免不幸福，而堕落则够不到幸福。因为有恶人总是可悲的，无论他是否大富大贵，又或者无论他是否贫穷，只要他不善于运用。[289]就如同盲人一样，无论他面前有最为耀眼的可见物体的光亮，还是处在一片黑暗之中，他总是看不见的。但是善良的人并不总是快乐的；因为幸福并不在于拥有，而是在于运用美德。就像有视力却无法永远看见的人一样，因为他离开了光，所以他就看不见。然而，人生被分成了两条道路：其中一条更加艰巨，有耐心的奥德修斯曾经走过；而另一条则更加不受苦难所折磨，涅斯托尔[290]（Nestor）在这条路上行进过。因此我说，美德虽然渴望后一种道路，但依然能够在前一种道路上行进。然而，幸福的本质表明，它是一种令人向往和安定的生活，因为它使灵魂的决断趋于完美。因此，有美德但是没有得到这种生活的人，也确实不是幸福的，但也不是完全悲惨的。这就是为什么没有人敢说善人应该免于疾病的摧残、痛苦的折磨以及悲伤的洗礼。因为就像我们将某些痛苦的事情留给肉身一样，我们也必须允许它们与灵魂同在。然而，愚者的悲伤是最不理性的；但智者的悲伤，只在理性所允许的范围内进行。此外，当美德的对立面是无关紧要的事物，而不是像死亡、痛苦和贫穷这样的噩耗之时，对无关紧要之事的洋洋自得就消解了美德的慷慨。[291]因为不邪恶的事物是容易战胜的。正因如此，我们应该在激情的中庸中锻炼自己，因为这样，我们将不仅能避免麻木不仁，还能避免过于消极，并且不会夸大我们的本性。

175

来自阿尔库塔斯的著述
《善良且快乐的人》
(*The Good and Happy Man*)

　　于是我要说，善良的人会以一种得体的方式来利用伟大的事物和机会。他既能顺应顺境，也能忍受逆境。在美好而光荣的环境中，他也变得配得上他所处的环境。并且当他的命运发生变化时，他会以适当的方式接受。简而言之，在任何情况下，他都能很好地应对可能出现的意外情况。他不但如此为自己做准备（以应对将要发生的事），也为那些投靠他、与他争辩的人准备着。

来自克里托的著述
《审慎与顺境》
(*Prudence and Prosperity*)

审慎与顺境彼此依存，它们之间的关系正如以下：审慎实际上是可言说的，并且拥有理性，因为它是某种有序而确定的事物；但顺境是不可言说的，也是非理性的，因为它是一种无序且不确定的东西。审慎实际上更优先，而顺境则在一开始和在力量上较后。[292] 因为前者天生适合于统治和定义，而后者需要被统治和被定义。此外，审慎和顺境都需要共同适应，因为，它们在某件同样的事情上是和谐一致的。凡是有界限并且被共同安排的事物，总是必须具有一种可言说，并且涉及理性的性质；然而那些被限制并被共同安排的事物，则应当天然是既不可言说又非理性的。因此，无限的事物，以及有限的事物，这两者的天然的理性就这样存在于一切事物之中。无限的事物总是天然被具有理性和审慎的事物给限制和共同安排，而这是因为前者[293] 拥有物质和本质的秩序。而有限的事物是由它们自己共同安排和限制的，因为它们有原因的秩序，[294] 并且以此为能量。

然而，在不同的事物中的这些性质的共同适应（co-adaptation）与被共同适应（co-adapted）之间产生着巨大而多样的不同。因为在对万物整体的理解中，有两种性质的共同适应，也即其中一种性质始终运动，另一种性质始终被动，而这就是世界。因为整体和宇宙不可能被其他方式拯救，即那些产生于被共同适应的事物不可能比得上那神圣的事物，而那些总是被动的事物不可能比得上总是运动的事物。[295]同样，在人身上，灵魂中的非理性部分与理性部分的共同适应，就是美德。因为当这两部分都处在混乱之中的时候，美德是不可能维持下去的。同样，在城市中，统治者与被统治者的共同适应也会产生力量与和谐。因为统治是较卓越的天性的特点；但是被统治，相比更卓越的天性更容易居于从属地位。而力量与和谐是这两者的共同之处。然而，在宇宙和家庭中存在着相同的适应模式：因为诱惑和博学与理性在同一件事上和谐一致；[296]同样，痛苦与快感、顺境与逆境也是如此。因为人的生命需要紧张和放松，需要悲伤和快乐，需要顺境和逆境。因为有些东西能把才智凝聚起来，并保留到勤勉和智慧中去；而另一些则能使人放松和愉悦，从而使人智如泉涌，并且行动敏捷。然而，如果其中的一种在生活中盛行，那么人的生活就变成只有一部分，并接近于那一部分，要么倾向于悲伤和困难，要么倾向于缓和和轻浮。但是，所有这些的共同适应，都应该与审慎有关。因为它在行动中把有界限的和无界限的区别并分离开来。因此，审慎是其他美德的领袖和母亲。因为它们都是参照这种美德的理性和法则而共同协调和共同安排的。现在我对这个问题的讨论结束了。因为非理性与可言性（effable）是存在于一切事物之中的。后者定义和限制；而前者是被定义和被限制的。然而，由这两者共同组成的东西，才是整体和宇宙恰当的构成。

以下克里托关于审慎的优美片段，来自斯托拜乌斯（Stobaeus）[297]的《物理牧歌》（*Physical Eclogues*）第198页，在盖尔的《神话作品集》（*Opuscula Mythologica*）中的《毕达哥拉斯伦理学片段集》（Collection of Pythagoric Ethical Fragments）中被省略。

神之所以采取那样的方式来塑造人是为了使人清楚地认识到，他不是由于缺乏力量，也不是由于缺乏深思熟虑的选择，而不能被驱使去追求行为上的美。因为神给他灌输了这样一种原则：既能理解可能的事物，又能理解预先注定的事物。因此，人可以成为力量的原因和善的主人，而神通过正确的理性激发并鼓动了这一点。因此，神也使他趋向于天堂，赋予他一种智慧的力量，并在他身上植入了一种叫作智慧的视觉，这种视觉能够瞻仰神。因此，没有神他就不可能发现最为美好的事物，而没有智慧他也不可能看到神，因为每一种凡人的本性都伴随着智慧的匮乏所造成的后果。而这，并不是神赋予它的，而是由尘世的本质和灵魂中的那种缺乏深思熟虑的选择的冲动所赋予的。

来自阿尔库塔斯的著述
《善良且快乐的人》
(*The Good and Happy Man*)

审慎的人（即智者）尤其会成为这样的人：首先，他天生就聪慧，拥有良好的记忆力，并且是热爱劳动的人，他应该从青年时代开始就及时用理性、戒律和对神学的敏锐来锻炼他理智的力量，并坚持真正的哲学。而在此之后，他应该获得与诸神、法律和人类生活有关的知识和经验。因为有两件事可以产生审慎的性格；其中之一是去获得数学和灵知的习惯；而另外一个，则是靠自己去感知许多定理和事物，并通过某种不同的方式去理解其他事物。因为如果一个人不从青年时代就及时通过理性和戒律锻炼他理智的力量，那么他不足以拥有审慎；而如果既没有这些知识，又没有听说过许多事情，还不熟悉许多事情，那么他也不足以拥有审慎。这是因为，后者会由于他对局部的判断而使他的理智的能力变得盲目，而前者则是通过不断地审视普遍的万物来拥有的。[298] 因为在计算中，整体的量是由各部分相加而得到的，同样，在事物中，理性也能描绘出普遍的理论，而经验具有对局部形成判断的能力。

来自阿尔库塔斯的著述
《论戒律》
（*On Disciplines*）

如果你要成为一名科学工作者，就必须要么向他人学习，要么靠自己去发现科学知识。因此，如果你是向他人学习，你学到的东西就是别人的；但你靠自己发现的科学知识，那就是你自己的。此外，如果你去调查，会很容易并且很快就有所发现；但如果你不懂得如何去调查，你就不可能做出发现。正确的理性一旦被发现，确实不仅可以终止混乱，还能促进和谐。通过这种方式，无穷无尽的占有欲被压制住，而平等得以盛行；通过这样，我们就获得了契约中的正义。由于这个原因，穷人从那些能够布施的人那里收到好处，而富有的人给予贫穷的人好处，他们都相信通过这样的方式，他们就能获得平等。然而，这将是对那些行为不正义的人的一种规则和障碍，[299]也就是说，那些掌握科学知识的人会在伤害发生之前就平息他们的愤怒，因为他们被说服而相信行凶犯罪时不会被包庇；而那些不掌握科学知识的人，在造成伤害的过程中，就会从不义的行为中被制止。[300]

来自波洛斯[301]的论述
《论正义》
(On Justice)

在我看来，正义在人类之间，也许可以被称作其他美德的母亲和乳母。若是没有正义，一个人就既无法节制，又不会勇敢，更做不到审慎。因为它是整个灵魂的和谐和宁静与优雅的结合。如果我们把注意力转移到其他习惯上，就可以更明显地看出这种美德的力量。对于其他美德，他们有一种局部效用，并且该效用只对一种事物起作用；但正义则是对整个系统都起作用，并且对多种事物都起作用。因此，在这个世界上，正义对一切事物进行全部的管理，这是一种天意、一种和谐，是属于公正女神狄刻的，是通过一些神祇的敕命来进行的。但在城市中，它被恰当地叫作和平、公正的立法。在家庭中，它是丈夫与妻子之间的和睦共处；在主仆关系中，则是奴仆对主人的尽忠，以及主人对仆从精神和身体安泰的关怀。同样，身体安泰对于一切动物来说都是最为优先、最为重要的。但在灵魂之中，最重要的是智慧，它是依存于科学和正义的。因此，既然这种美德约束并保有每一种事物的整体和部分，使事物彼此和谐并熟悉，那么它怎能不被所有人认定并称作是所有事物的母亲和乳母呢？

183

以下片段也来自阿尔库塔斯的《论智慧》(On Wisdom)，该片段由杨布里科斯保存在他的《劝学篇》(*Protreptics*)第三章之中，该书也被译作《哲学劝勉》(*Exhortations to Philosophy*)。

因此，阿尔库塔斯在他的《论智慧》中一开始就劝诫人们要拥有智慧，其文如下：

1.智慧在一切人类事务中的重要地位，就像视觉之于所有其他肉体感知、思辨之于灵魂、太阳之于星星一般。因为，视觉是所有的感官中感知得最为遥远、形式上也最为多样的；智慧是灵魂的至高部分，它通过理性和理智判断什么是合适的，并作为最崇高的事物的视线和力量存在；而太阳是自然存在的事物的眼睛和灵魂。因为万事万物通过它变得可见，通过它被产生出来，然后上升为存在。它们[302]的根源也来自于此，并由此产生，通过它，它们与感觉结合在一起，滋养、增长并且激发。

2.在迄今为止产生的所有（陆地）动物中，当数人类最为聪明。因为他能够思考存在的事物，并从一切事物当中获得科学和智慧。对此，我们还可以补充说，神性已经在他身上刻下并展示了普遍理性的体系，现存的一切事物的形式和名词、动词的意义都分布在这个体系中。因为声音的发出是有固定的位置的，即通过咽喉、嘴巴和鼻孔。但是，既然人被长出了发出声音的工具，那么通过声音，名词和动词就被赋予意义，在那些存在于世的事物中所见到的概念也是如此。在我看来，这是智慧的工作，正是由于这一工作的达成，人类得以产生和构成，并且从神那里接受器官和力量。

184 　　3.人类被创造和构成，是为了思考整个自然的理性。而且为达到这种目的，作为智慧的产物，人类将考察存在的事物的智慧。因为，如果人的理性是对整个自然的理性的思索，人的智慧也是对现存事物的智慧的觉察和思索，那么就必须承认，它同时也证明了人是普遍理性的一部分，是整个智慧天性的一部分。

　　4.智慧并非熟悉某一特定的存在事物，而是熟悉所有的存在事物。它不应该首先考察自身的原则，而应该首先考察所有存在的共同原理。而因为智慧存在于万物，并且关乎万物，所以我们有责任知晓并去思索普遍存在于万物之中的独特之处。根据此，智慧发现了一切存在的原理。

　　5.因此，谁能够分析包含在同一原则下的所有种类，然后再排列并细数它，他在我看来就是最聪明的人，并拥有最完美的真知灼见（veracity）。进一步来说，他还将发现一个美妙的调查地点，从那里可以窥见神和所有与他协调的事物，以及紧随其后的不同的个体。[303]同样，在进入这条最宽广的

185 道路后，在智慧的正确而直接的推动下，他到达了他的终点，

他将把原初与终末结合起来，并将知道神就是原初、就是中道、就是终末，就是所有通过正义和正确的理性所达到的一切。

来自斯托拜乌斯
《毕达哥拉斯伦理学片段集》

该文献在盖尔的《神话作品集》中被省略。

对于那些不该做的事情，甚至连想都不要去想。

比起身体上的强大，更要选择灵魂上的强大。

要相信，烦劳的事情要比享乐的事情对美德贡献更多。

灵魂中的每一次激情都是对救赎的最大敌意。

走在一条人生道路上很难，同时走在多条人生道路上更难。[304]

毕达哥拉斯说，有必要选择最为卓越的生活，因为习惯将带来愉悦。财富是一个脆弱的船锚，荣耀则更加脆弱；同样，身体、支配和尊重也是如此。所有这些都是愚蠢而无力的。那么什么是强有力的船锚呢？那是审慎、慷慨和坚毅。这些是任何暴风骤雨都无法撼动的。这就是神的法则，美德是唯一强大的东西，与它相比，任何其他事情都不值一提。

人类生活的所有部分，都应如雕像般完美。

雕像依靠其底座站立，而一个可敬的人应当依靠他深思熟虑的选择来变得不可动摇。

乳香应当供给神灵，而赞誉则当送给好人。

有必要为那些被错误地指控为作恶的冤者作辩护，也要赞扬那些在某件善事上表现出色的人。

马的装饰再怎么奢华也不会被认为是慷慨的，除非马的本性杰出；同样，人再怎么腰缠万贯也不可敬，除非他的灵魂慷慨。

当智者一开口，他灵魂的美便自己呈现在人们眼前，仿若神庙里的雕像一般。[305]

你们要提醒自己，尽管所有人都宣称智慧是最大的善，但却鲜有人竭力去获得这一最大的善。——毕达哥拉斯。[306] [307]

保持清醒，并记住要敢于相信；因为这些是智慧的警醒。——埃庇卡摩斯。

过一种躺在草地上并向神倾吐衷肠的生活，比躺在金子做的床铺上忐忑不安的生活要好上不少。

你不会渴求任何命运的力量能赐予也能带走的东西。[308]

唾弃那些当你从肉身中解脱出来的时候不会想要的东西。

用那些当你从肉身中解脱出来的时候会想要的东西来锻炼你自己，并祈求众神成为你的帮手。[309]

既不可能用衣服包住火，也不可能通过时间将卑鄙隐藏在高尚之中。

风能让火更旺盛，而习惯能让爱更深沉。[310]

只有那些珍视神性的人，才会对不公充满敌意。

那些对肉身来说必要的东西，任何人都能轻易获取，无须劳作和折磨；但那些需要劳动和折磨才能得到的东西，是欲望的对象，它并非出于身体，而是出于堕落的主张。——亚里士塞诺斯，毕达哥拉斯门徒，《斯托拜乌斯名言》第132页。

关于欲望，他（即毕达哥拉斯）是这样说的：这种激情是多变的，是劳苦的，还变化无常。然而关于欲望，有些是后天的，并且是偶发的，但另一些则是天生就有的。他把欲望本身定义为灵魂的某种倾向和冲动，是感官贪图某种充实或者出席，又是感官的空虚和缺席，还是一种非感知（non-perception）。他还说，有三种最著名的错误和堕落的欲望，即不名正言顺的、不相称的和不合时宜的。因为欲望要么干脆是不得体的、麻烦的、病态的，要么完全不是如此，而是更加暴戾和贪得无厌。或者在第三种情况下，欲望在不恰当的时候被驱逐出来，它就会去趋向它不应该趋向的对象。[311]——亚里士塞诺斯，毕达哥拉斯门徒，《斯托拜乌斯名言》第132页。

尽量不要用言语来掩盖你的错误，而要用责备来纠正它们。——毕达哥拉斯，《斯托拜乌斯名言》第146页。

犯错并不难，难的是不去责备犯错的人。——毕达哥拉斯，《斯托拜乌斯名言》第147页。

正如身体上的疾病如果被遮掩或粉饰就无法被治愈，患病的灵魂若是被严重地戒备和偏袒，也同样无可救药。毕达哥拉斯。——毕达哥拉斯，《斯托拜乌斯名言》第147页。

言论自由的恩惠，就如合乎季节的美，能引发更多的喜悦。

无论是拿着一把钝剑，抑或是无效地使用言论自由，都是不恰当的。

正如太阳不能从世界上消失一样，言论自由也不能从博学中消失。

正如衣衫褴褛的人可以拥有好的身体习惯，生活贫穷的人也可以拥有言论自由。[312]

宁可因呵斥你的人而高兴，也不要因奉承你的人而开心；要回避奉承你的人，因为他们比敌人还坏。——毕达哥拉斯，《斯托拜乌斯名言》第149页。

贪婪之人的生活就像一场丧宴。因为它尽管具备了喜宴所需的一切物品，但在场的人却都不欢喜。——《斯托拜乌斯名言》第155页。[313]

学会节制，并将其当作无上的力量和财富。——毕达哥拉斯，《斯托拜乌斯名言》第156页。

"不要经常在男人那里展示男子气概"[314]，这是毕达哥拉斯的劝告之一。他以此隐晦地表示，经常涉足肉体关系是不合适的。——《斯托拜乌斯名言》第156页。

被自身的情欲所奴役的人不可能获得自由。——毕达哥拉斯,《斯托拜乌斯名言》第165页。

毕达哥拉斯说,醉酒是精神错乱的冥想。——《斯托拜乌斯名言》第165页。

毕达哥拉斯被问到,一个嗜酒如命的人如何才能治好会喝醉的毛病。他回答说,只要他经常调查自己在喝醉后的行为。——《斯托拜乌斯名言》第165页。

190

毕达哥拉斯说,要么就沉默,要么就说点比沉默更好的话。——《斯托拜乌斯名言》第215页。

徒劳地扔一块石头,比说一句无用的闲话更合适。——《斯托拜乌斯名言》第215页。

不要用很多的话说很少的事,而要用很少的话说很多的事。——毕达哥拉斯,《斯托拜乌斯名言》第216页。

天才,对人来说,不是善的神灵,就是恶的神灵。——埃庇卡摩斯,《斯托拜乌斯名言》第220页。

毕达哥拉斯被问到,当一个人被他的国家不当对待的时候,他应该如何对待他的国家。他回答说,就像对待母亲。——《斯托拜乌斯名言》第227页。

旅行不仅教会了一个人节俭,还教会了他如何满足自己的需求。因为牛奶和面粉做的面包,以及草做的床,就是对饥饿和疲劳最佳的治疗。

对智者来说,每块土地都有资格作为居住的地方,因为整个世界就是高贵灵魂的国度。[315]——《斯托拜乌斯名言》第231页。

　　毕达哥拉斯说，首先进入城市的是奢侈，再就是饱足，然后是淫乱放纵，在所有这些之后便是毁灭。——《斯托拜乌斯名言》第247页。

　　毕达哥拉斯说，最好的城市，是那些拥有可敬的人的城市。——《斯托拜乌斯名言》第247页。

　　尽管去做那些你认为美好的事情，就算在做那些事情的时候，你将失去名声。因为乌合之众对善的事物判断力很差。（因此，唾弃某些人的非难，因为你也唾弃他们的赞许。）——德墨菲勒斯，《斯托拜乌斯名言》第310页。[316]

　　那些不惩罚恶人的人，希望善人受到伤害。——毕达哥拉斯，《斯托拜乌斯名言》第321页。

　　不用辔头不可能驾驭得了一匹马，没有审慎不可能支配得了财富。——毕达哥拉斯，《斯托拜乌斯名言》第513页。

191

　　因为顺境就自视甚高，就如在湿滑的道路上赛跑。——《斯托拜乌斯名言》第563页。

　　没有哪扇财富之门会如此牢固，即使幸运的机会也不能打开。——《斯托拜乌斯名言》第563页。[317]

　　用理性的方式来驱散愚钝的灵魂中无节制的悲伤。——《斯托拜乌斯名言》第572页。

　　淡定自若地承受贫穷是智者的专长。——《斯托拜乌斯名言》第572页。[318]

　　珍惜你的生命吧，以免你用悲伤和忧虑来消耗它。——毕达哥拉斯，《斯托拜乌斯名言》第616页。

我不会在此细节上沉默，那就是柏拉图和毕达哥拉斯都认为，衰老并不是一种逃脱当前生活的方式，而是一种受祝福的生活的开始。——来自法沃里努斯[319]《论年老》（*On Old Age*），《斯托拜乌斯名言》第585页。

接下去这两段来自亚历山大里亚[320]的革利免[321]（Clemens Alexandrinus）的《杂记》（*Stromat*）第三卷第413页。

古代的神学家和祭司们证实，灵魂通过某种惩罚与身体结合在一起，它被埋在这个身体里就如同在一个坟墓里。——菲洛劳斯。

我们醒着时看到的任何事物，都是死亡；而睡着时看到的一切，都是梦境。——毕达哥拉斯。

塞克斯图斯选毕达哥拉斯学派名言
（Select Sentences of Sextus the Pythagorean）

忽视那些后果最细微的事物，并不是人类生活中最微不足道的事情。

智者因唾弃财富而像神。

不要查探神的名字，因为你将找不到。对于每一个被用某个名字叫出来的事物，都是从比它本身更可敬的事物那里得到它的称谓，[322] 所以是一个在叫，另一个在听。因此，是谁给神起了名字呢？其实，"神"并非神的名字，只是我们所认为的对他的一个指称。

神是一道无法接受他的对立面（黑暗）的光。

你在自己身上有类似于神的东西，因此，用你自己作为神的殿，因为你是像神的。

敬神胜过万物，好让他统辖你。

只要是你所崇敬的事物就务必要高于一切，这样，你所崇敬的事物就将支配你。但如果你将自身交由神支配，那么你就将支配一切事物。

对神所能付出的最大崇敬，便是知晓他、效仿他。

193

事实上，没有任何事物是完全像神的；而天性纵使低劣，只要尽可能模仿他，就是对他的一种感激。

神其实一无所缺，而智者缺的是神[323]。因此，如果一个人只缺很少的东西和那些必要的东西，那就去效仿那些一无所缺者。[324]

要努力使自己成为被神评价为伟大的人，但要在人前避免被嫉妒。

智者在世的时候虽然名声不显，身后势必声名赫赫。

务将所有不思考神的时间都视为浪费。

善的智慧是神的唱诗班。

恶的智慧是恶魔的唱诗班。

崇敬正义之事，正因为其正义。

当你行不义的时候，你将不被神所护佑，甚至仅仅动了念头也一样。

虔诚的基础是节制，但虔诚的最高境界是对神的爱。

祈祷恰当之事降临于你，而非叫享乐之事降临于你。

你希望你的邻居怎样对你，则你也要怎样对你的邻居。

神所赐予你的，没有谁能夺走。

那些你不愿让神知道的事，既不要去做，也不要去想。

你想做任何事情之前都先想想神，他的光芒先于你的干劲。

灵魂在对神的回忆中被点燃。

尽管把一切动物都当作食物是小事一桩，但若是不食用它们则更具理性。

神不是任何恶的作者。

你不应该拥有超过身体所需之物。

194

要拥有那些任何人都无法从你身上夺走的东西。

要承担那些必要的东西，因为它们是必要的。

要向神祈求那些值得神赐予你的恩泽。

存在于你身上的理性，便是你生命的光芒。

向神祈求那些你无法从人那里得到的东西。

愿那些需要你先劳动的东西，在你劳动之后可以被你所拥有。

不要急着去迎合大众。

那些在我们的身体分解之后将会缺少的东西，轻视它们是不合适的。

你不应当向神祈求那些你得到后也不能永远保有的东西。

让你的灵魂习惯于在（各种意义上伟大的）神性之后[325]，设想它自身的伟大。

看轻那些会被恶人从你身上夺走的东西。

当一个人只珍视那些被神奉若珍宝的东西的时候，他才接近神性。

对人来说，一切超过他所必要的东西，都是充满敌意的。

一个会爱不恰当的东西的人，也将不会爱恰当的东西。

智者的智慧总是伴随着神性。

神栖身在智者的智慧之中。

所有的欲望都是贪得无厌的，因此总是处于匮乏之中。

智者总是与他自身一致。

只有对神性的知识和对其的模仿，才足以使人幸福。

撒谎如同下毒。

195　对智慧而言，没有什么比真理更独特的了。

当你统治人类的时候，记住，神也统治着你。

要相信，生命的终点，就是顺应神性而活。

堕落的感情是痛苦的开始。

邪恶的性情是灵魂的疾病，而不义和不信则是灵魂的致命伤。

恶意利用人性的人，也在恶意利用自己。

希望你能对你的敌人有所益处。

凡事都要忍耐，这使你能够顺应神性而活。

尊敬智者，就是尊敬你自己。

在你的所有行动中，都把神放在眼前。[326]

你被允许拒绝婚姻，这样可以让你过着不断追随神的生活。[327]然而，如果你是一个知道战斗的人，你便会愿意战斗，迎娶妻子，生下孩子。[328]

我们实际上并非以我们的力量生活，而是以我们的正义生活。

不要急切地承认对一个追求智慧的人的指责。

如果你想生活得开心，就不要做很多事情。因为在很多行动中，你都将变得微不足道。

对口渴的你来说，每一杯水都应该是香甜的。

从醉酒中醒来，就像从癫狂中醒来。

没有任何善源自身体。

想一想，当你获得身体所欲望的对象之时，你会遭受巨 196
大的惩罚；因为欲望永远不会因为获得了这些对象就满足。

无论你做什么，都要让神为你作证。

坏人并不认为有天意。

坚持你所拥有的智慧，做一个真正的人。[329]

智者近于神。

你的智慧驻留在哪里，你的善也驻留在哪里。

对灵魂无害的东西，对人也无害。

那些不义地把智者赶出肉身的人，是借着他的不义让他
人受益。因为这样他就从束缚中获得了解放。

对死亡的恐惧让人因为灵魂的无知而悲伤。

你将不会拥有智慧，直到你理解它。

要想到你的身体是你灵魂的外衣，所以你要保持它的
洁净。

不纯的神灵自证了其不纯的灵魂。

不要跟每个人谈论神的事。

但凡说起神，就算是事实也是危险的，而且这危险性还
不小。

一个真正尊重神的断言，就是断言神。[330]

你不应当斗胆对众人谈论起神的事情。

一个人若是不敬拜神，就不认识神。

一个配得上神的人，也是众人中的神。

就算是身无一物，也比拥有很多东西却不分享给其他人要好得多。

那些认为存在着神，却认为自己不关心任何事情的人，与那些不相信存在着神的人并没有什么不同。

197　　一个人若是以最好的方式崇敬神，那么他的智慧将尽可能地接近神。

只要你不伤害任何人，你就不会害怕任何人。

凡是低头看地面的人，都没有智慧。

说谎就是用生命去欺骗，也是被欺骗。

认识神是什么，并且认识那个能认出神的事物。[331]

摧毁灵魂的不是死亡，而是糟糕的生活。

如果你知道造就你的那一位，那么你就将知道你自己。

除非他态度谦逊、行事妥当、判断公正，否则他不可能顺应神性而活。

一个人不可能在态度并不谦逊、行事并不妥当，以及判断并不公正的时候，生活得符合神性。

神的智慧是真正的科学。

你不应当斗胆对一个不纯净的灵魂谈论起神的事。

智者追逐神，而神则追逐智者的灵魂。

国王对他统治的人感到欣喜，而神也对智者感到欣喜。

同样，统治他人的人与被他所统治的人是无法分离的；因此，神与他保护并统治着的智者的灵魂也同样分不开。

智者受神的统治，并因此受到祝福。

对神的科学认识会使人寡言少语。

当提及神的时候，言辞过多就会使人产生对神的无知。

一个人若是拥有关于神的知识，就不会非常有野心。

博学、纯洁并且智慧的灵魂，是神的真理的先知。

让你自己习惯于总是仰望神。 198

贤明的智慧是神的镜子。

毕达哥拉斯名言
（Pythagoric Sentences）
来自杨布里科斯的《劝学篇》

由于我们靠灵魂而活着，我们必须说，我们借助它的美德而活得很好；就像我们之所以能看见是因为有眼睛一样，我们看得很清楚，是因为有这些美德。

不要以为黄金会因生锈而受损，美德能被卑鄙所腐蚀。

我们应当让自己像探索一座不可侵犯的神庙一样追求美德，这是为了让我们在生命的共有和延续中，免受任何对灵魂所作的卑劣侮辱的侵扰。

我们应该像信赖坚贞的妻子一样信赖美德；而像相信一个反复无常的情人那样，相信命运。

接受美德与贫穷相伴，总比接受财富与暴力相伴要好；并且，接受健康与节俭相伴，也胜过接受疾病而与真相（veracity）相伴。

过多的营养对身体有害；而当灵魂被以一种合适的方式处理的时候，肉体就得到了保存。

把剑交给疯子就像把权力交给堕落的人一样危险。

身体中含有脓血的部分被烧掉，比保持现状留着它要好；同样，对于一个堕落的人，死了比活着要好。

请务必尽可能地享受哲学的定理，就像品尝甘露和花蜜一样。因为从它们那里产生的快乐是纯正的、纯洁的、神圣的。它们也能够产生大量的东西；虽然它们不能使我们成为永恒的存在，但它们让我们能够获得关于永恒本质的科学知识。

如果感性活力被我们认为是一种值得的事物，那么我们应当尽自己所能地追求审慎，因为这是我们所拥有的实际智慧的感性活力。并且，通过前者，我们不会被感性的认知所误导，同样，通过后者，我们免于在实际事务中犯下理性的错误。

我们将会以恰当的方式崇敬神明。就像摆脱污点一样，使我们内在的理智从一切罪恶当中被净化出来。

实际上，一座神庙应该用祭品来装饰，而灵魂则应该用戒律来装饰。

正如较小的奥秘要在较大的奥秘之前传播，戒律也必须在哲学之前就先传递。

大地的果实确实是一年结出一次，而哲学的果实，却是一年四季都有收获。

就像土地被一个希望能从中收获最为优良的果实的人特别加以照料，人对灵魂也应当付出最大的关注去照料，使得它能结出与其天性相称的果实。

额外注释

[1] 原书第37页：而关于这件事，柏拉图说比拯救了一万双肉眼还要值得。

杨布里科斯在这里化用了柏拉图在《理想国》第七卷里关于数学原理所说的话。他说："通过这样的学习可以使它纯洁和明亮，而学习那些日常事务却会使它毁坏或盲目。维护这个器官比维护一万只眼睛更重要，因为只有用这个器官才能看见真实的存在。"

[2] 原书第43页：它是在塞壬所居住的地方。

"神圣的柏拉图（普罗克洛在他对《克拉底鲁篇》的评论里说）知道有三种塞壬：在天上的，是受朱庇特节制的；在凡间出现的，是受涅普顿（Neptune）[332]节制的；在下界的，是受普鲁托节制的。它们的共同点是依托节制它们的神祇进行和谐运动。所以，当灵魂处在天堂，塞壬们就想通过那里遍布的神性与之结合。而身处在凡间的灵魂远离它们是对的，就如同荷马写的《奥德赛》那样，这使他们不被尘凡所引诱，而海洋只是一个幻境。当灵魂在冥界时，塞壬们就想通过普鲁托的智慧与之结合。所以柏拉图知道，在哈迪斯的王国里，那些被塞壬引诱而居住在那里的神祇、神灵和灵魂在环绕着普鲁托跳舞。"更多关于塞壬的信息请参考我[333]翻译的《论柏拉图的神学》第六卷。

[3] 原书第44页：穿鞋子的时候有必要先把右脚穿上。

这一"声音"是杨布里科斯的《劝学篇》中提到的，它构成了第12个象征。书中这样写道："当你伸出你的脚想要穿上鞋子的时候，首先伸直右脚。但当你要洗脚的时候，首先伸直你的左脚。""这个象征，"杨布里科斯说，"是劝人谨慎行事，是告诫我们要行为正直得当，如同用右手做事，并且要完全远离卑鄙，因为那是用左手做事。"

[4] 原书第44页：不要在公开的马路上散步，因为那不合适。

这是杨布里科斯的《劝学篇》中出现的第5个象征，但表达有所不同。那里说的是："远离公开的大道，走人迹稀少的小径。"对此，杨布里科斯评论道："我认为这个象征与之前的涉及同样的事（那就是，'关于诸神的奇迹无一事不信，关于诸神的教义亦无一事不信'）。"因为这劝勉我们放弃一种大众的单纯的人类生活，而认为我们应该去追求一种独特的神性的生活。它也意味着有必要比通常的认识看得更高，要尤其崇尚个人的和神秘的认识。我们应该轻视凡人的快乐，而要热烈追求行为与神意结合的幸福模式。它规劝我们断绝流俗的人类行为，而要改换为对神的宗教修养，以此来超越世俗生活。

[5]原书第44页：不可帮助一个人放下担子。

这是杨布里科斯的《劝学篇》中的第11个象征，杨布里科斯是这么解释的："这个象征是劝勉人要坚毅。因为无论谁挑起担子，都意味着他从事一种体力和精力的劳动，但那个让人躺下的人，他可以休息，也可以重新承担任务。所以这个象征的意义如下：不要成为你自己或者他人懒惰和软弱的行为方式的原因，因为一切有用之物的获得都需要通过劳作。而毕达哥拉斯学派把这个象征称颂为赫拉克勒安（Herculean），就是由赫拉克勒斯的劳作而得名的。因为在他与人交往的过程中，他常常从火焰和每一件可怕的事情中归来，愤慨地拒绝了懒惰。因为行为的高尚来自行动，而不是来自慵懒。"

[6]原书第45页：不要为了生孩子而靠近一个女人，如果她有金子。

在杨布里科斯的《劝学篇》中（第35个象征），这里是这么解释的："不要为了生孩子而去接近那些有金子的。"杨布里科斯认为，"这个象征在这里说的不是女人，而是在说包含了更多物质形式的教派和哲学有一种向下的重力。[334] 因为金子是世间万物中最重之物，而追求中道对物质重量来说是一种特异性。而'临近'这个词，不仅仅意味着要与之联系，而是要时常接近，并且与之为邻的。"

[7] 原书第45页：没有光就不要提起有关毕达哥拉斯的事。

这是《劝学篇》中的第13个象征，对于它，杨布里科斯是这样解释的："这个象征劝人要拥有智识上的审慎。因为它类似于灵魂的光，它赋予不定的灵魂以外形，并且引导它从黑暗中走向光明。因此，应该把智识置于生活中所有美好事物的领袖位置，而毕达哥拉斯的教义尤其要求如此，因为如果没有光，那么便无法知晓这些。"

[8] 原书第45页：不要戴有诸神形象的戒指。

这是《劝学篇》中的第24个象征，但用的不是戴，而是镌刻。而杨布里科斯如此解释道："这个象征与前面的概念一致，用于如下的劝诫——要哲学化地，并且先于所有事情之前认识到神是一种无形的存在。因为这是毕达哥拉斯教义中最原则性的根据，几乎所有的教义都由此构筑，并且通过它来一直加固下去。不要以为使用了这些形式[335]，神就会变得物质化，或者说他们会得到一个物质实体，并且与动物一样通过身体形成一种物质绑定。而刻在戒指上这一行为展现了与戒指的存在的绑定，它物质化了自然和可感知的形式，认为这样神就如同某些动物一样，可以通过镌刻来表现出来。[336] 以为通过这样我们就可以分离出神的属性，包括那些永恒的和可理解的，并且让他们总是存在于同样的事物中和通过同样的方式显现出来，如同我们已经特别地、充分地、科学地在我们[337] 关于神的论文[338] 中所论述的那样。"

[9] 原书第45页：用白色的公鸡来献祭也是不正确的，因为它也是祈祷者，对于月亮来说是神圣的。

在《劝学篇》中，第18个象征与此部分相同，也有部分不同。因为它是这么说的："养一只公鸡，但不要献祭它，因为它对于太阳和月亮来说是神圣的。"杨布里科斯这样解释：这个象征建议我们滋养并强化身体而不要忽视、消解并毁灭这一强大的联合、沟通、同情，并且容纳这个世界的通行证。[339] 为此它劝勉我们致力于对宇宙进行深入的哲学思考。因为尽管有关宇宙的真理自然是神秘的，研究起来十分困难，但同时，它又必须被人们追问和研究，尤其是通过哲学。因为通过其他的研究来发现它确实是不可能的。而受到了某种启发的哲学就如同来自自然界的盛景，刺激并且扩展着它们的边界，并且通过它的原理让它们更加明显。因此，我们必须哲学化。

[10] 原书第45页：我们应当去献祭，应当光着脚走进神庙。

这在《劝学篇》中是第3个象征，但杨布里科斯却是这样记载的："光着脚献祭和崇拜。"杨布里科斯认为："这个象征意味着我们应该敬拜诸神，并且有序而谦虚地获得对他们的认识，而且要以不超过我们在世间的状况的方式[340]来进行。它也意味着在敬拜他们、在获取这些认识的时候，我们可以从束缚中解放，获得真正的自由。而这个象征劝诫我们献祭和崇拜不仅仅是通过身体，也要用灵魂的力量去做。这样；这些能量就既不会被激情所束缚，也不会被身体的无能所左右，更不会被永远环绕着我们的尘世所牵扯。而关于我们的一切就会得到正确的解放，并准备加入诸神中去。"

[11] 原书第57页：进入寺院不得怠慢，也不要在敬拜时有哪怕一刻的分心，就算你站在门边的角落里。

这在《劝学篇》中是第2个象征，杨布里科斯是这样解释的："如果要找类似的，那么友谊和同盟比较类似。显然，因为诸神在一切事情当中最具有原则性的本质，所以我们应当把对他们的敬拜作为一个原则。而那些为了其他任何事情而这么做的人，把一切事物中最优先的放在了第二位，颠覆了整个宗教崇拜和认识的顺序。此外，把熠熠生辉的诸善放在人类效用的从属地位是不恰当的，也不能把我们的关注放在最终，这是把更加卓越的作品或者概念之类的事物，置于一种附属状态。"

[12] 原书第58页：他也吩咐不要去吃心脏。

这是《劝学篇》中第30个象征，杨布里科斯是这样解释的："这个象征意味着分断宇宙的结合和融汇是不对的。进而，它还意味着，不要嫉妒，而要博爱，并且善于沟通，再从这一点出发，它规劝我们进行哲学思考。因为在科学和技艺当中，只有哲学不因他人的好处而痛苦，也不为邻居的痛苦而欢喜，而这些[341]都是自然而然、司空见惯的，是类似的激情主导的，并且展现了一种共同的命运。显然这种未来是所有人都不愿意看到的。所以，它劝诫我们要学会同情和互爱，要真正地善于沟通，这样才能成为理性的动物。"

[13] 原书第58页：也不要去吃脑子。

这是《劝学篇》中第31个象征，杨布里科斯这样解释："这个象征也类似前者，因为大脑是智慧进行思考的支配性器官。因此，这个象征隐晦地表示我们既不应该割裂也不应该混淆事物和已经成为贤明的深思对象的教义。而这[342]将是智

慧所思考的主题，也将同样变成一个科学性质的对象。因为
这类事情是需要观察的，不是通过灵魂中非理性形式的器官，
比如心和肝，而是要通过纯粹理性的天性。因此，通过反对
来割裂这些[343]，是欠缺思考的愚蠢。而这个象征却是在劝诫我
们要崇敬智慧的源泉、最接近智性感知的器官，通过它，我
们将获得深思、科学和智慧；并且通过它，我们将真正哲学
化，而且既不会混淆也不会模糊哲学产生的痕迹。"

[14]原书第58页：要戒除食用锦葵。

《劝学篇》中第38个象征是："移植锦葵到你的园子里，
但不要吃它们。"对此，杨布里科斯这样认为："这个象征隐
晦地表明这种植物会跟随太阳转动，并且认为我们应该注意
到这一点。而且这里补充的'移植'，那是在说，观察它的特
性，观察它趋向太阳、与太阳同调的特点；而且不要就此满
足、也不要止步于此，而是要转移，就如同将你的观念移植
到有亲缘关系的植物和盆栽药草上，也转移到那些没有亲缘
关系的动物身上，转移到石头和河流，简单来说，转移到所
有种类的自然物上。因为你会发现它们的生机盎然和形式多
样，以及令人称羡的丰富。而对一个人来说，这是从锦葵开
始，就如同从根或者原理开始，意味着世界的融合和汇聚。
因此，不仅不要破坏或中止这类观察，反而要增加且让它们
繁茂，就如同将它们移植。"

[15] 原书第59页：同样，他也要求他们戒吃黑尾鱼。[344]

《劝学篇》中第6个象征是："戒除黑尾鱼，因为它属于地上的诸神。"而这，根据杨布里科斯所说，是在规劝我们要拥抱天堂之旅，要把我们自己与智慧之神集合，要从物质特性中分离，并引导它[345]走向非物质的纯粹的生命的循环进程之中。它还进一步劝说我们要对诸神采用最高的敬拜，尤其是对那些主神[346]。

[16] 原书第59页：而且也不要食用红鲻鱼。

这在《劝学篇》中是第33个象征，杨布里科斯对此是这么解释的："这个象征似乎只是涉及这个名字的语源。不要接受一个厚颜无耻的人，反之也不要接受一个愚笨至极的人。就算他做每件事情都脸红害羞、谦卑至极，因为他智慧和理性力量上的无能，所以是不能被接受的。因此这也可以理解为，你自己不要成为这样的人。"

[17] 原书第59页：他又劝他们禁食豆子。

在《劝学篇》中，这是第37个象征，而杨布里科斯并没有就此象征为我们延展出更具神秘色彩的含义。他只是说，"这是告诫我们要提防一切破坏我们与神和神圣的预言之间进行对话的事物"。而亚里士多德似乎已经指出了为何毕达哥拉斯学派远离豆子的真正的神秘原因。他说："毕达哥拉斯把豆子看作尘世（也即包括整个可见的物质化的自然）的象征，它是依据一条没有拐点的直线存在的。因为在几乎所有授粉植物中，只有豆子是从头到尾整体连贯而没有任何额外的节的。"所以他补充道："它与冥府之门相似。"因为它对堕入尘世的灵魂是永远敞开、毫无阻碍的。所以，告诫我们戒掉豆子，等同于告诫我们要当心在尘世中的持续而永久的堕落。所以，接下去这几段维吉尔[347]的著名诗句：

—— *facilis descensus Averno.*
Noctes atque dies patet atri janua Ditis:
Sed revocare gradum, superasque evadere ad auras,
Hoc opus, hic labor est.

其真正含义即：

地狱之门日夜开放，
堕落之路顺利非常；
回望上天举杯欢宴，
环顾此处重担盈前。

[18] 原书第72页：对地震的精确预测、迅速驱散瘴气，等等。

由于毕达哥拉斯正如杨布里科斯在第7页告诉我们的那样，被所有来自比布鲁斯和推罗的神秘智慧、来自叙利亚的圣事和来自腓尼基人的奥秘所启发，并且在埃及的神庙圣所之中花了二十二年，还与东方的博士们交流，从他们那里学到了让人肃然起敬的知识，所以他掌握了魔法和神迹并不奇怪，而当他得以施行这些超出人类力量的事情之时，就显得对凡人来说不可思议了。因为我们从普塞洛斯（Psellus）[348]的《恶魔论》（Deamons）中可以学到，"所谓魔法，就是圣化了的科学的最终部分"。他还进一步告诉我们，"魔法研究自然、力量和天地之间万物的性质，也即各种动物、各种植物及它们的果实、石头、草药等的元素性质，简而言之，它探索万物的本质和力量。因此，它才产生了效果。它塑成的雕像获得了生命，形成了各种各样的形象，并成为导致疾病的工具。它还声称老鹰和龙有益健康，但猫、狗和乌鸦是警告的象征，它们也因此而起作用。为了形成某些零件，蜡和黏土就被使用。通常，天火也是通过魔法来显现的，然后雕像笑了，而且灯也自己亮了。"参见我所著的《保萨尼亚斯》（Pausanias）第325页中的注释。这类神迹在古人的秘术中被采用，我已经在我的论文《论厄琉息斯秘仪和酒神秘仪》中证明过了。

与此相一致的是，柏拉图也在《亚西比德前篇》中说，琐罗亚斯德的魔法来自对诸神的崇拜。这一段，我曾经和读者提到过，在我的《柏拉图》的第一卷第63页，那让他[349]看到古代的神迹建立在一个同样科学并且严肃的理论之上：

"接下来所有这些普罗克洛对于魔法的原创性总结，在我看来，就是他为前一段话所做的评论的一部分。因为普罗克洛的《评论集》里有这一段落，不超过它[350]的三分之一；而这篇《论魔法》，只存在拉丁文版本，它由译者费奇诺（Ficinus）[351]出版，紧跟着他从《评论集》中选取的《评论集精粹》（Excerpta）。所以看起来很可能费奇诺翻译《评论集精粹》所依据的手稿，比存留给我们的更为完整，保留着这些古人关于魔法的记载。"

"就如相爱的人们逐渐会在以感性的形式所表现出来的美的方面迈进一样，当这些古代祭司认为自然事物彼此之间有着某种联盟与共情之时，他们也在神圣方面不断迈进。他们发现事物展现出神秘的力量，并且这些力量蕴含在万物之中，他们就从这种共情和相似之中编织了一门神圣的科学。由此他们认识到，在某种意义上，至高的事物也是最下位的，而最下位的事物是至高的：在天界，凡间的属性以天界的方式存在；而在凡间，天界的属性遵从凡间的状况。那么我们究竟该如何考虑那些被称作'香水草'（heliotropes）的植物呢（因为它们侍奉太阳，进行对应的圆周运动；或者侍奉月亮，与之完全一致地伴随运动）？这是因为万物都在祈祷，都在为它们所代表的秩序的领袖唱赞歌，只是一些是通过智慧，一些是通过理性；一些是通过自然生成的方式，一些是通过深思熟虑的方式。因此，太阳花只要能够做到，就会朝着太阳作圆环舞。所以如果有人能够听到它在空中回旋时的脉动，他就会察觉到一种类似向国王致敬的声音，这就是植物的构造和能力。因此，我们可以从地上注意到太阳和月亮，但通过的是凡间的性质；如果在天界，植物、石头、动物就拥有遵循天界性质的智性生命。这些古人已经考虑到事物之间的相互共情，将天上的特性和凡间的特性都用于神秘的目的，借由某种方式，通过某种相似性，他们将神圣的美德推衍到下界的芸芸众生。因为实际上，相似性本身就足以让事物相互结合、相互包容。因此，如果一张纸被加热，然后放到一盏灯附近，那么尽管它没有碰到火，纸也会被忽然点燃，火焰就会从上方降临到下方。这张被加热的纸，我们可以将其比作某种上方和下方的联系；根据时间、地点和事由来恰当使用的话，它近似于灯。而让火在纸中推进，就代表着它内在具有的呈现出神圣之光的能力。最后，纸的燃烧可以被比作凡人的神化、物质属性的光彩绽放，如同被点燃的纸所呈现的那样，是某种神圣的种子参与其中。"

"还有，在太阳升起之前，莲花会卷起自己的叶子；但在太阳升起之后，它会把叶子逐渐展开——它随着太阳慢慢升到顶点的幅度展开它的叶子，也随着光芒西沉而逐渐将其收缩。因此这种植物，通过它叶子的展开和收缩表达了对太阳的尊敬，这不亚于人类用他们的眼神和他们的嘴唇的动作所表达的尊敬。而这种构造和超然的光的参与，不仅仅只在作为一个生命的植物中见到，同样也可见于某些石头。太阳石，用其金色光线，模仿了太阳的光线，所以这石头的别名叫作

'天堂之眼'，或者'太阳之眼'，有着类似于眼睛的瞳孔一样的外形，而一道光线从瞳孔中间射出来。月亮石也是如此，它有着与月牙相似的形状，它本身也会随着月亮的运动而变化。最后，被叫作'日月石'的石头，也通过某种方式模仿那些光彩的汇聚，通过其色彩形成图案。所以，一切事物都充满着神圣的天性，地上的自然接受了大量天上的特性，而天上的接受天堂之上的本质[352]；事物的每一秩序都渐次以一种美从最高处下降到最低处。无论任何一种事物都被收集到上述的更高的秩序之中，然后在下降过程中扩展到各种各样的灵魂之中，并归入各种神祇的统治之下。"

"另外，还有许多太阳动物，比如狮子和公鸡，它们从天性来说，是具有太阳的某种神性的。比较令人着迷的是，它们在同样的排序中究竟优劣几何？它们并不以体型和力量来排序。因此有人说，公鸡要可怕得多，因为它被狮子所崇敬。其理由我们无法从物质或感知上去得到，而只能从一种对崇高秩序的沉思中得到。因为这样，我们就会发现有一种太阳美德，相比于狮子更多地存在于公鸡身上。这显然考虑到公鸡就如它一直所做的那样，用某种赞歌赞美并呼唤升起的太阳，此时它正从地底转向我们。太阳天使有时候会以这种形式出现，他们虽然没有形体，但却依然通过一些可感知的形式向我们这些有形体的人显示他们自身。有时候，当一只公鸡出现在他们面前时，一些之前出现的神灵就会忽然消失，除非他们属于太阳序列。这是因为他们的天性中处于一个秩序中较低的位次，所以永远要服从更高的。就如同许多人只要一看到，就习惯性地敬爱神圣之人的形象，他们是在害怕做出任何不敬之事。"

"总而言之，有些事物对应着太阳周期，正如我们已经提到过的一些植物；而另一些则模仿太阳的光照，比如棕榈树和枣子；有一些则像太阳一样炽烈，例如月桂树；另一些则拥有不同的性质。确实，我们可以看出这些性质收集自太阳，之后以一种太阳秩序散布到每个地方，而这就形成了天使、神灵、灵魂、动物、植物和石头。因此，古代祭司制度的作者从万物中一目了然地发现了对超越的力量的崇拜，并且他们还混合了一些东西，也净化了一些东西。[353]他们确实把很多东西都混到了一起，因为他们看到某些简单的物质拥有神圣的属性（尽管并没有单独拿走），并且足以降下某种它们也参与其中的独特的力量。因此，他们通过把很多事物混合在一起，大大地吸引了我们的注意；他们通过从许多事物中抽象出一件事物，制造出了一种高于许多同类事物的东西；他们把这各种各样的事物混合到一起，通过共情和包容合成一尊雕像。此外，他们通过一种神圣的艺术来收集这些混合的气息，将众多的力量合而为一，并象征为一种神圣本质的合一。他们考虑到分裂会让其中每一个都被削弱，而只有将它们混合到一起，才能完美地按照底本将它们重塑。"

"但有时候，一片叶子、一块石头就足以满足神性的运作。一株蓟草就足以让某些超越的力量忽然出现，而月桂树、蛇麻树（或者一种多刺的枝条）、陆生的和海生的洋葱[354]、珊瑚、钻石或者碧玉是这种力量运作的保证。土龙[355]的心脏用于占卜，而硫黄和海水则用于净化。所以古代的祭司通过对事物之间相互的联系和共情，将他们的美德融合为一，而把矛盾与反感驱逐，并在需要的时候用硫黄和沥青净化，还用海水进行洗礼。因为硫黄用它刺鼻的气味净化，而海水则被调制成强力的药水。除此之外，在对神的敬拜中，他们献上动物和其他与他们[356]的性质相匹配的东西，并且首先获得神灵的力量，来接近自然的物质和自然的运作。而通过这些自然物质，他们召集那些他们所祈求的力量的出现。然后，将神灵的力量推进到诸神的力量和能量；确实，部分出于神灵的作用，部分出于自身的精诚，他们得以使符号的解读变得方便，并且提升到对神正确的智慧。而最后，他们就将自己纳入与诸神的沟通和交流之中。"

如今的大多数人毫无疑问，都会相信没有什么能超越他们的感知所得到的信息，植物、动物还有石头都不再具有普罗克洛在上述摘录中所提到的那种神奇的共情的力量。这些缺少灵魂的人（按照尤利安皇帝的话来说）确实很敏锐，但是就像是视力听觉健康却感知不到任何东西。为了回应这些反对者，我必须说，这[357]在某个时期完全不是什么神奇的事情，就如《阿斯克勒庇俄斯[358]对话录》（Asclepian Dialogue）的作者所观察的那个时期一样，"当无人关注天堂，无人关注天意，亦无人听，无人信的时候；当所有神圣的声音因为有必要沉默而变哑的时候，神性和人之间就出现了一种可悲的分离。"[359]但运用哲学思考的读者必须注意到，既然身处凡间，或者换句话说，身处尘世这一充斥着各种保持着它们各自的永恒性质的元素的环境中——这些元素有时是部分与自然一致的，而有时又是与之相反的，大地的各处也必然如此。因此当这些循环发生时，大地的各处都遵循自然，这一时期被柏拉图称之为孕育时期。此时，植物、动物和石头的力量与超然的大自然能够通过魔法共情，通过更大程度的接受和与之结盟，使得它们更广泛地参与其中。但在这一循环的过程中，大地的一些部分开始与自然相对，就如同现在一样，柏拉图称这个时期为贫瘠时期。此时植物、动物和石头的力量不再拥有一种魔法共情，因而最终不再能够产生魔法行为了。

[19] 原书第78页：数字永恒的本质就是天与地以及居于天地之中的大自然的先天注定的普遍原理。

以下关于毕达哥拉斯哲学化数字的方式的总结，是从我的《神学化的算术》（*Theoretic Arithmetic*）中摘取出来的，其中所包含的信息主要是来自伟大的叙亚努（Syrianus）[360]。

"毕达哥拉斯学派从庸俗的道路上转过身来，秘密地将他们的哲学传授给那些愿意接受的人，将它通过数学之名展示给其他人看。因此，他们称图形、数字是从不可分的整体中最先被分离出来的，因为在图形之上的自然，也是先于可分的。[361][362]因此这些完美无缺的各种图形，它们隐隐约约地形成二元（daud）。而他们表示第一个真正的原理是一元（monad）和二元，而不是数字。并且同样，第一个三元（triad）和第一个四元（tetrad），作为最开头的那两个数字，一个是奇数，一个是偶数。而把这些相加，十就产生了，因为一、二、三、四的和是十。而在数字之后，在次要而繁杂的生活中，比起物理上的大小，更要先引入几何。他们也提到了数字，作为它们的一个正式原因和原理。他们提到了点，因为它不可分，属于一元；而线作为第一区间，属于二元；还有，一个面，因为有着更丰富的线，属于三元；而一个立方体，属于四元（tetrad）。就如亚里士多德所证实的那样，它们也被叫作偶数的第一尺度；因为它们不是单纯的尺度，而是第一尺度，这使得它们能够被看作起因。同样，它们也命名第一个横幅为‘三元’，命名第一个纵深为‘四元’[363]。他们也提到所有真正的原理都有着物质形式，而实际上关于智慧的知识，是以一种不可分的形式被浓缩到他们所说的‘一元’之中的；而科学知识，因为在不断发展，并且处于从原因到引发的事物的过程之中，且准确无误，总是通过同样的事物，所以他们称之为‘二元’；而对于‘三元’来说，它的力量并不总是指向同样的事物，而是有时候倾向于正确，有时候倾向于谬误；然后他们提到了对‘四元’的认识，说它是一种对形体的理解。因为在‘二元’中，是一个‘一元’隔着另一个‘一元’；而在‘三元’中，是三个‘一元’以两个间隔各自排开；而在

200

'四元'中，这个间隔就是三个。因此他们论及了所有可知的定理，也即万物的存在和关于此的智性力量。不过，他们不是用'横幅'来划分存在，而是通过'纵深'来划分；并用这种方法将万物的存在划分为智慧、科学对象、意见对象和感知。他们也以同样的方式将知识划分为智慧、科学、意见和感知。因此，智慧的三个端点，或者说动物本身，[364]就如同柏拉图在《蒂迈欧篇》中所称呼的那样，是从知识对象的划分中假设出来的，表现了智性的秩序，而它们本身是这些原理的第一形式，因此包含在'一'这一理念本身，包含在第一尺度之中，而它又是'二'本身，也是第一横幅和第一纵深的理念（通常'第一'这个词适用于所有的它们），也即'三元'本身和'四元'本身。"

221

"同样，毕达哥拉斯学派和柏拉图并非从一件事物中命名理念，也并非从一个数字中命名理念数字。[365]而是由于这一论断的正确，一切事物都与数相似。[366]很显然，数字，尤其是每一个理念数字，是根据它的范式特性来命名的。而如果任何人想从称谓本身来理解，就很容易推断出理念之所以被如此称呼，是因为表现它所包含之物与它本身的相似性，是赋予它们形式、秩序、美和统一。[367]而这些[368]自始至终都保持着同样的形式，向着无限的个体拓展着它们的力量，将自身投入与它们永恒的参与者相同的类别之中。数字也如此，因为它们赋予万物以比例和优雅的排列，于是它们也被人们分配了相应的称谓。所以叙亚努说，古人说的适配，或者用来构造词缀的这个'arsai'，就是从'arithmos'即'数'这个词中派生出来的。也因此，那些希腊谚语：'你将调整平衡，他们将数与其放在一起，也将数与友谊放在一起。'从所有这些可以看出，在希腊语中，数字被叫作'arithmos'，它衡量并将万物有序排列，并将它们统一到一个友好的联盟之中。"

"进而，有些毕达哥拉斯学派成员也单独讨论了不可分的数字，即那些世俗性质上不可分，但又处于一种普遍分离出来的存在，在这种范式中，他们可以看到这些数字被大自然完美地包括在内。而另一些人，在这两者之间做了个区分，将他们的教义以一种更清晰和完美的方式揭示出来。然而，如果有必要就这些单数（monads）的不同之处，以及它们不同之处的欠缺做个说明，我们必须说，这些单数在数量上稀少，但并不意味着它们可以被列入本质性的数字之中，当我们叫那些本质数字为'一元'的时候，我们必须断言它们彼此之间是不同的，它们拥有一种不同于相似性的欠缺。而且很明显，那些处于相同的序列之中的数，通过相互之间的比较，含有了更多相似性而非相异性；而那些在不同序列中的数，通过不同的领域，拥有各种多样性。"

"另外，毕达哥拉斯学派认为自然界通过数字产生知觉，但此时这些数字不是数理上的（mathematical），而是物理上的（physical）。由于他们用象征说话，所以这并非没有可能是指他们在用数字化的名称说明每一种知觉的性质。然而，叙亚努说，单单将其归为一种可感知的数字，不仅仅是可笑的，并且是非常不虔诚的。因为实际上，他们从俄耳甫斯的神学中接受了关于智慧和智性数字的原则，他们对其进行了大量的展开，并且将其领域拓展到知觉本身。"

还有，他们对数理数字和物理数字的概念如下：

"根据亚里士多德所说，由于在一切事物中，一物对应物质，另一物对应形式，[369] 所以任何数字，例如'五'（pentad），它的五个'一'（monad），即它的量，其数目是参与的主体（subject），是从二元本身派生出来的；但它的形式，也即'五'本身，是从一元中派生出来的。因为所有形式对应一元，用数量与其主体结合，所以'五'本身是一个一元的数，通过这个原理化的一元，形成了它主体的量，而它的本身是无形的，是通过它与它的形式相联系的[370]。因为在我们的灵魂之中有两个数理数字的原理，其中一个是一元，它本身包含了所有数字的形式，并且对应着智慧特性中的'一元'；还有一个是二元，它是一种有着无限生成力量的原理，因此，有着永远无穷无尽的形象和智慧的二元被叫作'杂多'（indefinite）。而当这一过程推及所有事物上的时候，它在过程中无法脱离'一元'，而是从'一元'之中不断地分离，并且形成无限的量，从而为其序列进程做出特别的区分，并且用形式不断地修饰它们。在世俗性质上，既没有什么是无形的，在事物的种类中也没有任何真空；同样，数理数字也如此，没有任何的量是不可数的，因为不断形成的一元的力量会被无限的二元所消灭；在连续不断的数字之间也没有任何媒介，以及被妥善安置的一元的能量。"

"因此，五元并不包含实体和偶然，就如一个白人[371]；也不含种类和区分，就如人类和两足动物；也并不是五个一元相互接触，就如同一捆木头；也不是什么混合物，就如同用酒和蜂蜜做的饮料；也并不是由位置来维持的事物，就如同石头以它们的位置来搭成房屋；最后，也不是可数的事物，因为数量多少无非是细节。而且它并不遵从数字本身，[372]因为它们是由不可分的一元构成的，[373]除了一元之外别无他物［因为在连续的量中的众多的点是一个不可分的"多"（multitude），但不能就此得出从那些点自身之外有一个合集］。而这之所以发生是因为它们之中有某种对应物质的东西，并且有某种对应形式的东西。最后，当我们把三元和四元合起来，我们会说我们得到了七（seven）。然而，这个说法是不正确的，因为一元之间的叠加，实际上只能得到数字七，仅此而已。那么是谁又在什么时候赋予了这些一元以七元的（heptadic）形式呢？同样又是谁赋予一张床的形式以一定数量的木头片呢？难道我们不应该说是木匠的灵魂，用他所掌握的技艺修饰了木头，使得其便于接受床的形式；而数的灵魂其自身拥有其与原理相关的一元，赋予并维持了所有数字的形式吗？而其中唯一的区别在于，木匠的技艺对我们来说并非天生就可继承的，是需要人的运作的，因为它是与感性物质密切相关的；而数字的技艺天然就呈现给我们，因此人人都拥有，并且一旦涉及其形式，就成为一项智性的事务。而那些认为七元（heptad）无非是七个一元相加的人是受了'多'的蒙蔽。因为在世俗的想象中，除非是他先看到一个毫无修饰的东西，然后看到修饰物的超凡能量，最后才看到超越所有事物本身的完美和其构成形式，否则便不足以说服他有两种性质，[374]一种是无形的，另一种是有形的，并且进而是一种超越了这些的事物赋予了其形式。他只会断言物体就是一个，而没有运动。因此，古代神学家们和柏拉图将一时运动的物体描述为无运动的物体，描述为一直被修饰的、需要经常被处理的、缺乏秩序与美的、错误的且不定的东西的做法，将把人引向真正而有效的知识。因此，尽管七个可感知的一元绝非与七元无关，但这绝称不上神奇，这应该用科学来区分：七个可感知的一元与主体有一种关系，它们都属于物质，但七元则对应种类和形式。"

"再有，当水变成空气的时候，水并非成了空气，或者成了空气的主体（subject），而是水的主体成了空气的主体。因此，当一个数字与另一个数字结合的时候，比如三元和二元结合，并非这两个数字的形式或者种类混合，除非它们出于非物质的理由（或者创造性的原理）；在这过程中它们同时是独立的，它们并非妨碍这一结合，而只是这两个数字的量被放在了一起，成了五元的主体。[375]因此，三元是一（one），同样四元也是一，甚至数理数字上也是一：[376]因为尽管在九元（ennead）中或者数字九中你可能会想到第一个三元、第二个三元和第三个三元，但是你只是假想你见到了一个事物三次；

简要来说，在九元中，只有在量上为九个一元的九元的形式。但如果你要在精神上分离它的主体（因为形式不可分），你会立刻联想到各种划分它的形式；因为我们的灵魂无法忍受看到无形的、未修饰的东西，尤其是在我们的灵魂有能力对它进行修饰的时候。"

"此外，由于单独的数字也有某种人工或者构造的力量，数理数字模仿它，同时可感世界也包括这些被修饰过的数字的形象；所以一切都在万物之中，但却以其各自合适的形式在万物之中。因此可感世界是以非物质和能量（immaterial and energetic）的原因存在的，并且来自更古老的起因。但那些不承认大自然自身充满着生产性的力量的人，为了避免被迫在万物本身上加倍，[377]就怀疑万物如何才能够从没有大小和重量的事物中构造出大小和重量；尽管它们从未有任何部分从没有大小和重量的事物中构造出来。然而大小从本质上不可分的元素中产生，因为形式和物质是构成形体的元素。并且进而要说，更真实的原因是它产生自人为的理性和形式。因此，难道不是所有的维度和所有运动的质量都必须从中[378]生产吗？我们必须同意那些人的主张，即具有大小的事物就是这样从不可分割的事物中产生的，无论是那些非生成的实体，就如无形的性质，还是说那些以无规律的事物为原因的、带有规律的事物；无论是可感的，还是与之相反的那些不可感且无法接触的事物。因此毕达哥拉斯门徒欧律都斯和他的追随者，认为事物本身的形象是数字，并且正确地根据它们的特点，将某些数字归于某些事情。因此，他说某个特定的数字是这一植物的边，而另一个数字是这一动物的边——就如同说一个三角形，六是它的边；或者说一个正方形，九是它的边；或者说一个立方体，八是它的边。同样，也正如音乐家需要通过数理数字来调里拉琴的和声，大自然也这样通过她自身的自然数，有秩序地排列并且调解她的作品。"

"实际上，这些数字有诸天的参与，有一个太阳数，还有一个月亮（太阴）数，它们通过格言来表现，甚至盲人也清楚。因为除非有一个且有同样一个数字在支配每一个天体，这些天体就不会总是受到同样的事情所影响，从而回归到它们原来的位置。然而，所有这些[379]都有助于天球的运动，并且被包含在它们的完美数字中。也有某个自然数属于每个动物。[380]因为同样种类的事物不会用以同样的方式生成的器官来区分，[381]它们也不会在同时成年、年老或是出生，除非它们被施加同样的自然尺度，胎儿得到营养和成长也并不会按照恒定的周期。根据最好的毕达哥拉斯门徒，也即柏拉图自己认为，数字是导致更好或者更坏的运动的原因。因此尽管毕达哥拉斯学派有时会提到自然数的平方和立方，但他们不会认为它们是一元，例如数字九，以及数字二十七。而他们通过这些名称，从其性质来赋予意义，将自然数的推进纳入运动，并且用于支配运动。同样，尽管他们称呼它们为相等或者加倍，他们是在展示这些数字当中的支配和和谐。因此不同的事物不会用同样的数字，只要它们是不同的；而同样的事物也不会用不同的数字，只要它们是相同的。"

"简而言之，物理数字是分别构成主体并接受它们的材料，但物质性的力量是结合和改变个体的来源。因为形式是一回事，而在其中起作用的力量是另一回事。因为形式本身确实是不可分的，是本质的。但是它可被扩展，可被放大，可以从它自身发散出去，它就如同一阵强风，就如同有着某种性质的物质性的力量，比如火，其形式和其本质都是不可分的，并且它确实是导致起火的形象——因为在可分的特性之中，不可分的有一种自洽。而在火的不可分这一形式之中，存在着数字，其延伸伴随着物质的周期，从那里，火的力量散发出来，例如热、冷、潮湿，以及其他类似的东西。而这些性质实际上是本质的，但却绝不是火的本质。因为本质不是性质的继续发展，本质和力量也不是同样的东西，而本质无处不在延续其力量。而正是这样，各种力量才得以产生，从力量大的到力量小的，就如许多能量都是一个力量的产物。"

[20] 原书第79页：因为毕达哥拉斯也宣称，所有关乎诸神或者神的教义的殊胜之事都不可不信。

这在《劝学篇》中成为第4个象征，它是如此被杨布里科斯解释的："这一教条相当程度上尊敬了诸神，并且展现了诸神的超越性。他们赐给我们最终的安慰，提醒我们不应该以我们自己的判断来估量神圣的力量。但看起来有些事情对于我们来说显得困难了，并且对我们来说是不可能的：因为我们肉体凡胎，与尘世和堕落藕断丝连；因为我们身多疾病，处境渺小；因为我们总是倾向于折中、困倦、贫乏和饱食终日；因为我们缺乏忠告而无能；因为我们灵魂的障碍[382]和许多其他的状况，尽管我们的天性之中被赋予了许多光辉的特权。然而与此同时，我们完美地辜负了神，不要说获得与他们相等的力量了，甚至连同样的美德也没能获得。因此，这个象征通过一种特别的方法来介绍神的知识，即他们是能影响万物的。所以，它劝勉我们关于神的事情不可不信。这还要加上那些神圣的教义，也即那些属于毕达哥拉斯哲学的内容。因为这些是经过门徒和科学理论的确证的，是正确且脱离了谬误的，经过了各种必要的论证的。这一象征也在规劝，我们关于神的科学是有力的，因为它要求我们去获取这样一种科学知识，通过它，我们将不再对神的断言上认知不足。[383]关于神圣的教义的事，它也同样对我们进行了规劝了，并且将其作为一种戒律性的拓展。因为戒律给了我们眼睛，但凡我们愿意去思考并且调查，便能看到万物中的光。也因为对戒律的参与，一种先于所有一切的事物就会被影响，也即对自然、本质和神的力量的信仰，并且也包括对这些毕达哥拉斯的教义，这些令人震惊地缺乏介绍的、我们涉足未深的戒律的信仰。所以，这里教训的'不可不信'，等同于'去参与''去获得'那些事情，这样你就不会不信，也即去获得戒律与科学论证。"

[21] 原书第65页：因此，据说毕达哥拉斯通过这种方法发现了音乐。

以下这些关于音乐的细节被加进来，是用以阐明在这一节中所说的内容的。

"拿两根牢固的弦，就如同用在竖琴上的那些；因为这些用羊肠制作的弦大部分情况下不是假的[384]就是在空气中坏了。

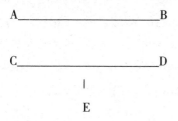

"让这两条弦完全相等，并且同样拉伸，使得它们调和，也即尽管它们有两根弦，但只发出一个音。而这需要它们以某些古老而精妙的尺子来放置。古代人称这种尺子为调音尺，或者叫单弦（monochord）。通过这种仪器，所有和谐音和不和谐音，还有音程都可以被测试出来。现在让其中一根弦在E的位置被平分。而在E的位置背后通常放一个叫作'触'（tactus）的东西，而这是古人根据它的形状来命名的，那是一个半球。[385]因此，在这个被置在E的位置的'触'上压住弦，让其长度只有一半，也即E到D，可以完整地拨弦并产生共振。因此，同时拨动每一根弦，也即 AB 整条弦和 ED 半条弦，使得它们同时发声、同时共振，你将听到由 AB 整弦和 ED 半弦所构成的最美妙的和声。这个和声古人称之为'diapason'（纯八度），意即来自所有（的弦）。因为在古人所用的乐器当中，两个极端的和弦，即所有和弦中最低沉的那个和最尖锐的那个，就包括这个合奏。这使得，在从最低沉的和弦开始，通过每个和弦，转换到最高、最尖锐的和弦的过程中，人们将听到最美妙的和声。同样，它[386]也可以被说成是一个声音和另一个声音形成了二比一的比率。因为 AB 发出的声音比只有一半的 EB 发出的声音低沉两倍。因为发声的物体之间是这么个比率，所以它们发出的声音也是这么个比率。而 AB 弦是 ED 弦的双倍。而这 AB 弦如今通常叫作八度（octave），因为从第一个声音，从最低沉的声音，那个叫作'ut'，[387]到那些与之相关的纯八度和谐中，有八个声音，即 ut、re、mi、fa、sol、re、mi、fa。而这之中最开头的是 ut，最末尾的是 fa，就通过这八个声音构成了纯八度和谐，或者又称'均'[388]（double），也称为'八度'（octave）。"

"接下来，让我们把 CD 弦以 F 点和 G 点平均分为三份。

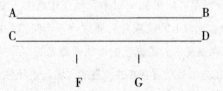

"因此 FD 的长度就变成了 CD 整弦的三分之二，同样也

是AB整弦的三分之二。现在让我们把'触'放在F位置，让AB和FD同时被拨动，而你也确实会听到十分美妙而完美的和声，但不如纯八度来得美妙。古人把这个叫作'diapente'，即纯五度。因为第一弦和第五弦产生了这个和弦。不过它的比率被叫作'sesquialter'[389]，因为AB弦长度是FD弦的一倍半，为此这两条弦之间的声音也是同样的比率[390]。而'sesquialter'这个比率是指AB的长度是FD的一倍又多了一半。实际上，通常人们把它叫作五度（fifth），因为它是由第一个音ut和第五个音sol构成的。"

"然后，让我们把同样的弦以H点、E点和I点分成四等分。"

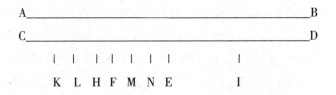

"这样，HD弦的长度就是CD整体的四分之三。于是我们把'触'放到H位置上，让AB和HD同时被拨动，于是我们可以听到一个和声，但是相比前两个显得更不完美。古人把这个叫作'diatessaron'，即纯四度。也就是说，通过第四弦或者说第四音，以与前面两者相似的理由而得名。而涉及和弦和声音的比率，它就被叫作'sesquitertian'[391]，因为AB弦长度是HD弦的一倍又多三分之一。而如今，它常被叫作四度（fourth），因为它是由第一个音ut和第四个音fa形成的。如果现在把F点加入之前的图案中去，那么就可以一起比较HD弦和FD弦的算术比率。我们会发现较长的HD弦对较短的FD弦形成了九比八（sesquioctave）的比率，而较长的HD弦所发出的声音相比较短的FD弦发出的声音也是同样的比率，即用现代的话来说，在fa和sol之间有九比八的比率。而如果同时听这两个声音，那么它们对耳朵来说是不和谐的。并且，这两个音fa和sol，或者说在HD弦和FD弦之间，又或者说在HD和FD这两个和谐音音程之间，其比率是九比八，古代人称之为全音。后来，他们把整个CD弦九等分了，第一部分在K点分开，于是整个CD弦相对于只剩下八个这样的部分的KD弦就形成了九比八的比率。同样，这种方法成为调子的音程，其第一个音也即整个CD，现在被称为ut，而第二个也即剩下的KD弦被叫作re。接下来，同样再把KD弦分成九份，而把第一部分标记为L。出于同样的道理，KD弦与LD弦之间以及它们的声音比率之间，也是九比八的比率。于是LD弦发出的声音就被叫作mi，而LD弦和HD弦之间的长度比率却不是九比八，而是比它几乎要小一半，于是这样的一个音程就被叫作半音。也被叫作'逸音'（diesis）[392]或者'裂音'（division）。而在F和E之间以C和H那样的方法分割的话，他们又找到了同样的声音。让我们把这两个半音的点记作M和N，在这里，也即在N和E之间或者说mi和fa之间，同样还有另一个半音。

于是这八个声音，ut、re、mi、fa、sol、re、mi、fa，就构成了整个纯八度。因为就如我们之前观察到的那样，在ut和最后一个fa之间是纯八度音程，也可以说是CD弦或者AB弦与ED弦之间是纯八度音程。但是在这些声音的音程之中，有两个半音，一个在mi和fa之间，我们用L和N标记了；而另一个在最后的mi和fa之间，我们用N和E标记了。而剩下的五个音程都是全音。我们也必须注意到，从ut到第一个sol是一个纯八度音程，它包含了三个全音音程和一个半音音程，尽管全部加起来包括了五个音：ut、re、mi、fa、sol。"

"另外，从sol到最后的fa，有四个音，sol、re、mi、fa，它们与最开头的四个音ut、re、mi、fa完美相似。然而这些更为低沉，而那些更为尖锐。从ut到第一个fa之间是纯四度，同样，从sol到最后的fa之间也是纯四度。最终我们必须从中注意到的是，在整个纯八度音阶中，包含了两个纯四度和一个纯五度音阶，或者说纯八度可以被分为一个纯四度加一个纯五度。因为从ut到sol是纯五度，而从sol到最后一个fa是纯四度。我们也可以说从ut到第一个fa是纯四度，从和弦的比率来看这是显而易见的；而从第一个fa到最后一个fa是纯五度，这也是显而易见的——因为这四个和弦的音程中的三个是全音，而剩下一个是半音，而在另一个从ut到sol之间的纯五度中也包含着同样数量的全音和半音。"

"而现在，让我们把'触'放到I的位置，I是整个CD弦的第四个部分。[393]也同样，让我们同时拨动AB和ID弦。于是一个被叫作十五度（bisdiapason）的美妙和弦就产生了；它被如此命名是因为它是由两个纯八度构成，其中第一个是 AB 或者 CD 与 ED 之间的纯八度，而第二个是 ED 与 ID 之间的纯八度，因为这里[394]的比率和那里[395]的比率都是二比一。而十五度的比率是四比一（quadruple）[396]，从份额来看则显而易见。人们通常把它称作十五度（fifteenth）是因为如果 EI 的音程也像第一个 CE 的音程那样划分的话，从第一个 ut 这个音，到也被命名为 fa 的音之间，有着十五个音。"

"进而，让 GD 成为整个 CD 的第三部分，并且让我们把'触'放到 G 点。此时让我们同时拨动 AB 弦和 GD 弦，我们也会听到一个美妙的和声，它被叫作'diapasondiapente'，因为它是由 CE 音程中所包含的，或者说 CD 和 ED 形成的纯八度和由 EG 音程中所包含的，或者说 ED 和 GD 形成的纯五度一起形成的。因为 ED 弦对 GD 弦的长度比率是三比二，所以包含了纯五度的性质。这个和弦的比率是三比一（triple）。因为 AB 或者 CD 弦的长度是 GD 弦的三倍，而它通常被叫作十二度，因为从 ut 和被记作 G 的 sol 之间，有十二个音，如果 EG 中也照比率[397]分割出来的话就是如此。由于以上这些都可以从耳朵的经验中辨明，所以这里列举了五种和谐调式，三种简单的，即纯八度、纯五度和纯四度；还有两种复合的，即十五度和十二度。"

"最后这一部分，有必要认识一下这些古代希腊人与众不同的命名这些声音的方式，例如 ut、re 等。首先，最低沉的声音或者和弦，如今被称为ut，他们称之为许帕忒（Hypate），总体遵循如下的规则：

Ut，Hypate，即Principalis（最初）。

Re，Parhypate，即Postprincipalis（最初之后）。

Mi，Lychanos，即Index（指引）。

Fa，Mese，即Media（媒介）。

Sol，Paramese，即Postmedia（媒介之后）。

Re，Trite，即Tertia（第三）。

Mi，Paranete，即Antepenultima（最后之前）。

Fa，Nete，即Ultima（最后），vel suprema（决定限度）。"

［22］原书第80页：我以发现四进表之人的名义发誓。

"四元"被毕达哥拉斯学派用于称呼每一个数字，因为它本身包括了所有10以内的数字，也包括10本身，因为1、2、3、4的和是10。因此所有1到10的数字和四元都被他们称作每一个数字，[398]10本身是有能量的，而四元是一个容器。同样，据说这四个数字的和构成了四进表，所有和谐的比率都被包含在其中。因为4对1是四比一比率，构成了十五度和谐；而3对2的比率是三比二，它构成了纯五度和谐；而4对3则构成纯四度和谐；而2对1则是二比一比率，构成了纯八度和谐。

因此，这使得毕达哥拉斯学派对四进表报以极大的敬意，因此给予其更充分的讨论是正确的，并且为此需要如士麦那的提奥[399]（Theo of Smyrna）所说的那样，展示四进表究竟有多少个。"四进表"，他说，"不仅仅因为所有的和谐比率都存在其中而被毕达哥拉斯学派作为原理来尊崇，也因为它显示出了包含万物的特性。"因此，在他们的这句誓言"不只是因为他将四进表传授给我们的灵魂，那是永恒自然的根和喷泉"中，传授四进表的"他"是指毕达哥拉斯，因为关于它的教义显示它是他的发明。因此，上述所提到的四进表看起来是由最开头的1、2、3、4四个数字构成的。而第二个四进表则是由从一元开始的奇数和偶数的乘算得来的。

在这当中，一元被定为最开始，因为正如我们之前考察过的那样，它是所有偶数和奇数，以及所有偶数化的奇数（evenly-odd numbers）的原理，其特性是简单的。然而，接下来的三个数字是根据它们的奇偶而构成的，因为每个数字都不再单纯是偶数，也不再是单纯的奇数。因此这些偶数和奇数会通过乘积受到两个四进表位置的影响，偶数实际上是二比一的比率，因为2是偶数的第一个数字，由一元的数加倍而来；而奇数是以三比一的比率增加的，因为3是奇数的第一个数字，其自身是由一元的数翻三倍而来的。因此，一元在这两个数字中是普遍存在的，从其自身形成了偶数和奇数。而第二个数字，如果从偶数和双倍数字来看的话是2，但如果从奇数和3倍数字来看就是3。第三个数字从偶数来看是4，但如果通过奇数来看就是9。而第四个数字从偶数来看是8，但从奇数来看是27。

$$\left\{ \begin{array}{cccc} 1, & 2, & 4, & 8 \\ 1, & 3, & 9, & 27 \end{array} \right\}$$

在这些数字中可以找到更多完美的比率，其中也包含了某种调式。而一元包括了一个点的创造性的原理，而第二个数字2和3则包含了一条边的创造性原理，因为它们是不复合的，并且首先由一元来衡量，自然地形成了一条直线。而第三个区间是4和9，它们有一种正方平面的力量，[400]因为它们完全等同（equally equal）。[401]而第四个区间是8和27，也是完全等同的，它们有一种立方体的力量。[402]因此从这些数字中，从这个四进表里，显示出由点到立体空间的进化。因为边在点之后，平面在边之后，而立体空间出现在平面之后。柏拉图在《蒂迈欧篇》中也认为这些数字构成了灵魂。而在这七个数字中的最后一个，也即27，是等同于所有之前的数字相加的和的，因为1+2+3+4+8+9=27。所以说，有两个四进表，一个是存在于加算之中，另一个存在于乘算之中，它们揭示了几何、音乐和算术的韵律，宇宙的和谐也被囊括其中。

而第三个四进表依照同样的类推和比例揭示了所有形状大小的特性。因为在前一个四进表中的一元，在这里就是一个点。而在前一个四进表中拥有线的力量的2和3，在这里是直线和圆。直线对应于偶数，因为它终结于两个点；而圆对应于奇数，因为它呈现出一条没有终点的线。而在前一个四进表中的正方数4和9，在此呈现的是一种双重的形式，即正方形代表的平面和在其中的圆。在前一个四进表中的立方数8

和27，其中一个是偶数，而另一个是奇数，它们代表了两个立体空间：其中一种是凹凸的外形，就如球体和圆柱体；而另一种是平展外形，就如立方体和金字塔——这些都体现在这个四进表里。因此这第三个四进表，从一个点、一条线、一个平面和一个立体空间完整地给出了所有的形状大小。

第四个四进表是基本物质火、气、水、土，它们是从数字中类推出来的。在第一个四进表中的一元在这里是火，而二元则是气，三元是水，四元是土。这是根据各个元素的稀薄和稠密的性质排列的。因此，火相对于气是1对2，但对于水是1对3，而对土则是1对4。它们在其他的方面也有类似的彼此关系。

第五个四进表是关于简单物体的形状的。因为金字塔实际上是火的形状，八面体是气的形状，二十面体是水的形状，立方体是土的形状。

第六个四进表是关于通过植物性的生命上升为存在的事物的。种子实际上被类比为一元和一个点；而当它在长度上增长时，它就被类比为二元和一条线；如果它伸展开来，就是三元和一个平面；但如果从厚度上说，它就是四元和一个立体空间。

第七个四进表是关于社群的。起点实际上就是一元，是人；二元是一个家族；三元是街坊；四元是城市。一个国家包括这些。并且这实际上是物质的可感的四进表。

第八个四进表构成了对物质和可感事物形成判断的力量，

这是某种智慧的特性。它们是智力、科学、意见和感知。智力本质上对应着一元；而科学则对应二元，因为科学是对某种事物的科学；意见位于科学和无知之间；而感知则是四元，因为触觉对于所有感知都是四倍，[403] 所有感知都由触觉来激活。

第九个四进表是关于动物形成的灵魂和身体的。因为灵魂的部分实际上是理性的，然后是那些易怒的，然后是充满欲望的：他们都渴望着永恒的善。而第四个维度是灵魂所寄寓的身体。

第十个四进表是一年的四季，万物通过它们上升为存在，即春天、夏天、秋天和冬天。

第十一个四进表是人的年龄，即婴儿期、少年期、成年期和老年期。

这样，就有十一个四进表。第一个是根据数字的构成来构建的。第二个根据数字的乘积。第三个根据大小。第四个关于基本物质。第五个关于形状。第六个关于事物通过植物性的生命上升为存在。第七个关于社群。第八个关于判断的力量。第九个关于动物的各个部分。第十个关于一年的四季。第十一个关于人的年龄。而每一个都相互关联。因为在第一个和第二个四进表里的一元，就如同一个点在第三个四进表，就如同火在第四个四进表，就如同金字塔之于第五个四进表、种子之于第六个、人之于第七个、智力之于第八个，剩下的也是如此。因此，也就是说，第一个四进表是1、2、3、4。第二个四进表是点、边、平方和立方。第三个四进表是一个点、一条线、一个平面和一个立体空间。第四个四进表是火、气、水和土。第五个四进表是金字塔、八面体、二十面体和立方体。第六个四进表是种子、长度、宽度和深度[404]。第七个四进表是人、家族、街坊和城市。第八个四进表是智力、科学、意见和感知。第九个四进表是灵魂的理性部分、易怒部分、欲望部分和身体。第十个四进表是春天、夏天、秋天和冬天。第十一个四进表是婴儿期、少年期、成年期和老年期。

这个世界也是由这些四进表所完美构成的，由集合、和声和数学比率优雅地排列，它彰显着各种力量、各种数字的特性、各种规模大小和各种简单和复合的物体。它是完美的，因为所有的一切都是它的一部分，但它自身并不属于任何部分。因为，正如之前提到过的据说是毕达哥拉斯学派最先采用的誓言所宣称的那样，"万物皆从数"。

[23] 原书第81页：这个数字在被除以每种可能的方式的时候，是最先参与到每一个数字中的，并且从那些除去的数字和剩下的数字中获得力量。

因为6包含1、2、3。前两个是所有数字的原理，并且也因为2和3是第一个偶数和第一个奇数，这是所有数字性质的源头，所以6可以说参与到每个数字当中。杨布里科斯后来还补充说："我认为他赞扬6是一个完美的数字，并且平等地对待它所有的部分。"[①]

[24] 原书第98页：不要跨过平衡的横梁。

这在杨布里科斯的《劝学篇》中是第14个象征，他是这样解释的："这个象征劝诫我们要行为公正，要给予同等尊重和同样的敬佩，[405]并视公正为最完美的美德。有了它，其他的美德也变得完整，而如果没有它，那么剩下的美德也没有任何好处。它也劝勉我们，不要以一种漫不经心的方式来认识这一美德，而要通过定理和科学论证。但是，与别的技艺和科学相比，这种知识与毕达哥拉斯哲学关系更密切，并且它的受尊重程度超乎别的一切。"

接下来这些是从我的《神学化的算术》（P.194）中提取的，更进一步阐明了这个象征。其信息是取自一部非常有价

[①] 在毕达哥拉斯学派中，1代表一元，并不视为第一个奇数。6的所有的可能的整除的数字，1、2、3、6，在毕达哥拉斯学派看来都有特殊的意义。1是一元数的象征，2是第一个偶数，3是第一个奇数，6本身是对维纳斯的祭奠周期。因此，它最先可以被理解为由2和3这两个第一个偶数和第一个奇数相乘所构成的数字。从杨布里科斯的理解中，我们可以认为，毕达哥拉斯学派对于6的4种可被整除的情况（其实1和6的情况应当不是毕达哥拉斯描述的重点，重点在2和3），都认为其产生的结果是有意义的，即都得出一个最初的数。

    1
   2 3
 4 5 6

也可以从四进表的角度，将6理解为一个正三角形（公正的象征），它各边相等。非常重要的一点是：毕达哥拉斯的哲学不仅仅是数，而是他的哲学观以数为基础。因此数也被他用来表达公正、公平、正义等政治观念。

值的无名氏作品，标题为 "Theologumena Arithmeticae"，它后来在莱比锡（Leipsic）重新出版过。

"毕达哥拉斯学派把五元叫作天意和公正，因为它把不平均变得平均。公正作为过剩与欠缺之间的媒介，就如同5处于所有数字之中。所有10以内的数到5的距离都是相等的，有些比它大，有些比它小，我们可以看到这样的排列：

1、4、7、

2、5、8、

3、6、9。

从这里我们可以看出，作为居中的平衡的横梁，5从不偏离平衡线，尽管一条是上升的，一条是下降的。[406]"

"在接下去的排列中，也即1、2、3、4、5、6、7、8、9中，你会发现5之后的数字的总和是5之前的数字的总和的3倍，因为6+7+8+9=30，而1+2+3+4=10。因此，如果把5作为两边的数字的天平的横梁，那么5就如同它们的舌头。当一个重物让天平下沉的时候，舌头凹陷的部分形成钝角，而横梁挺起的部分就形成锐角。[407]因此造成伤害比承受伤害更糟糕：造成伤害的人会往下堕落到地狱之中；而受伤的人则会往上趋向神，去寻求神的帮助。因此这一毕达哥拉斯式的象征再明确不过了，'不要跨过平衡的横梁'。而由于不公正导致不平等，为了加以纠正，平衡是必要的，这使得平衡的梁木保持两边都不倾斜。而平衡是受加法和减法影响的。也就是说，如果4被加到5上，并且同时4也被从5那里拿走，那么一边就会产生数字9，另一边则会产生数字1，两边相距5的距离相等。也同样，如果3被加到5上面，并且同时3也从5那里被拿走，那么一边产生了8，而另一边产生了2。而如果2被加到5上面，并且同时2也从5那里被拿走，那么就产生了7和3。还有，如果1被加到5上面，并且同时1也从5那里被拿走，那么结果就是6和4。在所有的这些例子当中，所产生的一对数字都与5的距离都相同，而且它们每一对的总和都是10。"

[25] 原书第116页：比如，"用剑凿不出火来。"

这是《劝学篇》中的第9个象征，杨布里科斯是这样解释的："这个象征规劝我们要审慎。因为我们对于一个充满怒火和愤懑的人既不应该出于看上去理所应当的观念而对他说尖锐的话，也不应该与他争辩。因为你通常会通过言辞煽动并扰乱一个无知的人，从而你自己就会遭受可怕而不愉快的事。赫拉克利特也证实了这个象征的真实性。他说：'带着愤怒去斗争是困难的，因为为了赎回灵魂做什么都是必要的。'他说得很对。对许多人来说，通过平复愤怒，他们已经改变了自己灵魂的状况，死亡比活着更能被接受。而通过管住舌头，保持沉默，友谊就会从纷争中产生，愤怒的火焰也会被消灭；而你自己也不会显得缺乏智慧。"

[26] 原书第146页：只是这[408]紧随一切万物之后而先于

部分，并且不是整体的一部分。

因为当整体崩溃的时候，并不是因各部分而崩溃。如果整体被拿走，那么部分也被拿走了，但反之却不是这样。

[27] 原书第167页：那些拥有美德中的智慧和灵知部分的人，就被认为是富有技巧且充满智慧的；但是，那些拥有美德中的道德和预先选择的部分的人，就被认为是有用且公正的。

以下关于美德的叙述摘自我所翻译的《柏拉图的〈斐多篇〉》的注释：第一种美德是肉体上的，这是禽兽所共同拥有的，与性情混合在一起，在大多情况下是彼此相反的；[409] 又或者更确切地说，是属于动物的；或者也可以说，它们只要不受某种坏性情所阻碍，也能得到理性的照耀；又或者，它们是前世的能量的结果。在《政治家篇》（*Politicus*）和《法律篇》（*Laws*）中，柏拉图探讨了这些。伦理美德在这些之上，它们是天然存在于习俗和某种正确的观点中的，而且是受过良好教育的儿童的美德。这些美德也同样能在一些野蛮的动物身上找到。它们同样超越了性情，并且因此，它们彼此并不是相互对立的。柏拉图在他所著的《法律篇》中传达了这些美德。而它们都同时存在着理性与非理性的性质。在这些之上，[410] 第三等的是政治美德，它们只与理性有关，因为它们是科学的。但它们是以非理性为工具修饰起来的理性美德，它们通过审慎来修饰灵知，通过勇气来修饰暴躁，通过节制来修饰欲望的力量（或者欲望之源的力量），并通过正义来修饰所有非理性的部分。关于这些美德，柏拉图在他所著的《理想国》中说了很多。这些美德也是彼此相互伴随的。在这些美德之上是通达的（cathartic）美德，它们仅仅与理性有关，将它自身从其他事物中抽离出来，把虚妄的感性的工具扔到一旁，也抑制通过这些工具的能量，并且把灵魂从尘世的束缚中解放出来。柏拉图在《斐多篇》中详细地阐述了这些美德。然而，在这些之上的是神思美德，它关乎灵魂，把它自身[411]交给高于其的天性，这不仅是灵知的，正如有人可能被它的名字诱导去设想的那样，它同样也是欲望的：因为它急于变成智慧而非它之前所是的灵魂；而智慧则兼有欲望和知识。这些美德是政治美德的反面：因为后者通过理性让那些从属的事物变得有活力，也通过智慧让与前者相关的事物更卓越。[412]这些美德柏拉图在《泰阿泰德篇》（Theaetetus）中做了传达。

根据普罗提诺的说法，还有一种美德高于此，即典范美德（paradigmatic）。因为，当我们的眼睛第一次被太阳所照亮的时候，不同于自身发亮之物，眼睛是被点亮的，但在这之后以某种方式与之结合，[413]并且变成它曾经所是的太阳的形态。当我们的灵魂首次确确实实被智慧点亮，通过神思美德被激活的时候也是如此，但在这之后，就如同它曾经所是的

244

那样，它被点燃，被典范美德完整地激活。并且实际上，哲学的效用让我们变得智慧，而神通（theurgy）让我们与智慧结合，使得我们能够被典范美德激活。而当获得肉体美德的时候，我们知晓了尘世之身（因为这类美德的主体是身体）；同样当我们获得伦理美德时，我们知晓了宇宙的命运，因为这命运是被非理性的动物所熟知的。理性的灵魂并不受命运所影响；而伦理美德是非理性的，因为它们包含有非理性的部分。通过政治美德，我们知道了世俗的事务，而通过通达美德，我们知道了超越世俗；通过获得神思美德，我们知晓了智慧，而通过典范美德我们知晓了智慧的天性。节制属于伦理美德；公正属于政治美德，而且是政治美德的集合；勇气属于通达美德，尽管并非趋向物质；而审慎则是神思美德。据说，柏拉图在《斐多篇》中将肉体美德称作卑下的美德，因为他们可以寓居在卑下的灵魂之中；而把伦理美德叫作“adumbrations”[414]，因为它们的拥有者只知道这些美德的力量是对的，而不知道为什么它们会这样。奥林匹奥多罗斯[415]（Olympiodorus）也好好地考察过柏拉图称之为通达美德和神思美德的部分，认为它们是现实存在的真正美德。他以另一个方式区分它们，即政治美德并非“密教的”（telestic），也即政治美德不包括神秘仪式，而那些通达美德和神思美德则是密教的。因此，奥林匹奥多罗斯补充说，通达美德是得名于应用在神秘仪式中的净化，而神思美德则得名于对神圣之物的理解。因此，他引用了俄耳甫斯的诗句，即：

未经启蒙的灵魂死去，

深陷在地狱最黑暗的泥沼中。

这里的"启蒙"是指美德的神启之力。奥林匹奥多罗斯还进一步认为，通过持杖者（thyrsus bearers），柏拉图意指那些通过政治美德而被激活的人，而通过巴克科斯（Bacchus）[416]来意指那些践行通达美德的人。因为我们通过我们天性中的大部分与泰坦诸神[417]（Titans）在物质上相连，[418]但我们如同巴克科斯那样是从泥沼中升起的。因此，我们越接近死亡就越有预见力：巴克科斯是死亡的监督守护者，正因为他同时也是有关巴克科斯神圣祭礼的一切。[419]

同时，所有的美德展现出它们恰当的特点，即它们都遍布各处，但各自寄寓于最合适的地方。因为勇气的典型特点就是不会倾向于那些卑下的事物；而对于节制来说，这[420]是一种由较坏天性而来的转变；对于正义来说，这[421]是一种适应存在的恰当的能量；对于审慎来说，则是一种对善和恶的筛选和选择。奥林匹奥多罗斯进一步认为，所有的美德都在于诸神。他说，因为许多神都被他们的名号所修饰，这是我们的作为，[422]因为这对于他们常常呈现的天性来说是必要的。因而我们知道，美德以何种顺序呈现？我们是否应该在灵魂中诉说？因为美德是灵魂的完美，而选择和先于选择的是灵魂的能量及其投射物。因此迦勒底的先知们将源流的（fontal）美德与源流的灵魂结合，或者换句话说，就是根据原因将灵魂放置其中。但它或许并不是说，美德天然地想要对那些失序的做一个有序的排列？如果这一点被承认，那么它们将会从众人的秩序中产生。那么通达美德在那里又是如何的呢？奥林匹奥多罗斯补充说，难道我们不能说，通过相较而言用因果来存继的众人的通达美德，朱庇特是否能够像柏拉图在《蒂迈欧篇》里说的那样如惯常般听之任之呢？[423] 他又进一步说，根据这些古代神学家，他曾登上萨图尔努斯（Saturn）[424]之塔，而那位拥有着纯粹的智慧。

而由于这个关于美德分配的话题，出现在了一本重要性与忠实性并举的著作——波菲利的《智慧助益书》（*Auxiliaries to Intelligibles*）中，所以接下来我也将其中的讨论添加在此处，因为他是一位天才的哲学解读者：

"有一种美德关乎政治的特点，而另一种关乎倾向于沉思的人，所以它[425]被称为神思的（theoretic），如今我们叫作观察者（beholder）。并且还有一种美德关乎智慧，因此就智慧来说，是与灵魂分开的。[426]这一类美德实际上是政治的特点，它们包括激情的适度，其特点是遵循并服从正在成为行动的理性。因此，由于考虑到与其相邻的事物之间的互相影响，它们就被从沟通同伴这一点而命名，被称为政治性的。而审慎确实存在着理性的部分；勇气确实存在着暴躁的部分；节制是与欲望在理性部分上形成合奏和共鸣的；而正义在关于统治和被统治的每一处都有其相应的表现。而那些过着沉思生活的人所拥有的美德，存在于对世俗关切的疏远之中。因此，它们也被称为净化，在克制实际行动的过程中被考察，并且避免对身体产生共情。因为这些是灵魂的美德，它们正在擢升其自身为真实存在。因此，政治美德修饰了凡人，是净化的先驱。因为一个被这些所修饰的人，有必要不做任何先前所提到过的与身体结合的事情。因此在净化中，不是靠身体，而是仅靠精力来维持审慎；这是靠激活智慧来净化，从而获得其完美。而要达成节制，也同样不是依靠身体的被动。不要害怕离开身体，进入一种虚无的状态，正是这种空无一物，给予存在以勇气。而当理性和智慧占据统领位置的时候，来自非理性的部分就无法反抗，正义就产生了。因此通过政治美德，心性在对激情的节制中被考察；而当这个人开始顺应天性而活时，这个考察就会结束。但从神思美德来看，这种心性是被冷漠地[427]（apathy）观察的，它的结局就是趋向神。"

"而由于净化有两种，一种是关于净化的过程的，而另一种是关于那些被净化的人的，所以通达美德将通过这两种意义上的净化同时被考察；因为它们是净化灵魂的，并且以净化的面貌呈现。因为净化的最后是变得纯净，但由于净化和被净化是对外来物的消融，作为结果而从中得到的善是与用于净化的善不同的，所以如果被净化者相较于未净化之前的不洁状态变得善了，那么净化就完成了。而在净化之后剩下的是善，那么也不算净化。[428]灵魂的本性是不善的，但如果能够重新取回善，那么这就是善（boniform）。因为如果这不是事实，那么恶就将无地自容。因此，灵魂的善在于与它的创造者结合，而恶就是与比它低下的事物勾结在一起。恶也是双重的，一种是与尘世的特性结合之后产生的，而另一种是通过过剩的激情去作恶而成的。因此所有的政治美德，都能够把灵魂从一种恶中解放出来，所以可被称为美德，并且是可敬的。但是通达美德更是可敬的，只要是灵魂，它都能拯救出来。因此，在灵魂被净化时，有必要让它与它的创造者联系在一起。因此这种美德在转变之后，就会存在于一种对真实存在的科学认识之中；而必须先有转变才可以如此。"

"因此，在通达美德和政治美德之后，还有一种美德，而这是一种激活智慧的灵魂的美德。在这里，智慧和审慎在于那些智慧所拥有的深思。[429]而公正在于恰当地表现那些适合通过智慧去激活的事物。节制则是灵魂朝向智慧的内在转化。而勇气是冷漠；是对灵魂观察的模仿，而这是天然的冷漠的。这些美德也与其他的美德一样，以同样的方式跟随彼此。[430]"

"第四种美德是那些存在于智慧之中的典范，它们[431]比精神性的美德更为卓越，以那些典范的形式存在；灵魂的美德就如同它们[432]。而智慧实际上就是所有那些以典范存在的事物。因此，这里审慎是科学，而知晓一切的智慧就是贤明。节制就是要转变自身。智慧的正确工作在于履行其相应的职责（而这就是正义）。勇气是始终如一，是通过强大的力量让其自身的纯洁恒久不变；关于它，一些是关乎智慧的，与其本质是一致的，并且是典范的。[433]一些与灵魂相关之物，[434]它们如今都仰望着智慧，并以此来充实自身。一些属于人类灵魂的东西，则在净化它们自身，并且正从肉体和非理性的激情中得到净化。还有一些是人类灵魂的美德，它们通过给非理性的天性提出尺度并加以束缚，以及让激情得到中和，来修饰人类。并且实际上，一个拥有更大美德的人同样也需要那些较小的美德；但反过来说一个拥有较小美德的人会要求更大的美德，这就不是事实。他并不会由于较小的美德的事先激活而拥有更大的美德，除非其凡人的天性有这样的需求。而美德的范围也正如我们曾说过的那样，一般不同的美德各自不同。政治美德的范围是通过天性来给他们的实践能量产生的激情提出尺度。而通达美德的范围是要完全消除对激情的留恋。而其他的范围则与之前所说的相似。因此，由于实践的美德而被激活的人，是一个值得尊敬的人；但被通达美德所激活的人，是一个神灵般的人，也可以说是一个善的神灵。仅凭智慧的美德就激活的，是神。但是通过典范美德激活的，那是众神之父。我们应该特别注意通达美德，因为我们可以在现世生活中得到这种美德。而其是通向更为荣耀的美德的阶梯。因此，我们有必要检视自己达到了什么样的净化程度。因为这[435]是与身体的分离，是与非理性部分的被动运动的分离。而这又将如何产生效果，又要进行到何种程度，就是接下来必须提到的。"

"首先，这个人必须愿意得到这一净化，并且作为净化的源头和基础，他必须知道自己有一个处于身体之外的灵魂，有一个不一样的本质。接着，就如从此源头中喷涌而出，[436]

他应该从身体中收集他自己，就如同从一个别的地方，以一种完全无动于衷的方式对待身体。因为通过意识不受打扰地被激活的人，尽管可能做这个并非关乎感情，或者出于乐意而带来享受，[437] 但同时他的注意力被身体所分散，使得他转而用意识来处理它。而我们却沉湎于这种可感的快乐或是痛苦，以一种迅速而集中的同情与之结合——正是这样一种心性需要被净化。然而，这在接受必要的快乐时也起作用，此时的五感，只是作为一种疗法，或者作为一种从痛苦当中的解放，[438] 以使得理性部分不被它[439]的能量妨碍。痛苦也必须被移除。但如果这无法做到，就必须适当地削弱它。并且如果灵魂不与之共同承受（copassive），那么它就会被削弱。同样，愤怒也应该尽可能被移除，无论以何种方式来看它都不可能是有计划的。而如果无法完全移除，那么深思熟虑的选择也不应该与之混在一起，但无计划的行为必然成为非理性部分的推动者。然而，缺乏计划就意味着无能和渺小。同样，所有的恐惧也应该被去除。因为要求这一净化的人，将不畏惧任何事物。而这时，如果它发生了，那么事情必然将变得毫无计划。因此，愤怒和恐惧只能用于劝诫。[440] 一切卑劣的欲望必须被根绝。这样的一个人，只要他是一位通达的哲学家，就不会渴望肉类和饮料，也必然不会建立无计划的两性关系。而如果这发生了，那也必然只是为了快速进入只有在睡眠时激活的想象之中。[441] 简而言之，智慧的灵魂本身就是被净化的人必须从这些（肉体的倾向）当中被解放出来。同时，他[442] 必须致力于将那些向着肉体激情的非理性天性运动的东西，不用共情并且不用批判就可以被移动。这样运动本身就可以被立刻化解，并且就近转向理性的力量。这在净化达到完美的过程中不会发生，但会发生在那些理性获得了无异议的统治的人身上。因此在这些人那里，从属的部分将如此尊敬理性，使得它[443]将变得愤愤不平。而如果它蠢蠢欲动，那么最终将会因为它的主人在场而显得不安分，从而再次证明自己的无能。然而，这些并非仅仅是对激情的中和，也最终终结于冷漠。[444]因为当这种共同他律（co-passivity）被完全消灭的时候，冷漠就会随着这个被它净化的人出现。因为当理性通过触碰非理性天性给予激励，激情就会被触动。"

注 释

1 　指罗马皇帝弗拉维乌斯·克劳狄乌斯·尤利安努斯（拉丁语：
　　Flavius Claudius Julianus），英文称尤利安（Julian），有时
　　候被称为尤利安二世。他师承新柏拉图主义，反对将基督教视为国
　　教，因此被罗马教会称为背教者尤利安（Julian the Apostate），
　　因其对希腊哲学的热爱，他赢得了"哲学家尤利安"（Julian the
　　Philosopher）的称号。生于公元 331 年 4 月 7 日，死于公元 363 年
　　6 月 26 日。

2 　原注：著名的布利亚杜斯（Bullialdus）也是如此，在他的《士麦
　　那提奥笔记》中，说杨布里科斯是一个最敏锐的天才。

3 　古罗马异教历史学家，与杨布里科斯同时期。

4 　柯里叙利亚（Coele-Syria），字面意思是叙利亚山谷，是塞琉古王
　　朝与托勒密王朝争夺的南叙利亚地区。严格上即是指黎巴嫩的贝卡
　　谷地。在公元前 80 年到公元 92 年之间，这里曾经有过一个名为卡
　　尔基斯的王国，其名字直接来自古代希腊城市卡尔基斯。

5 　在罗马统治期间出生在泰尔的新柏拉图主义哲学家。编辑并出版了
　　其老师普罗提诺的《九章集》，其著作《导论》在中世纪被认为是
　　逻辑学和哲学的入门书和教科书。他是著名的反基督教人士。大约
　　生于公元 234 年，死于公元 305 年。

6 　老底嘉的亚纳多留斯（Anatolius of Laodicea），也被称为亚历山
　　大里亚的亚纳多留斯（Anatolios of Alexandria），亚里士多德主
　　义哲学家，曾任老底嘉的主教。出生在 3 世纪早期，死于公元 283
　　年 7 月 3 日。

7 　古希腊哲学家。一生大部分时间均在雅典学院学习研究。大约生于

252

公元前 395 年，死于公元前 315 年。

8　　也就是说，杨布里科斯是尊重那些作者不详的希腊语的史料的创作者的。所谓他们的决定，就是这些史料的创作者最终决定写下来的语言和表达方式，杨布里科斯因为尊重原始材料，所以继承了原始材料在语言上的缺点。正如我们在翻译本书的时候需要做的那样。

9　　原注：这一非凡的作品有一个希腊文版和拉丁文版，其下有标题"神秘的杨布里科斯"。

10　　也称为阿帕米亚的索帕特，新柏拉图主义哲学家。杨布里科斯的门徒。根据原注，他在哲学思想上继承了普罗提诺的观点。他死于公元 337 年之前。

11　　即今天地中海南岸的埃及亚历山大港，它曾是托勒密王朝的首都，是古代希腊文化的一个中心。

12　　新柏拉图主义之父，出生于埃及，年轻时求学于亚历山大里亚，波菲利是他的学生。他生于公元 204 年，死于公元 270 年。

13　　约翰·阿尔伯特·法布里修斯（Johann Albert Fabricius），德国古典学家。生于公元 1668 年，死于公元 1736 年。

14　　意即：如果你不想找到这些关联，那么你根本不必在意材料来源是否完美。只有你想要找到这些关联，才特别需要注意到这些不完美。因为这种不完美会影响到我们的理解。

15　　原注：这位塞克斯图斯可能就是塞涅卡（Seneca）大加赞赏的那一位，在塞涅卡的著作中我们可以找到许多他从中摘取的名言警句。

16　　该语录中收录了毕达哥拉斯语录，本书残篇中有介绍。

17　　指泰拉尼乌斯·鲁菲努斯，基督教修道士、历史学家和神学家。他以翻译希腊教父文献而出名。生于公元 344 年或 345 年，死于公元 411 年。

18　　德谟克莱特斯，一位少有人知的毕达哥拉斯主义哲学家，提亚纳的阿波罗尼乌斯曾至少给他写过一封信。

19　　原注：以上这些都已经在 1804 年由布里奇曼先生出版，并冠以标题"希腊译文集"（Translations from the Greek），以供读者阅读。

20　　巴尔干半岛西部的离岛。位于爱奥尼亚海上，是爱奥尼亚群岛中最大的岛屿。

21 古希腊的阿波罗神女祭司，服务于帕纳赛斯山上的德尔菲神庙。她们以传达阿波罗神的神谕而闻名，被认为能预知未来。

22 位于伯罗奔尼撒半岛，地名原意指躲避灾难，现在被西方国家广泛用作地名，引申为"世外桃源"。

23 在今希腊共和国中部偏北。

24 位于希腊半岛东南端，邻近萨罗尼克湾。

25 原注：意为长着黑色的叶子。

26 指第二节开头这些"据说"的内容，显然，这些都是传说。

27 皮提亚的驻地。

28 即今天黎巴嫩的南部的赛达，位于地中海沿岸。是腓尼基人的主要城市。

29 古希腊克里特岛人，预言家、诗人。曾创造过著名悖论，即作为克里特人的他说："所有克里特人都说谎。"

30 古希腊数学家、力学家和天文学家。大约生于公元前 408 年，死于公元前 355 年。

31 原注：我们显然无法承认阿波罗在事实上与皮塔伊斯结合，这显然是荒谬至极的。但是我们必须考虑到埃庇米尼得斯、欧多克索斯，以及色诺克拉底的判断是基于一种英雄传奇叙事。在这些叙事中，英雄通常有诸神作为他们的父亲，或有女神作为他们的母亲。其真正含义在于：通过这样一个古老的神学故事，在那些永远侍奉天神的本质英雄（essentially heroes）所具备的自律与纯洁特性，与堕落到世间的大众所具有的他律与不洁之间，建立一种秩序。一个带着自律与纯洁而降临的人类的灵魂必然负有一项使命。因为在无形或有形的本性中不存在真空，所以高级秩序的最后一个环节，应该与一个较低秩序的顶峰汇合。这些灵魂被称为大地英雄（terrestrial heroes），以作为那些更高等级的近似者本质英雄的盟军。赫拉克勒斯、忒修斯、毕达哥拉斯、柏拉图等人就是这一类大地英雄。他们降落尘凡既是为了造福其他灵魂，也是为了满足那些天性较天神的侍从为低的英雄时不时下凡的需要。

但根据古代神学的奥义，每一个神直到最后都运行在其恰当的轨迹之上，这些轨迹所把握的本质各不相同，例如神灵的、英雄的、仙女的等诸如此类。而这些秩序中最为低级的力量则与人类有大量的交流，并有着物质化的象征。而且这些力量让人类的天性完美运作，尤其是在他们繁衍的时候。"所以，"普罗克洛在《神学要旨》里说道，"这些英雄经常是从这些力量与人类的混合之中产生的；那些拥有超越人类特性之上的卓越的，才真正可以被称为英雄。"他补充说"不仅仅这一类神灵般的天才会感应在人的身上，其他的特性也会感应在其他造物之上，就如同仙女，有的与树木有感应，有的与喷泉感应，而也有的与雄鹿或蛇感应。"

奥林匹奥多罗斯在他的《柏拉图的生平》中，对那位哲学家有这样的观察："据说，曾有一个太阳神的幽灵与他的母亲珀克里提俄涅（Perictione）接触，在那天夜里，幽灵显现在他的父亲阿里斯通（Aristo）眼前。它命令他不要在珀克里提俄涅怀孕期间与她睡觉，阿里斯通遵从了这一指示。"阿普列尤斯（Apuleius）、普鲁塔克（Plutarch）、赫西纠（Hesychius）等人也给出了类似的关于柏拉图的神圣起源。

32　安纳托利亚西海岸上的一座古希腊城邦，诞生过一批著名的思想家，如泰勒斯、阿那克西曼德、阿那克西美尼等，世称米利都学派。

33　也记作"Thales of Miletus"，是古希腊早期哲学家，七贤之一，米利都学派的创始人，也是西方思想史上第一个有记载并留下名字的思想家，后人称之为"哲学之父"。大约生于公元前 624 年，死于公元前 546 年。

34　也记作"Bias of Priene"，古希腊智者，七贤之一，以廉洁而主持正义闻名。大约活跃于公元前 6 世纪。

35　在当时，长发被视为知识分子的象征。

36　萨摩斯岛著名的僭主，大约公元前 538 年开始统治，公元前 522 年去世。

37　古希腊哲学家，米利都学派第二代自然哲学家，是泰勒斯的学生。大约生于公元前 610 年，死于公元前 546 年。

38　原注：朱庇特的祭司。

39　生平不详，也许以其原子论著名。

40　即今天黎巴嫩城市朱拜勒。它位于地中海岸边，贝鲁特以北 30 公里。在《圣经》中被称作迦巴勒（Gebal）。

41　即今天黎巴嫩城市苏尔。位于地中海岸边，是重要海港城市。又译泰尔、提洛、提尔，《圣经》中称为"推罗"。

42　即《圣经》中的迦密山。

43　指冈比西斯二世。他是波斯皇帝居鲁士的儿子，他在位期间曾率军入侵埃及。

44　指琐罗亚斯德的祭司团体。在《圣经》里"the Magi"通常被称为东方三博士，但实际上数目是不确定的。

45　原文如此，为保留原文的不完美语言，中译文未加修改。

46　即奥波勒斯，古希腊的一种小银币。6个奥波勒斯等于1个德拉克马。

47　位于今天爱琴海上的提洛岛上。提洛同盟的缔结地。

48　或许这个遗迹在杨布里库斯时代尚存，人们如此称呼它。如今已经无法考证。

49　即希腊神话中宙斯的儿子米诺斯，相传米利都的名字来源于他。

50　位于今天的意大利南部城市克罗托内（Crotone）。

51　拉丁文，意义接近于教团、僧团、结伴修行的团体。

52　古希腊数学家，新毕达哥拉斯主义者。大约生于公元60年，死于公元120年。

53　指公元前8世纪到公元前6世纪，古希腊人在安纳托利亚、北非以及南欧的意大利半岛南部建立的一系列殖民城邦的总称。

54　意为极北之地。

55　古希腊语中，佩恩是神的医师的名字，同时也是一种阿波罗颂歌的名字，常用于生病或遇到不幸时祈愿以获得保护，以及愿望应验之后的感谢。后来也被用于战歌。

56　原注：就如我们在注释[27]里提到过的那样，尊重毕达哥拉斯的神圣起源，是因为他是一个属于阿波罗这一脉的大地英雄。医学的发明者阿斯克勒庇俄斯（Esculapius）也曾生活在凡间，按照古代神学，阿斯克勒庇俄斯是阿波罗的儿子，就如同英雄巴克科斯（Bacchus）是朱庇特的儿子一样。所以尤利安皇帝这样提到阿斯克勒庇俄斯"我曾几乎忘记了朱庇特和太阳最大的礼物，但如今我将妥善地将它保留到永远。因为它不仅仅是我们特有的，而且我认为在与我们同类的希腊人中也很普遍。从某种理解上来说，朱庇特从他自身生出了阿斯克勒庇俄斯，但是他通过太阳滋长万物的光，为大地展现出光明。他也因此将一个与人类别无二致的阿斯克勒庇俄斯从天堂派到人间。接下来，他的这个过程逐渐放大，他将他救济的右手伸向整个世间。他来到了佩加默斯、爱奥尼亚、塔伦提涅，然后到了罗马。接着他又去了科斯岛，再到埃加斯岛，最后遍及所有陆地和海洋。我们并非独自一人地，而是集体地体验到了他的好处。与此同时，他也纠正了那些在错误中徘徊的灵魂和那些孱弱的肉体。"

57　位于今天意大利南部城市克罗托内，也称克罗顿（Croton）。

58　锡巴里斯是古希腊在意大利南部大希腊地区的一座重要港口，位于塔兰托湾的克拉蒂河与科溪勒河入海口之间。它于公元前720年由亚该亚人建立，因其是重要的通商口岸而积累了巨大财富，以其享乐主义而闻名。

59　位于今天西西里岛东岸的卡塔尼亚。

60　位于今天墨西拿海峡沿岸城市雷焦卡拉布里亚。

61　为西西里岛北岸的一个古希腊殖民地城市，曾经具有重要地位，其遗址位于泰尔米尼伊梅雷塞。

62　位于今天意大利城市阿格里真托。它位于意大利西西里岛南海岸的正中，是扼守地中海的军事重镇。

63　位于今天意大利南部城市墨西拿与卡塔尼亚之间的陶尔米纳。

64　生卒年不详，据一些说法称他是毕达哥拉斯的弟子。他的法律也被意大利和西西里其他的卡尔基斯人殖民地所采用。

65　生卒年不详，为洛克里编纂了第一部法典。尽管其法律条文以严厉闻名，但仍然被许多意大利和西西里的希腊城邦所采用。洛克里是古希腊的一个地区，分为三个独立区域。

66　原注：根据俄耳甫斯神学，这些神本身是以保持稳定、一致和存续作为首要原则，那些提供了万物变化的来源的是男性特征，那些提供了各种发展、各种区分、各种衡量生命的方式的是女性特征。

67　古罗马智慧、战争女神，对应希腊神话中的雅典娜。

68　古罗马火神、工匠之神，对应希腊神话中的赫菲斯托斯。

69　古希腊神话中最伟大的半神英雄。众人皆知的大力士。又译赫剌克勒斯、海格力斯、海克力士、赫克力士等。

70　古希腊神话中文艺女神的名字。数量一直没有定论，《荷马史诗》里单个出现过，也集体出现过，但都没有提到名字。后人有三人、七人、九人等不同说法。

71　古希腊神话中的司法女神。

72　古希腊神话中的正义女神，可以拼写作"Dike"或"Dice"。

73　希腊神话中冥王哈迪斯的别名，也是罗马神话中冥王的名字。

74　古罗马女灶神、家庭的保护神。

75　意大利的大盗。

76　西西里的英雄，曾在家中招待赫拉克勒斯。

77　罗马神话中的天后，对应希腊神话中的赫拉。

78　指阿波罗杀巨蟒皮同。

79　也记做Opheltes，是涅墨亚的莱库格斯(Lycurgus of Nemea)的儿子。作为一个婴儿，被涅墨亚的巨蟒所杀，涅墨亚赛会是为了纪念他。

80　维奥蒂亚王子阿塔玛斯的儿子，因其父发疯而死。

81　顾名思义，神灵可以认为是一种接近神的"灵"，但不是神。在希腊神话中，神与神灵的区别，简单来说，神都是与创世有关的，被称为泰坦诸神，而神灵则是比如花仙、树妖之类，可以不那么准确地对应中文语境下的妖精狐仙之类。

82　原注：这种命名传统被埃及人称为提乌斯（Theuth），柏拉图在《菲力帕斯篇》（*Philebus*）和《费德鲁斯篇》（*Phaedrus*）里曾经提到过。在后一篇的对话中，苏格拉斯曾说道："我曾经听说过，在埃及的瑙克拉提斯，曾有一尊埃及人的古神，他有一只鸟是被祝圣过的，被人们称作圣鹮（Ibis），而这位神灵自己的名字叫作提乌斯（Theuth）。根据传统的说法，这位神首先发现了数字和算术、几何学以及天文学的技艺，他还发明了棋子、骰子，同时也发明了书信。"在我翻译的《柏拉图》第三卷中，我的观点如下："学问的天赋属于水星，包括了体操、音乐、算术、几何、天文学以及演讲和写作的艺术。这个神因为是发明之源，所以被称作玛伊亚的儿子；借助玛伊亚所暗示的研究（investigation）产生了发明（invention）；因为他揭示了朱庇特的意愿，而朱庇特又是一位智慧的神，所以他才发明了数学或者学问。他首先侍奉朱庇特，即世界的创造者；然后与天神们同列；在第三层，他在被解放的诸神之中；在第四层，他在水星（Mercury）之上；在第五层，他是水星意志的神灵；在第六层，他寄寓在人的灵魂之中，是这位神（提乌斯）的随从；而在第七层，他的特性存在于某些动物，如圣鹳、猿和聪明的狗身上。苏格拉底在这里的叙述不仅仅是寓言性的，也是神秘性的和还原性的。瑙克拉提斯是一个埃及地区，而整个埃及都深受水星影响，并被赋予了这种神性。同样的，在这个城市里，只有当一个人被水星的力量充满，又因为他的灵魂曾经在天上的水星序列中，他才会被叫作提乌斯，那是指水星，是指一位神，因为他的灵魂由于其完美地拥有相应的神性而被列于其中。也因此，一位神，因为来自神墨丘利（Mercury），所以这些天赋才会通过一位水星神灵，进入到一个水星的灵魂之中。"

83　古希腊的四个主要部族（其他三个部族为伊奥利亚人、亚该亚人与爱奥尼亚人）之一。

84　是位于希腊西北部伊庇鲁斯的一个神谕处。供奉地母神狄俄涅（在其他遗址被称为瑞亚或盖亚）。

85　即希腊神话中的奥德修斯。

86　古希腊神话中的女性人物之一，奥德修斯之妻。在奥德修斯失踪后，她抵御各种威逼利诱，坚持十年未嫁。

87　希腊神话中的海之女神，曾将奥德修斯困在她的岛上七年。

88　道尼人曾居住在今天意大利的阿普利亚北部，其居住的地区被称为道尼亚。

89　位于今天意大利南部重要海港城市塔兰托。

90　希腊神话中的一位音乐家。

91　本书中每个章节、每个分段都是后来方便出版而加的。许多版本并不同意这些分段方法。原文并无分段，就如同我们出土的竹简一样从头一直到尾。所以这里的"其他事情"，可以认为是对应前文的那些学问。

92　特洛伊英雄。

93　阿喀琉斯的好友，在被欧福尔波斯击伤之后为赫克托耳所杀。

94　见《伊利亚特》第17章，译文引自罗念生、王焕生译本。

95　原注：普利修斯在他对亚里士多德的《论天》的评注中如此说道："天体运动产生了和谐的声音，而毕达哥拉斯学派则将这类周期科学地收录了下来；不仅仅是太阳和月亮的比率（在毕达哥拉斯那里，每个天体都有对应的数字和比率。太阳和月亮的比率，也就是太阳本身和月亮本身的比率，也包括两者所代表的数字之间的比率。——中译者注），也包括了金星和水星；甚至还包括了他们发现的其他行星。"他补充道："也许亚里士多德对毕达哥拉斯学派的这些论断的反对，是针对这些人的哲学。这表现在他如下的观点之中：所有事物既各不相同，也并非都对彼此有意义，即使在现世的诸多事情上也是如此。这一点在狗身上很明显，他们在很远的地方就能闻到动物的气味，而人是闻不到的。进一步来说，事物之间被分割得如此之远，就如同不腐败的与腐败的东西，如同天堂与凡间的性质差别。那么我们是不是可以说，神圣的物体所发出的声音是无法被凡人的耳朵所听到的呢？但如果一个人喜欢毕达哥拉斯，那么他就会说他听到过这种和谐，能让他的肉身不再限制他，而让他的知觉和神性的载体（原书注释下的注释：灵魂有三种载体，一种是以太，一种是空气，一种是凡人的肉身。第一种是光明而神圣的，与灵魂的本质结合，只要灵魂存在其中就能在星空中保持极乐状态；第二种使得灵魂在死后因为罪孽而遭受惩罚；而第三种使得灵魂能够寄寓到一个世间的凡人身体里）保持清明。不管是出于生命中善的部分，还是高洁的部分，还是出于由善行修得圆满，这样一个人都能够看到别人所看不到的东西，听到别人所听不见的东西。而对于神圣的非物质的物体，如果它们发出了什么声音，那就是既非冲击性的，也非破坏性的，反而会激发凡间的声音的力与能量，并与它们协调而形成完美的感觉。它与从凡间的物体运动而产生的声音之间，也有一定的相似之处，而那种声音对我们来说，是空气的发声特点，是某种冷漠的声音的运动所产生的能量。如果在那里，空气不是冷漠的，那么显而易见声音也不会是冷漠的。而毕达哥拉斯却说他听到了天籁般的和谐，也知晓神圣物体在数字上的和谐比例，所有这些都是可被感知的。那么，有些人疑惑为何我们能看到星星，却听不到它们的声音？对这个问题，我们的回答是，因为我们看不到它们的规模、它们的尺寸，也看不到它们超群的美丽，所以我们所看到的非星星本身；又因为我们看到它们如此光彩夺目，就如同我们能从地球上看太阳，但太阳本身却无法被我们看到，所以我们看到星星的运动也并未产生声音。[声音是关于比率的科学（频率）。这句话的意思是说，我们不像某些人（毕达哥拉斯等拥有神性的人）那样知道天体的声音。作为凡人，我们看太阳也只能看到表象，看不到背后真正的太阳。所以我们也无法知道星星的声音。——中译者注] 同样，也有可能它们既不完美，也不可见。因为它们是没有实体的，是通过能量而不是激情产生的。同样也并非要一个拥有超越五感的感官才能够感受到这些天体的绚丽多彩。倒不如说，其他的感官，不应该也没有必要为了这个目的去适应。而通过这些诸如此类的细节，如果有人还能举出更多的例子，让我们把他当作朋友，而不是敌人。[这句话的意思是，如果还有别人能举例说明我们作为凡人，拥有与此类似的不足，那么就把他当作朋友，不要去苛责他（在文中主要就是指亚里士多德）对神不虔诚。要注意到，亚里士多德是反对柏拉图的理念说的。而柏拉图的理念说正是来自毕达哥拉斯。]"

96　古希腊哲学家，深受毕达哥拉斯的影响。大约生于公元前 490 年，死于公元前 430 年。

97　原注：以理性毋庸置疑的能量，或者说以灵魂中理性而科学的那部分，或是来自智慧自身所具备的理性的原则。

98　此处的两个"他们"指毕达哥拉斯门徒遇到这些被拒绝的前毕达哥拉斯门徒。本书中有相当多类似的指称需要读者自己去联系上下文理解，需要耐心阅读并尝试理解。

99　位于今意大利南部塔兰托湾，距离锡巴里斯较近。古希腊历史学家希罗多德和演说家吕西亚斯曾前往该地居住。

100　毕达哥拉斯门徒，是第一个发现无理数的人。大约生活于公元前 500 年。

101　意大利南部城市，靠近塔兰托湾。

102　原注：这本《毕达哥拉斯传》的编者之一的库斯特，不认为问题和回答都是声音，那些问题只是用来提问，之所以会读起来如此完全是因为原文的语义遗漏。但如果将原文变通理解，又无法完全合乎阅读。我有的时候也倾向于变通理解原文，但是显然这里的翻译却是应该如此。（这本经过了很多人的编辑。托马斯和库斯特意见不同。库斯特倾向于认为这些无法读通的地方有文字遗漏，托马斯觉得它们只是不好理解，但应该保持原样，按照字面去理解，不能

像库斯特那样自行理解。——中译者注）

103　原注："毕达哥拉斯，"普罗克洛在他的《论柏拉图的〈克拉底鲁篇〉》里说，"在被问到什么是最明智的事物的时候，说是数字；在被问到什么是第二明智的事物的时候，（毕达哥拉斯）说是为事物命名的他自己。但对于数字，他隐隐约约地表达了可理解的顺序，并且这个顺序有许多理解方式：因为第一个数字，或者说第一个正式意义上的数字，是位于那个最本质的数字之后的。（原注中的原注：用前后给数字排序，那么第一个数字是在可理解的顺序的末端；用存在或者本质来给数字排序，那么第一个数字就在我们可理解的同时也是智慧上的序列的顶点。可参考我所翻译的《普罗克洛论柏拉图的神学》第三卷。）（第一个数字是抽象的数字、概念的数字，是理念数字，是最难理解的，所以说在可理解的顺序的末端，也就是最后才能被理解。——中译者注）同时，它也为所有存在的本质提供了尺度，在这一尺度之下，真正的智慧，以及由智慧本身所产生并将其推向完美的知识等，才得以存在。就如同理解力、智性和智识是相似的，数与智慧也是相似的。但对于名字的创建人来说，他暗指灵魂（也就是说，毕达哥拉斯暗示灵魂存在于理智之中。——中译者注），却是实实在在地存在于理智之中，但又不像是最具智慧的事物本身，而只是产生了图像和本质上被转化过、以存在的形式出现的理性。因此，存在是由智性赋予万物的，它知晓自身是由智慧供养的；但那些被命名之物则来自灵魂，它们是对智性的模仿。因此毕达哥拉斯说，命名不是随便一个人就可以做的事情，它应该是由一个看透了智慧和事物的本质的人才能做的事情。"

104　雅典附近的海岛城市。

105　古希腊七位名人的统称。包括梭伦、泰勒斯、契罗、毕阿斯、庇塔库斯、佩里安德、克莱俄布卢，但有争论。

106　现在的读者不容易理解这句话是因为，这些词在希腊文原文中就是多义词，在英语转译过程中，不同的译者理解也不一样。

107　此处应指就是这些戒律之所以那么难理解的理由，一定要注意到，毕达哥拉斯学派是一种密教，长期不公开的。

108　古希腊时代对今天土耳其安纳托利亚西南海岸地区的称呼。萨摩斯岛和毕达哥拉斯求学的米利都都属于这个地区。

109　原注：也有人说，毕达哥拉斯的门徒们因为他发现了无理数而把他扔进了海里。可参考 1572 年的评注本《几何原本》第十卷的第一个古老注释。

110　不用幔子听他说话的人，是指较为接近他的人。

111　原为古希腊传说中的一位国王的名字，他统治的地区大约相当于古代斯巴达地区，因此拉刻代蒙也成了古代斯巴达的别称。

112　希腊南部伯罗奔尼撒半岛的山脉，最高峰是泰格特斯山。

113　克里特岛是希腊第一大岛，位于爱琴海南部，在公元前 35 世纪到公元前 11 世纪岛上曾形成过米诺斯文明。克诺索斯是传说中米诺斯王的王宫所在地，据说圣托里尼的火山喷发导致克诺索斯被毁灭。

114　指象征教学方式在埃及人当中发扬光大的这一事实。

115　毕达哥拉斯学派哲学家之一，现存一些残篇归其名下。大约生于公元前 470 年，死于公元前 385 年。

116　见注解 48。

117　见注解 49。

118　伊拉克利亚的布赖森（Bryson of Heraclea），他对化圆为方和计算 π 的问题做了研究。

119　毕达哥拉斯学派哲学家之一，亦为一名成功的将军。有数学著作的部分章节存世。大约生于公元前 428 年，死于公元前 374 年。

120　疑即毕达哥拉斯的仆人扎摩尔克希斯。

121　也即克洛同的米罗（Milo of Croton），曾在奥运会上 6 次获得摔跤冠军，其名字至今仍是力量的代名词。

122　古希腊哲学家，是德谟克利特的老师。

123　克洛同的阿尔克迈翁（Alcmaeon of Croton），其著作主要关注医学，但也有自然哲学的著作。

124　帕罗斯的泰玛里达斯（Thymaridas of Paros），有关于素数和线性方程组的著作。

125　原注：杨布里科斯在罗列这份毕达哥拉斯门徒的名单的时候，应该不只是罗列与毕达哥拉斯同时代的人。因为，如果他这么做了，那么他就与他在 31 节描述菲洛劳斯的说法相矛盾了。比如"他比毕达哥拉斯年长许多"。这些人只是笼统地来自毕达哥拉斯学派,是他最得意的门徒。

126　原注:从这段话里,我们可以明显看出杨布里科斯有许多资料来源,它们不被现代批评者所知;这种情况本身也应该考察他们教育的缺失。(其意思就是,这些资料非常繁杂,好坏不一,这是因为这些资料提供者被其本身教育水平所限制。——中译者注)

127　正如,我国人迷信吃脑子补脑子一样,希腊人也会将这些东西神圣化。

128　原注:"制定良政,"普罗克洛在他对《亚西比德前篇》的评注中说,"与吹奏管乐的艺术是相反的,所以即使柏拉图也不承认这一点。原因在于这种乐器的多样性,木管,就显示出吹奏它的技艺应该被避免。(古人认为木管这种乐器不庄重。正文有提到毕达哥拉斯用别的乐器压制木管的声音的故事。——中译者注)而对于叫作帕纳莫尼亚的乐器来说,尽管有很多弦,但还是对木管的模仿。人们说,每一根木管的孔至少能发出三种声音;但如果空腔上方的孔被打开,那么每个孔将会发出三种以上的声音。(结合毕达哥拉斯、柏拉图、亚里士多德的政治理念就可以发现,木管这种乐器是不符合他们精英政治的主张的。他们反对有多种不一样的声音,希望只有一种符合他们政治理念的声音。所以亚里士多德才说,制定良政和吹奏木管的艺术相反。——中译者注)"

129　古希腊诗人,被称为"希腊教训诗之父"。

130　见《奥德赛》第 4 章,译文引自罗念生、王焕生译本。

131　指关于和谐的科学与和谐的比率。

132　除了 paramese 和 epogdous, hypate、mese 及 nete 都是古希腊缪斯女神的名字的。

133　通常意义上的和声进行,即指调性音乐中和弦在一定和声范围内的连接。其全部内容包括和弦低音的进行及和弦结构的变换两个方面。前者涉及和声进行类型、序列、和声节奏等,后者涉及和弦紧张度的起伏及色彩变化等。不同时期、不同民族、不同乐派、不同作曲家在和声进行的序列、低音关系、和弦结构的运用上有着各自的特点,形成了不同的和声风格。

134　古代中东和希腊一罗马世界所使用的质量单位。当作货币单位使用时是指等重的黄金或者白银。

135　这句话的意思是说，其中一个人既然称他已经得到了两个人的授权，那么那个妇女是可以按照约定做的。所以妇女没有什么过错。而那个人特地这么做，反而是在消遣上级，玩弄法律。

136　古希腊神话中的医药之神，太阳神阿波罗之子。

137　对这句话可以这么理解：本身法律就是不合理的。因此这个毕达哥拉斯的门徒建议这个人合理利用法律，将金饰拿走（这样金饰就不再是掉到地上的状态），然后离开这个不合理的地方。

138　原注：这段历史在第三十三节有更详细的叙述。

139　原注：见第三十三节。

140　位于伯罗奔尼撒半岛西南部，西为爱奥尼亚海，东南为麦西尼亚湾。

141　地中海的一部分，位于意大利半岛西面。

142　位于地中海南岸的古代强国，曾与罗马对峙。迦太基城位于现在的突尼斯境内。

143　位于伯罗奔尼撒半岛东北部，在古希腊历史上很重要，也是现代欧洲最古老的始终有人居住的城市之一。

144　Rhegini 为古希腊城邦名，疑即雷吉乌姆 Rhegium。

145　即贵族政治一词的由来。

146　在古希腊自然哲学发展涌现的时期，人们喜欢追求大一统定理，把世间所有归为一物。而在毕达哥拉斯学派中就是把所有归为数。在下面对于自然与数的关系的论述中，我们应该从古人的理解上去理解。

147　原注：这些线的数字是 4、3、2。因为 4 和 3 的比率是四比三，3 和 2 的比率三比二，所以 2 是 4 与 3 之间算术上的中介。

148　原注：对柏拉图在《理想国》中的这个解释，可以参考我的 Theeretic Arithmetic。

149　即陶洛墨纳斯，即处于现在的意大利南部城镇陶尔米纳。

150　即今土耳其的马尔马拉岛。

151　古代安纳托利亚地区的一个部落的名字。

152　也就是说，上面这些事迹，很多是传言，无法考证真假。有些人会嫁接不同的传说，有些人会张冠李戴，但是为了让自己的引用有说服力，就都说是毕达哥拉斯做的事情。

153　毕达哥拉斯主义者，他的主要兴趣是研究文学和哲学化的象征的历史发展，他的著作构成了较晚的毕达哥拉斯学派传统的一个主要源流，但现仅存一些残篇。他的生平不可考，生活年代要早于公元前1世纪，但可能早至公元前4世纪。

154　此处的俄耳甫斯指黑海沿岸的一座城市。但也可以泛指俄耳甫斯这个人物的传说，或者他的作品。

155　古希腊哲学家，根据传统被认为是毕达哥拉斯的儿子。

156　古代马其顿境内的城市，位于奥林匹斯山脚下，相传是俄耳甫斯的出生地。

157　古希腊哲学家，被认为是与琐罗亚斯德、赫尔墨斯·特利斯墨吉斯忒斯、俄耳甫斯与毕达哥拉斯并称的前柏拉图哲学家。

158　九位缪斯中的最年长者。掌管英雄史诗。

159　即潘盖翁山。

160　原注：叙亚努（公元5世纪的新柏拉图主义哲学家，曾师从普鲁塔克和普罗克洛。——中译者注）在他对亚里士多德的《形而上学》I卷第三章中评论道："毕达哥拉斯学派接受了来自俄耳甫斯的神学，接受了数字的智慧和智性原理，并将其大大推进，甚至将其支配力拓展到他们的理解力本身。因此毕达哥拉斯学派有着如下这句名言：'万物皆数。'毕达哥拉斯在《圣训》里明确地说：'数是形式和理念的统治者，是诸神和神灵的成因。'他也声称：'对于最初的、被人类所发现的神祇来说，数字是容器，是人为的理由，是智慧，也是万物产生和构成最为一以贯之的平衡。'"叙亚努补充说："而菲洛劳斯声称数字是地上自然界永恒的不变性的居于统治地位且自我生成的连接。还有希帕索斯和所有经受了五年沉默的人，都把数字称作宇宙创造者的审判工具，以及构成凡间的第一范式。如果他们不认为它具备一种独立于感性的本质、一种创造的超越性，并同时还具有某种典型性的话，他们又怎么可能如此高度评价数字呢？"

161　原注：也即趋向于球体。杨布里科斯在这里表明，毕达哥拉斯也和俄耳甫斯一样，认为球形是最适合神的形象。因为宇宙是球形的，而且杨布里科斯在之后也提到，诸神有着与宇宙相似的性质和形态

(morphe)。"morphe"这个词，正如我们从辛普利修斯那里学到的那样，是包括了颜色、外形和大小数值的。基耶斯林（Kiessling）对此毫无概念，于是就声称这段文字受了污染，通过他的改动之后的文字反而变得不可理解了。因为根据他的版本，毕达哥拉斯沿用了俄耳甫斯的方式，敬拜诸神之时不联系到人的形象，而是联系到神圣的数字。但是不管对俄耳甫斯还是对毕达哥拉斯来说，神圣数字都是诸神本身。

162　古代地名，即今天的伊拉克南部和科威特。

163　位于雅典西北部，今天的埃莱夫西纳。

164　在今天土耳其境内的格克切岛。

165　位于爱琴海北部。

166　三脚架所形成的正三角锥，正是现在阴谋论中非常有名的"全知之眼"的原型。实际上它来自德尔菲的阿波罗神庙。至于他们究竟是如何使用并且怎么进行仪式的，已经不可考证。

167　原注：比如未来是持续很久的；毕达哥拉斯以此来表明，那些不通过宗教性方式发誓的人，将会在未来某个时期受到惩罚，即使这惩罚不发生于现在。

168　古希腊神话中斯巴达王后丽达所生的一对孪生兄弟的合成，是双子座的原型。

169　很可能，古人认为这样是对上天的谦卑。也有可能这是一种出于安全方面的实践经验，只是被神秘化了。

170　即从大前提到小前提再到结论的演绎推理过程。

171　原注：即从众人皆称的神统治了埃及的时代开始。

172　几何学（geometry）在古希腊文词源中意即"土地测量法"。

173　有多个版本认为此处文字有缺失。

174　应指毕达哥拉斯学派，或者毕达哥拉斯的弟子。

175　也就是说，他们倾向于发明不同种类的食谱，并且这在实践中很准确有效。

176　古希腊哲学家，是爱利亚学派的创始人，据第欧根尼·拉尔修的《名哲言行录》说，尽管他受克塞诺芬尼影响，但更多地追随毕达哥拉斯学派的阿美尼阿斯。大约出生于公元前 515 年, 死于公元前 445 年。

177　又译厄皮卡尔谟斯。古希腊喜剧作家, 哲学家。他曾听过毕达哥拉斯讲课。大约出生于公元前 540 年, 大约死于公元前 450 年。

178　即指人们对正义的天然渴望。

179　罗马神话中的神祇, 对应希腊神话中的大地和丰收女神得墨忒耳。

180　古希腊哲学家, 以弗所学派创始人。他的文章只留下片段, 爱用隐喻、悖论, 致使后世的解释纷纭, 被后人称作"晦涩者", 他认为火是万物的本原。大约生于公元前 540 年, 死于公元前 480 年。

181　古希腊人在小亚细亚建立的一个大城市, 位于加斯他河注入爱琴海的河口。

182　戈太人是若干居住在多瑙河下游两岸地区 (今天的保加利亚北部和罗马尼亚南部) 的若干色雷斯人部落的名称, 他们的居住地也因此得名为盖塔。

183　希腊化时期生活在小亚细亚中部加拉太地区的高卢部族, 后被罗马征服。

184　希腊化时期从属于希腊诸王的色雷斯人部落。

185　毕达哥拉斯既然自称阿波罗, 人们就认为他应该明断是非, 而不是回避。而毕达哥拉斯显然认为, 既然他是阿波罗, 那么他完全可以下不做判断的决定。

186　这里, 这位使节其实是把他的同伴比作了动物。

187　这里, 托马斯认为基林斯基错了, 并且认为这里指勾股定理构成的直角三角形。但是我个人认为, 这里指之前提到过的三脚架, 也就是正三角锥形体。因为正三角锥形体是可以堆叠在一起的。并且它是全知全能的象征, 是德尔菲之眼, 能明辨正义。

188　原注: 杨布里科斯在这里说的是直角三角形和欧几里得提到过的毕达哥拉斯定理。它描述了最长边的平方等于另两边的平方之和。因此, 几何学家就说最长的边的力量与另外两边的力量之和是相等的。然而基耶斯林没有理解这一点, 所以他说:"力量就是图形中有共同端点的两边所包含的空间, 是三角形的面积。"基耶斯林尽管是一个好的修辞学家, 但是却是一个糟糕的几何学家, 也不是一个哲学家。

189　因为所谓正义, 显然不仅仅是作用于一个人。

190 位于今意大利南部城市叙拉古，又译锡拉库萨。

191 此处指毕达哥拉斯学派，或者毕达哥拉斯的弟子或门人。

192 也被称为大狄奥尼西奥斯或者狄奥尼西奥斯一世。古希腊西西里岛叙拉古城邦的僭主，公元前405年至公元前367年在位。曾占领西西里岛和意大利南部地区，成为古希腊西部最强大的城邦。

193 即叙拉古的狄翁，是狄奥尼西奥斯的姻兄。公元前357年至公元前354年间曾统治叙拉古。

194 原注：希腊文原文用的是 δέκατον（"第十个月"），但很少有妇女怀孕超过9个月的情况，就我看来这个 δέκατον 应该解读为 ἕκτον（"第六个月"），如上所译。

195 1米那等于100德拉克马，也即600奥波利。

196 这里应该是指，祭祀的时候，需要男孩来拿着食物。

197 原注：在睿智而心胸宽大的毕达哥拉斯学派、柏拉图学派、逍遥学派（Peripatetics）和斯多葛学派这些古代人心目中，美德本身就是奖赏，施行美德是正确的，因为这样做就是对的。并且尽管他们坚信灵魂不朽，但是他们的行为完全没有受到对未来回报的期望和影响。这一重大的事实，即认为美德是以其自身作为回报的，在现在几乎是过时了。如今我们常常能听到某个遭受痛苦的人，用卫理公会的假惺惺腔调叫喊着："我遇到的许多麻烦，坐在慈悲座上！"（意即我因为慈悲遇到了很多麻烦。——中译者注）

198 阿克拉伽斯（即阿格里真托）建城后不久（约公元前580年）的僭主，以为人残暴而闻名于世。据称，他曾把其敌人生置于空心青铜雄牛腹中烤死。最终，民变推翻其统治，他就被推入铜牛中烧死。而当地则进入寡头政治。

199 原注：这些能量之所以被视为向善的，是因为它们有一种净化的特点。所以柏拉图在《蒂迈欧篇》中说，洪水是众神用水净化大地的结果。

200 原注：杨布里科斯在稍早之前提醒我们，毕达哥拉斯预计法拉里斯准备置他于死地，但同时也知道他并非命中注定要死于法拉里斯之手。因此，要注意到毕达哥拉斯在一开始并没有表现出勇气和面对死亡的恐惧时的自由。但是，当考虑到他落于暴君之手，恐怕会受到比死亡更严重的折磨的时候，他就强烈地伸张这一勇气。

201　原注：因此，对于毕达哥拉斯学派来说，谦卑不是美德，尽管它在现代被认为是美德之中最伟大的。亚里士多德也同样认为它不是美德，因为他在《尼各马可伦理学》中说："谦卑的人都是马屁精，而马屁精都很谦卑。"

202　原注：见柏拉图的洞穴比喻，见《理想国》第七卷。

203　意即外来的人，与本地人长得不一样。

204　古希腊逍遥派哲学家。古典时代首位音乐理论大家。大约活动于公元前4世纪后期。

205　希腊历史名城，位于连接欧洲大陆和伯罗奔尼撒半岛的科林斯地峡上。在古典时期是十分很重要的城邦。《圣经》中又译哥林多。

206　所谓"死亡的担保人"不是指这个担保人让被担保对象活下来，而是担保他的被担保人的死。因为有他的担保，所以被担保人尽管最终还是要死亡，但是可以得到宽限。而如果在宽限期间被担保人逃跑了（从后面的故事我们知道芬提亚斯没有逃跑），那么担保人（即达蒙）就要代替芬提亚斯而死。所以达蒙就是"死亡的担保人"。芬提亚斯提出让达蒙做担保人，而达蒙也同意了，说明他们之间的信任达到了可以将性命相托的程度。

207　指狄奥尼西奥斯。

208　位于现利比亚境内的古希腊城市，是该地区五个希腊城市之中最古老也最为重要的。利比亚东部因它而被命名为昔兰尼加。

209　即今天意大利坎帕尼亚地区的城镇帕埃斯图姆（Paestum），该城在公元前7世纪末由来自希腊锡巴里斯的殖民者建立，当时被命名为波塞冬尼亚（Posidonia）

210　因为毕达哥拉斯学派是密教。

211　这个"他"指毕达哥拉斯。

212　古希腊神话中的一个海神，是蓬托斯（大海）和盖亚（大地）的儿子。

213　即俄刻阿诺斯（Oceanus），大洋河是希腊神话中一条环绕世界上所有陆地的河流。在大多数欧洲语言里，"海洋"一词即来自俄刻阿诺斯的名字。

214　俄刻阿诺斯和忒提斯的女儿，她有个女儿也叫多里斯。

215　古希腊神话和文学中的英雄人物，参与了特洛伊战争，被称为"希腊第一勇士"。

216　神话中希腊人的祖先。他的名字同时也是希腊这一名称的由来。

217　普罗米修斯的儿子，在大洪水后幸存下来的人。

218　古希腊神话中的泰坦神之一，与雅典娜共同创造了人类，并且还盗取天火帮助人类。他的名字意为"先见之明"。

219　普罗米修斯的兄弟，他的名字意为"后见之明"。

220　厄庇米修斯和潘多拉的女儿，是丢卡利翁的妻子，是在大洪水后幸存下来的人。

221　传说他是多利亚的建立者。

222　传说他是伊奥尼亚的建立者。

223　传说他的儿子分别建立了亚该亚和爱奥尼亚。

224　厄瑞克修斯是雅典国王。

225　厄瑞克修斯的女儿。

226　见前文注释。

227　这一段文字与前文内容重复。

228　所谓"出卖纪律"，也就是随意践踏并且将纪律拿来做交易。

229　希腊神话中的人物，为宙斯之子。藐视众神的权威。他烹杀了自己的儿子珀罗普斯，邀请众神赴宴，以考验他们是否真的通晓一切。宙斯震怒，将他打入冥界。他站在没颈的水池里，当他口渴想喝水时，水就退去；他的头上有果树，他肚子饿想吃果子时，却摘不到果子，所以得永远忍受饥渴的折磨。据说他头上悬着一块巨石，随时可以落下来把他砸死，因此永远处在恐惧之中。

230　原注　这一论点也适用于现代人，尤其是那些出于对人性的深刻无知，试图用教育来启发最底层人类的人。就像我在其他地方所说的那样，这是企图打破万物的黄金链，破坏社会秩序，让卑贱的人对其卑贱地位感到不满，而这是上帝和自然给他们安排的位置。可参考我所译的《普罗提诺选集》第73页的介绍。（原注者描述的这一观点有着明显的历史局限性，请读者仔细甄别。——中译者注）

231 关注哲学的方式，理解了毕达哥拉斯是密教这一点，很多问题就迎刃而解了。

232 这里提到"所有毕达哥拉斯的戒律都是象征，类似谜语，以格言的方式构成"，那么其行文就不是日常使用的白话文，所以说文字显得古老。

233 指毕达哥拉斯学派被迫害这件事。

234 原注：指毕达哥拉斯学派。

235 位于现在希腊维奥蒂亚州的城市锡韦。在古代曾是极为重要的城邦，一度与雅典争雄。

236 底比斯的将军与政治家，曾领导底比斯脱离斯巴达控制，并且使底比斯跃升为一等强国。西塞罗称其为希腊第一人。生于公元前418年，死于公元前362年。

237 毕达哥拉斯哲学学派最后一批成员之一。约活动于公元前4世纪前后，在柏拉图的第四篇对话录《斐多篇》中出现。

238 位于伯罗奔尼撒半岛东北部的独立城邦，靠近科林多和西库昂。

239 毕达哥拉斯学派哲学家，音乐家。古罗马作家奥卢斯·格利乌斯曾提到他是亚里士多塞诺斯的密友和老师，并且提到他曾教给亚里士多塞诺斯毕达哥拉斯学派的教义。他是唯一一个生活在公元前4世纪的雅典毕达哥拉斯学派成员。

240 新毕达哥拉斯学派哲学家，来自罗马帝国治下的阿纳托利亚卡帕多西亚行省的提亚纳。生于公元15年，死于公元100年。

241 《奥德赛》中的普通人物，奥德修斯的猪倌和朋友。曾为奥德修斯提供长期的帮助。

242 原注：这一整个段落很大部分与别的地方有重复，应该不属于这里。

243 指凯隆。

244 既然毕达哥拉斯学派老是批评政府，强调精英政治，那么他们就不是政府的朋友，所以毕达哥拉斯学派视民主意志为牲畜。

245 当时的选举就是举手表决。

246 今天意大利雷焦卡拉布里亚省的一个市镇。

247 克洛同是亚该亚人建立的。亚该亚是克洛同的母邦。克洛同人自己不好意思去请毕达哥拉斯学派回来，就只好找个母邦的中间人。

248 位于今土耳其安塔利亚省的地中海沿岸。

249 以赫拉克勒斯命名的城市众多，不知具体所指。

250 叙拉古的僭主希罗一世，公元前 478 到公元前 467 年在位。

251 现在的伦蒂尼（Lentini），在今天意大利锡拉库萨省（叙拉古）附近。

252 指伯罗奔尼撒半岛东南部分的区域，它北面是阿卡迪亚，西面是麦西尼亚。该地区是斯巴达的核心区域。

253 位于西西里岛南岸。

254 伯罗奔尼撒半岛东北部的城邦，在科林斯与亚该亚之间。

255 在今土耳其马尔马拉海南岸。

256 位于安纳托利亚北部、黑海南岸。

257 原注：括号中的文字来自一个拉丁文抄本，它属于法布里修斯（Fabricius）。

258 意指自治的，不依赖外物的。

259 意即能自治的、不依赖外物的就是神。

260 意即你顺利的时候好像运气变好了。

261 意即你顺利的时候，往往能预见到自己会很幸福。

262 这句话的意思是：当一个拥有智慧的人对运用顺境有认识时，顺境就呈现出它好的（善的）一面；而如果他凭借这种认识还借着顺境的力量去行动时，顺境还呈现出它有用的一面。

263 古希腊女神，以山羊的形象出现，曾哺育幼年的宙斯。有一天宙斯不小心弄断了她的角，于是就对它献上了祝福，使得其拥有者能心想事成。

264 指公平立法。

265 指个体的有序分布让一切万物、让宇宙得以完善。

266 指人的天性。

267 指美德。

268 指安宁。

269 这句话的意思是说，人们整天为各种天灾喋喋不休，但实际上来自个人灵魂的灾难比天灾更值得思考并优先解决。

270 指获得这些事物的资格。

271 这句话说的是，善本身让我们有资格去获取善。反过来说，如果不是为了善而要去行善，那么就不能算行善。那么也就是说，行善只能是纯粹的，行善的目标就是行善。

272 有些事物，就不像是善那么纯粹。这里，阿尔库塔斯把它们分为三种。

273 阿尔库塔斯在前文已经将将那些不那么纯粹的善一分为三：关于灵魂、关于身体和关于外物。灵魂的善自给自足，并且是高于后两者的。这里阿尔库塔斯进一步讲述人们为何要去获得某些美德（灵魂的善）。在阿尔库塔斯看来，获取某种美德应该是为了这一美德本身。或者说，如果是考虑到关于身体和关于外物的情况才去获取某种美德，那么这个美德就不纯粹了。所以说，尽管看上去美德可能给你带来许多"关于身体和关于外物的情况"下的额外利益，但你是为了获得美德而被附赠了这些较为低级的利益，而不是为了这些较为低级的利益才去尝试获取某种美德（灵魂的善）。在阿尔库塔斯看来，灵魂的善是最高的，身体的善和外物的善都是只是灵魂的善附带的结果。对于一个想要追求灵魂的善的人来说，应当爱的是灵魂的善，而不是那些附带的结果。

274 原注：也就是说，只要他被认为是通过肉体而被激活的；只要他拥有一种独立于灵魂的能量，也即只要他是一个理性的灵魂，肉体是不被视作他本质的一部分的。而理性灵魂的能量本身，不依靠任何身体器官的帮助，构成了真正的人，定义了肉体所不能定义的人。

275 按照毕达哥拉斯学派的观点，善本身就合乎数学比例。

276 这里可以借用寓言故事来理解：这就如同狐假虎威中的狐狸，它仗着老虎的威势才震慑住了其他动物，它自身其实并没有那么大的威慑力。但如果它没有清醒地认识到自己的威慑力并非真正存在于自身这一事实，反而自大地认为没有老虎，它也能威慑住其他动物，那么它很容易错误地仅凭自身去威慑其他动物，从而吃下苦果。回到这个吹笛子的人本身的情况就是，他因为顺境而产生了幻觉，觉得自己技艺超群。但实际上，这种傲慢自大只会让他距离真正的吹笛高手越来越远，那么最终他伪造出来的高手形象也会坍塌。因此阿尔库塔斯在这里告诫我们，不要过度地运用顺境，这只会让你越来越越傲慢自大，越来越不愿意接受真理，距离真正的美德越来越远。而善本身就是要对这种过度的顺境进行质疑和反省，从而防止过度的顺境所滋生出来的各种灵魂的堕落。

277　这句话的意思就是说，尽管这些拥有专业技艺的人可能会沾染上某些坏习惯，但我们应该给予理解。

278　激情是美德的肉身，也就是说，美德是激情的升华，激情只是美德较为世俗的部分。当然，美德本身也需要依靠激情去行动。

279　这里是在说不同的激情之间的分类。狄亚哥斯分为快感和疼痛。

280　原注：也即，处在灵魂的空灵载体之中，它在灵魂被智慧所激活的时候是球形的，并且做着圆周运动。这个载体也是发光的（luciform），整个是透明的，有着如星星般的性质。因此马可·奥勒留盛赞曰："此时灵魂之球放出光彩，它既非趋向外物，也并非要向内与之应和，更不受束缚，只是用光照亮着她所见的一切的真实，也照亮着她自身的真实。"

281　指灵魂的理性部分。

282　指美德。

283　此处言论与上文有所不同。但首先，我们要允许每个哲学家观点有所不同。其次，上文讲的是每一种美德还必须有这三样东西：理性、力量以及深思熟虑的选择。这里的"有"并不是包含的意思。他后面具体解释了：理性，美德实际上通过它进行判断和思考；力量，美德通过它来禁止和征服；而深思熟虑的选择，美德通过它去爱正确的事物，并为此喜悦。也就是说，这三者与美德之间是一种互动关系。

284　这里的论述与前文似有不同，但其本质是一致的。

285　我们可以将之理解为整个世界，也可以理解为所有的一切。

286　也就是说，愤怒和欲望会导致痛苦。如果一个人很冲动，那么他的激情确实得到满足了，但却因为他的冲动导致了痛苦。这就是所谓用痛苦满足激情。

287　原注：即平等的和有安排的，属于有界限的秩序，不平等的和没有安排的，属于无界限的秩序。有界和无界是万物不可言喻的两大法则。

见我翻译的普罗克洛《论柏拉图神学》第三卷。

288　这在地球仪上就比较明显，在曲面上的直线比平面上的直线长。

289　指运用美德。

290　希腊神话中皮洛斯（Pylos）国王涅琉斯（Neleus）的儿子，是涅琉斯的 12 个儿子中唯一未被赫拉克勒斯杀死的幸存者。《伊利亚特》称涅斯托尔是一位长寿的智者，经常向武士们讲述自己早期的战绩以激励他们去战斗。《奥德赛》中称涅斯托尔告诉忒勒玛科斯在特洛伊战争期间要忍受的痛苦和考验。

291　这句话是在说，不要总是对战胜某些无关紧要的事物洋洋自得，虽然美德慷慨地让你获胜，但这种洋洋自得本身就不配不上美德了。

292　这里的意思是：顺境是在审慎之后才出现的，顺境一开始的力量很小。

293　此处前者指无限的事物。

294　无限的事物有物质和本质的秩序；有限的事物有原因的秩序。

295　原注：也即宇宙的拯救来自天堂和凡间的共同适应。

296　此处可以如此理解：诱惑使人好奇，从而让这个人去深入学习变得博学。博学之后才能运用自己的理性。

297　约翰尼斯·斯托拜乌斯（Joannes Stobaeus）是一名汇集了一系列希腊作家文选的编者。约活跃于公元 5 世纪。

298　这篇文章列举了两种人，前者简要来说就是审慎的人，后者简要来说就是不审慎的人。

299　行为不正义的人之所以会被定义为不正义，正是有出于理性而形成的正义存在。举例来说，人们之所以觉得杀人是不正义的，是因为大家都觉得这件事可能发生在自己身上。那么这种所谓的公义，或者自然法就形成了。这就对不正义的人起到了约束和阻止的作用。从行文角度来说，阿尔库塔斯认为获取知识、追求理性是一种促进正义的行为，因为理性能让人们思考什么是公义，什么是正义。

300　此处是说没有知识的人在行凶造成伤害之后，由于他的不义，而被公义所惩罚。

301　Polus.

302　指万事万物。

303　这些不同的个体是紧随在神和所有与他协调的事物之后的。也就是说，窥见的最高分类是神，然后是神所协调的事物（按照毕达哥拉斯学派的理解，应该是指理性、智慧、灵魂、正义等等），然后具体分类到个体。

304　原注：以上名言出自《斯托拜乌斯名言》（1609 年版）第 3 页，被归于毕达哥拉斯名下。

305　原注：以上 7 句名言可见于《斯托拜乌斯名言》第 4 页，在我看来是被错误地归入苏格拉底名下的。因为我认为它们是德谟克莱特斯或德墨菲勒斯写的。

306　原注：《斯托拜乌斯名言》第 48 页。

307　关于这里的箴言署名，我们可以作如此理解，有些箴言是人们无法确定的，但是后人通过考证认定了，然后收录其中的。有些则是比较确定的。也可以理解为，这些摘抄的句子来源特别复杂，并不是来自同一个文本系统的。

308　原注：因此，斯多葛学派的教义来自此处，即智者独立于命运。

309　原注：这 3 句被归于毕达哥拉斯名下。

310　原注：《斯托拜乌斯名言》第 80 页。两句话被认为是苏格拉底说的，但我毫不怀疑，这两句话原本是德墨菲勒斯说的。

311　此处指欲望被从身体中驱逐出来。比如说，我们的愤怒被驱逐出来，发泄到另一个人身上，那个人本不应该遭受这种待遇。

312　原注：《斯托拜乌斯名言》第 147 页。上面 4 句，斯托拜乌斯署名苏格拉底，但我认为它们是德谟克莱特斯或德墨菲勒斯写的。

313　原注：《斯托拜乌斯名言》中的这句话被署名苏格拉底，因为接下来就有一句署名苏格拉底的名言跟着它，也即"贪婪之人的财富，就像落在地平线下的太阳，照亮不了任何生灵"。但这句话在《德谟菲勒斯语录》中出现了，因此无疑它们出自同样的作品。

314　此处应指从支配男人的过程中展示男子气概。

315　原注：这句话和前一句话，在《斯托拜乌斯名言》中被归于德谟克莱特斯，但我认为它们是德谟克莱特斯或德墨菲勒斯写的。

316 原注：这句话在《斯托拜乌斯名言》中被归于毕达哥拉斯，但我根据括号中的部分，在德墨菲勒斯的名言中发现了它。

317 原注：这句话在《斯托拜乌斯名言》中被归于德谟克莱特斯，而紧接在一句被归于苏格拉底的话之后，但我认为它们是德谟克莱特斯或德墨菲勒斯写的。

318 原注：这句话和前一句话和另两句与之相伴的话，在《斯托拜乌斯名言》中被归于德谟克利特；但是因为另两句话在《德谟克莱特斯文集》（*Collection of Democrates*）中发现了，那么无疑它们是属于同一作者的。

319 古罗马哲学家，以口才和辩论闻名于世。生于公元 80 年，死于公元 160 年。

320 今埃及第二大城市亚历山大港。

321 基督教早期教父。生于公元 150 年，大约死于公元 215 年。

322 原注：因为每一种事物存在的原因，都是好于那件事物的，只要这一件事是另一件事的原因这一事实生效。因此给予任何事物以名字的比被命名的事物要好，只要它是被命名的，也即只要从它的主人那里得到一个名字。因为命名者是原因，名字是影响（可以理解为，名字是其产生的影响）。

323 意即：神自我圆满。智者需要神才能圆满。

324 这句话就是：智者应该继续往上去学习神。

325 神性是神性，灵魂是灵魂。灵魂没那么高级，所以要追随更高级的神性。

326 原注：这符合毕达哥拉斯著名的劝诫："顺从神。"

327 原注："我们无法使用其他方法，"波菲利在《论节制》第一卷里说道，"来获得沉思的智慧生活的真正终点，除非追随神。如果我可以被允许这样表达的话，那就像被一颗钉子固定一样，同时从身体和物质的快乐中被撕裂、被分离。我们从行为中获得了安全，而不仅仅从言语上获得了安全。"

328 这句话的意思是：拒绝婚姻而追随神很容易，但是接受婚姻仍然追随神很难，除非你是一名战士。

329 原注：但是智者是智慧的接受者，因此智者才是真正的人。这也是亚里士多德所断言的。

330　这句话就是说，一切断言的前提，就是尊重神。

331　一定要记住这些都是箴言，都是劝勉读者的。所谓能认出神的事物，我们在前文里提到过一些，比如白色的公鸡。

332　古罗马神话中的淡水和海洋之神。对应希腊神话中的波塞冬。

333　指托马斯。

334　意即：追求物质让教派和哲学下坠。

335　即把诸神的形象刻在戒指上之类的形式。

336　神本来就不应该被物质化和具体形象化。圣经里非常反对拜偶像，就是反对这种物质化和具体形象化。

337　指托马斯。

338　原注：很遗憾这些论文已经丢失。

339　古希腊人认为白色公鸡是神圣的，是太阳神的象征。公鸡每日不懈唤醒太阳，古希腊人认为这是一种勤勉的精神。

340　意即：你在世间并不拥有万物，你的身体只是你的载体，其他的财富荣耀之类的更是与你的灵魂毫不相关，伴随你的身体的只有你的灵魂、虔诚、理性等等。

341　意指因他人的好处而痛苦，为邻居的痛苦而欢喜。

342　指事物与教义之间的区分和联系。

343　指事物与教义之间的区分和联系。

344　原注：根据埃利亚和苏达的说法，"melanurus"是一种鱼，但由于这个词意味着一种带着黑色结局（终点）的东西，所以它很可能被用作物质特点的象征。

345　指从物质性质中分离的我们，或者说灵魂、理性之类。

346　原注：这些神有智性的特征，是智慧。可参考我译的普罗提诺的《论柏拉图的神学》。

347　他被认为是古罗马最伟大的诗人之一，影响了后世许多诗人与作家，著有《牧歌集》《农事诗》，以及史诗《埃涅阿斯纪》。

348　拜占庭帝国的僧侣、哲学家，写有大量的科学、哲学和宗教论文。其中最著名的一本是《恶魔论》，该书将魔鬼分门别类，是反摩尼教论述的一部分。他出生于 1017 或 1018 年，尽管也有说法认为普塞洛斯直到 1096 年才去世，但通说一般认为其卒于 1078 年。

349　指柏拉图。

350　指《论魔法》。

351　文艺复兴时期佛罗伦萨的新柏拉图主义捍卫者，他为柏拉图和其他希腊作家的著作所作的拉丁语翻译为文艺复兴人文主义学术确立了卓越的标准。他生于公元 1433 年，死于公元 1499 年。

352　原注：那些与其形体无关的性质。

353　指混合到这种崇拜当中。上面举例的太阳动物是顺着太阳运动的，那么他们得出结论就是有些事物是对应太阳周期的。

354　原文如此。

355　土龙 ασπάλακας (masculine)，古代不知道这是什么动物，讹传为土龙。

356　指神。

357　指人们用感知之外的力量获得信息。

358　古希腊神话中医学的发明者，曾生活在凡间，按照古代神学，他是阿波罗的儿子。

359　原注：这段话中更详细、更重要的内容，在我所译的《普罗提诺选集》第 533 页。

360　新柏拉图主义哲学家，在公元 431 年或 432 年接替其师普鲁塔克成为雅典的柏拉图学园的领袖。现存最有名的著作是对亚里士多德《形而上学》的评注。死于公元 437 年。

361　原注：图形存在于智慧的三个端点，这三个端点包括存在、生命和智慧。而存在和生命，带着所有它们所包含的东西，存在于这里所说的不可分的整体之中。请参考我的《普罗克洛论柏拉图神学》。

362　意即：自然一开始是一个整体。

363　在毕达哥拉斯学派的数学体系中，"3"对应"平面"，"4"对应"立体"。

364　这句话，关键在后面所提到的《蒂迈欧篇》。《蒂迈欧篇》这本书是柏拉图晚年所著，此时柏拉图已经建立了学园，并且在学园门口写上"不懂数学莫进此门"。由于柏拉图基本继承了毕达哥拉斯的数论，因此这本书中存在着大量以数学解释物理现象的做法。在这本书中提到，神创造宇宙的时候用的材料是火和土以及一种把火和土黏合起来的第三者。这个第三者要把火与土完美地黏合起来需要找到一种连续的几何比例。这个比例，就是三个数构成的（头数、尾数和中间数，它们是三位一体的）。同样，灵魂、智慧、生命体也都类似这样，是通过一种连续的几何比例来构造的（《蒂迈欧篇》中甚至给出了一些具体的比例）。柏拉图在书中大量地用三角形来解释世界是如何构造的。所以这个所谓智慧的三个端点，可以理解为构成智慧的那个数学比例所形成的三角形。而这也同样是动物或者生命的形式。因此这里说，"智慧的三个端点，或者说动物本身"。

365　意即：应该要将事物和数字作为一个整体，来命名理念。

366　意即：先基于他们理念的正确性，来让一切事物归结到数。

367　换句话说，为什么这么命名，为什么叫它们一元数、二元数，是为了赋予它们形式、秩序、美和统一。

368　指理念数字。

369　照亚里士多德的看法（其说师承自柏拉图和毕达哥拉斯），一件事物除了其表面所显示的之外，还有其背后真正的事物。这个真正的事物，毕达哥拉斯认为是数（或者说是类似一元数这样的"理念数"）；柏拉图也在相当程度上认为是数，但是更看重数背后的形式，所以可以认为是"理念"；而亚里士多德则更倾向于认为是"being"，我们可以理解为"存在"或者"是者"，即每一种事物之所以成为它自身的所对应的具体的形式。这里的，"一物""另一物"应该理解为，一切事物中包含两种"东西"。在这里，其实我们遇到了语言的限制。我们没法将一件"不是东西"的"东西"描述为"东西"，也无法表述为"不是东西"。因此只能从具体含义上进行区分。这里的"一物"指的是相对表面的那个东西。而另一物是指相对概念化的那个东西。但两者指的是同一个东西。

370　此句中所有的"它"都指的是"五"。请根据上面的"一物对应物质，另一物对应形式"来加以理解。

371　此处的白人没有具体的所指，只是一个概念，所以不包含实体。但是它又有一定的界限，所以不包含偶然。

372　指五元不是数字本身，它是概念。

373　此处的"它"是指"五"，这里的"它们"特地表现为复数。我认为，
这里之所以这么写，是为了让读者更好地理解"五元"这个概念本
身所包含的"多"的准确含义和其作为一元的本质。

374　此处即可以理解为是"七元"有两种性质，但从更宽泛的意义上理
解是指两种性质的存在。我认为原作者实际上想同时表达这两个
意思。

375　这就是说，数字的量的叠加，并不意味着数字的概念可以相互叠加。

376　换句话说，无论这个数字具体是多少，它都只是一个数字。在概念
上都被归于数字这个大概念中。

377　古人对万物生存不甚了解，如果没有神创论，他们就没有太多的解
释方式，只能认为是一种机械性的加倍。毕达哥拉斯则提出了一种
在神创论之外的，以数字作为本源的万物生成理论。

378　即从本质上不可分的元素，理念数字中。

379　指天体受数字支配的事实。

380　按照原文，同样的自然数意味着同样的自然尺度，这意味着，如果
两个动物之间表现得不同，那么其自然数是不同的。但如果表现相同，
则自然数是相同的。这句话的意思即为每个动物都有一个自然数，
它们表现相同，是因为它们有同样的自然数，如果表现不同则拥有
不一样的自然数。但我们知道，动物是在有些方面表现相同，有些
方面又表现不同的。

381　这句话的意思就是，生成的器官是大致相同的，整体外观是不同的。

382　指灵魂本身的缺陷和受到的限制。

383　意即充分认识到神，断言神。

384　原文如此，可理解为质量不好、粗制滥造。

385　这里可以理解为类似吉他的指板。也就是琴身上的一个突起物。

386　指纯八度。

387　后来被"do"代替。

388　在古代中国音乐理论中，八度谱记为均，而实际上八度音程的组成是由两组唱名相同但来自不同音域的音所组成的，所以是双倍（double），这里译为"均"，主要出于对汉字"均"的附会。

389　一倍半，三比二比率。

390　这里声音的比率指声音高低的比率，下同。

391　一又三分之一，四比三比率。

392　意为泄露、逃逸。

393　原文如此，这里可以设想一把里拉琴，I 这个位置就不是一个点，而是一个面了。

394　指 AB 或者 CD 与 ED 之间的纯八度。

395　指是 ED 与 ID 之间的纯八度。

396　一个音符的频率是 400Hz，那从那音符开始计算的十五度之上就是 1600Hz(15ma)，而且十五度之下就是 100Hz(15mb)。那十五度的比例就是 4:1。

397　指三比一的比率。

398　1 到 10 的数字，就是四进表上的所有数字

$$1$$
$$2\ 3$$
$$4\ 5\ 6$$
$$7\ 8\ 9\ 10$$

毕达哥拉斯学派研究数，是只研究这十个数的。因此，1 到 10，就等于是每一个数字了（所有的数字）。四元，因此也指代每一个数字（所有的数字）。这里的每一个，是表达一种"遍历"。

399　古希腊哲学家和数学家，其著作受毕达哥拉斯学派强烈影响。其现存著作《论数学在理解柏拉图上的用途》（*On Mathematics Useful for the Understanding of Plato*）是一本关于希腊哲学的介绍性概括。他大约生活在公元 100 年前后。

400　4 是 2 的平方，9 是 3 的平方。毕达哥拉斯的四进表中，4 和 9 是一代代表了平面的区间。

401　这里的完全等同指的是 4 是 2 的平方，9 是三的平方。所以说，它

们拥有正方平面的力量。

402　8 是 2 的立方，27 是 3 的立方，这是代表立方体的区间。

403　无知是和科学一起构成一个区间的，触觉和感知也构成了一个区间。

404　这里的长度、宽度和深度并不能确定是植物的长度、宽度和深度。这部分很多都是缺乏资料的内容。我理解这里的长度、宽度和深度，应该是类比种子发芽之后的生长状态。可能指整个植株，也可能只是指根须。

405　此处"给予"是泛指，原文就没给出对象。

406　可以给 1、5、9 可以画一条线，3、5、7 画一条线，便可知所谓"上升的"和"下降的"。

407　此处应理解为一台两边被压弯的天平。

408　指个体的有序分布，则让一切万物、让宇宙得以完善。

409　意即美德与性情是相反的。也就是说，肉体美德通常和任性是排斥的。

410　指肉体美德与伦理美德之上。

411　指神思美德。

412　"这些美德"是指神思美德，神思美德是政治美德的反面。在神思美德中，神思美德通过理性让从属于美德的事物（前面所提到过的灵魂等）变得有活力（激发出来），也通过智慧让与政治美德相关的事物（前面提到过的审慎、勇气等）更加卓越（也就是进一步提升）。

413　眼睛先是被点亮，然后与自身发亮之物结合。

414　轮廓、预示、前兆、投影。

415　即长老奥林匹奥多罗斯（Olympiodorus the Elder），他是公元 5 世纪的新柏拉图主义者，是普罗克洛的老师。

416　罗马神话中的酒神，与古希腊神话中的酒神狄奥尼索斯对应。

417　即古希腊神话中一组神的名称，在被奥林匹亚神系取代前曾统治世界。

418　也就是说，人的天性中带有神性，但是不同于神身上只有纯粹的神性，我们身上还有肉体的、卑下的物性。后文就说了，我们是从泥沼中升起的。

419 巴克科斯神圣祭礼是古希腊秘仪的一种，这种密仪围绕着巴克科斯展开。

420 指节制。

421 指正义。

422 神有神的名号。比如酒神狄奥尼索斯，但人们称呼他为酒神。这叫作"许多神都被他们的名号所修饰"。

423 前文已提及，迦勒底的先知是根据"原因"来放置灵魂的，因此，这里是在说，奥林匹奥多罗斯设想朱庇特恐怕并不能够像《蒂迈欧篇》里说的那样听之任之，而是根据某种原因，根据众人的通达美德来排序、分配（美德、灵魂等）。

424 古罗马神话中的农业之神，公元前3世纪开始与希腊神话中的克洛诺斯混同。土星和星期六的拉丁名起源于萨图尔努斯。

425 这里的"它"指的是"另一种"，但实际上还可以被极为牵强地解释为前一种，如果将这种可能性彻底消除，就让历史文本失去了其隐含的信息。所以在此不增添文字加以明确。

426 指美德与灵魂是分开的。

427 原注：这种哲学上的淡漠，并不像如今大多数人所愚蠢地认为那样，是一种麻木不仁，而是一种从激情到理性的完美超越。

428 这里意思是，这个善要由净化过程中得来，也就是恶变成善得来，如果这个恶不能转变为善，那么就算本身还有其他的善，但是是和净化无关的，所以不叫净化。

429 即智慧和审慎体现在那些智慧所拥有的深思上。

430 也就是说，公正、节制、勇气等也像其他美德那样彼此相伴。

431 此处指"典范"。

432 此处指第四种美德。

433 其意思是：典范美德有一些是与智慧有关的。

434 典范美德有一些与灵魂相关。

435 指净化。

436 联系上下文，这个人必须愿意得到这一净化，并且以此作为净化的源头和基础。

437　被净化对某些（乐意的）人来说是一种享受。

438　这时的五感已经处在一种身外的视角，从外界审视自己。

439　指五感。

440　这里的意思是说，如果愤怒和恐惧在净化的过程中出现了，那么是
　　　不利于净化的，必须对之加以削弱（就是说要让被净化者不那么愤
　　　怒不那么恐惧）。不能用愤怒和恐惧来净化。

441　意思就是，只是为了进入梦乡。

442　指智慧的灵魂本身，也就是被净化的人。

443　指从属的部分。

444　这些指上述为了净化而做的事情，这句话意思就是说，净化并非仅
　　　仅对激情进行中和，而是最终要到达一种冷漠。

人名译名对照表

A

阿巴里斯（Abaris）

阿布罗忒勒斯（Abroteles）

阿布罗忒利亚（Abrotelia）

亚该亚（Achaia）

阿喀琉斯（Achilles）

阿克蒙尼达斯（Achmonidas）

阿科西拉达斯（Acusiladas）

阿狄库斯（Adicus）

伊厄提俄斯（Aeetius）

伊刚（Aegon）

伊蒙（Aemon）

伊奥洛斯（Aeolus）

阿格亚斯（Ageas）

阿格拉斯（Agelas）

阿格萨尔科斯（Agesarchus）

阿格西达谟斯（Agesidamus）

阿格拉奥菲穆斯（Aglaophemus）

阿基鲁斯（Agylus）

阿尔卡埃俄斯（Alcaeus）

阿尔刻阿斯（Alceas）

亚西比德（Alcibiades）

阿尔其马科斯（Alcimachus）

阿尔克迈翁（Alcmaeon）

阿里奥科斯（Aliochus）

阿洛佩库斯（Alopecus）

阿利皮乌斯（Alypius）

阿玛洛斯（Amaerus）

亚纳多留斯（Anatolius）

阿那克西曼德（Anaximander）

安凯厄斯（Ancaeus）

安得罗西德斯（Androcydes）

安忒恩（Anthen）

安提墨东（Antimedon）

安提墨涅斯（Antimenes）

阿尔刻阿斯（Arceas）

阿尔刻玛科斯（Archemachus）

阿耳刻摩洛斯（Archemorus）

阿尔基普斯（Archippus）

阿尔库塔斯（Archytas）

阿瑞萨斯（Aresas）

阿瑞斯泰俄斯（Aristaeus）

阿里斯坦格洛斯（Aristangelus）

阿里斯提亚斯（Aristeas）

亚里士泰德斯（Aristides）

阿里斯提普斯（Aristippus）

亚里士多克利达斯（Aristoclidas）

阿里斯托克莱特斯（Aristocrates）

亚里士多墨涅斯（Aristomenes）

亚里士多塞诺斯（Aristoxenus）

阿里斯特苏斯（Aristzus）

阿尔图斯（Arytus）

阿斯泰斯（Asteas）

阿斯泰鲁斯（Astylus）

阿塔玛斯（Athamas）

阿托西翁（Athosion）

奥托卡里达斯（Autocharidas）

B

巴贝莱玛（Babelyma）

巴克科斯（Bacchus）

巴泰拉俄斯（Bathylaus）

毕阿斯（Bias）

彼塔勒（Bitale）

布里奇曼（Bridgman）

布伦蒂诺斯（Brontinus）

布里亚斯（Bryas）

布里欧（Bryo）

布赖森（Brysson）

布拉哥拉斯（Bulagoras）

布忒洛斯（Butherus）

布迪俄斯（Buthius）

拜达西斯（Byndacis）

C

卡莱斯（Calais）

卡利布洛图斯（Callibrotus）

卡利俄佩（Calliope）

卡吕普索（Calypso）

冈比西斯（Cambyses）

卡罗梵提达斯（Carophantidas）

卡塔涅斯人（Cataneai）

克莱姆玻斯（Cerambus）

刻瑞斯（Ceres）

卡尔基斯（Chalcis）

卡隆达斯（Charondas）

基拉斯（Chilas）

基戎（Chilon）

基戎尼斯（Chilonis）

克莱西普斯（Chrysippus）

克勒伊克玛（Cleaechma）

克雷安诺尔（Cleanor）

克利亚拉图斯（Clearatus）

革利免（Clemens）

克勒奥法隆（Cleophron）

克雷欧斯忒涅斯（Cleosthenes）

克利纳哥拉斯（Clinagoras）

克利尼亚斯（Clinias）

克尔隆（Clron）

克莱诺俄斯（Cranous）

克拉忒西克勒阿（Cratesiclea）

克瑞厄弗洛斯（Creophilus）

克瑞乌萨（Creusa）

克里托（Crito）

凯隆（Cylon）

D

达基达斯（Dacidas）

达玛尔墨诺斯（Damarmenus）

达谟（Damo）

达谟克勒斯（Damocles）

达蒙（Damon）

达摩丰（Damophon）

达谟塔格斯（Damotages）

达尔达涅俄斯（Dardaneus）

狄安纳克斯（Deanax）

德谟刻得斯（Democedes）

德谟克莱特斯（Democrates）

狄蒙（Demon）

德谟菲勒斯（Demophilus）

德谟斯忒涅斯（Demosthenes）

丢卡利翁（Deucalion）

德克西忒俄斯（Dexitheus）

狄卡阿尔科斯（Dicaearchus）

迪卡斯（Dicas）

狄刻（Dice）

狄孔（Dicon）

狄马科斯（Dimachus）

狄纳科斯（Dinarchus）

狄诺克莱特斯（Dinocrates）

狄奥克勒斯（Diocles）

狄奥多罗斯（Diodorus）

狄奥尼西奥斯（Dionysius）

狄俄斯库里（Dioscuri）

狄翁（Dion）

多里丝（Doris）

多洛斯（Dorus）

德莱蒙（Drymon）

迪马斯（Dymas）

E

厄刻克拉底（Echecrates）

厄刻克拉底亚（Echecratia）

伊刻梵图斯（Ecphantus）

厄里斯库斯（Eiriscus）

伊莱卡翁（Elecaon）

恩培多克勒（Empedocles）

恩培多斯（Empedus）

厄涅阿斯（Eneas）

伊巴密浓达（Epaminondas）

埃庇卡摩斯（Epicharmus）

埃庇米尼得斯（Epimenides）

厄庇米修斯（Epimetheus）

伊壁弗隆（Epiphron）

伊壁赛留斯（Episylus）

埃拉托克勒斯（Eratocles）

厄拉图斯（Eratus）

厄瑞克修斯（Erectheus）

阿里克西达斯（Eryxidas）

阿斯克勒庇俄斯（Esculapius）

欧多克索斯（Eudoxus）

厄尔同（Euelthon）

欧迈奥斯（Eumaeus）

尤纳皮乌斯（Eunapius）

厄菲谟斯（Euphemus）

欧福尔波斯（Euphorbus）

尤弗拉修斯（Euphrasius）

厄里克拉特斯（Eurycrates）

厄律墨东（Eurymedon）

欧律墨涅斯（Eurymenes）

欧律法摩斯（Euryphamus）

厄利菲谟斯（Euryphemus）

欧律都斯（Eurytus）

尤斯塔修斯（Eustathius）

厄泰克勒斯（Euthycles）

厄提诺斯（Euthynus）

厄法俄斯（Evaeus）

厄范德洛斯（Evandrus）

厄法诺尔（Evanor）

厄瓦特斯（Evetes）

F

费奇诺（Ficinus）

G

加尔泰达斯（Gartydas）

格洛里普斯（Glorippus）

格莱奇诺斯（Glycinus）

戈耳狄俄斯（Gordius）

吉纳西亚奇克（Gymnasiarchic）

盖普提俄斯（Gyptius）

H

赫利卡翁（Helicaon）

赫楞（Hellen）

赫洛里斯（Heloris）

赫拉克勒亚（Heraclea）

赫拉克利特（Heraclitus）

赫拉克勒斯（Hercules）

赫尔谟达马斯（Hermodamas）

希罗多德（Herodotus）

赫斯提亚俄斯（Hestiaeus）

赫西俄德（Hesiod）

希帕尔基德斯（Hipparchides）

喜帕恰斯（Hipparchus）

希帕索斯（Hippasus）

希帕波图斯（Hippobotus）

希波达莫斯（Hippodomas）

希波墨冬（Hippomedon）

希蓬（Hippon）

希波斯忒涅斯（Hipposthenes）

希波斯特拉图斯（Hippostratus）

许帕忒（hypate）

I

杨布里科斯(Iamblichus)

伊克谟斯（Icmus）

爱奥（Ion）

爱忒玛俄斯（Itmaus）

J

尤利安（Julian）

朱庇特（Jupiter）

K

基斯林（Kiessling）

库斯特（Kuster）

L

李锡尼（Lacinius）

拉孔（Lacon）

拉克拉忒斯（Lacrates）

莱克里图斯（Lacritus）

拉菲翁（Laphion）

拉斯忒尼亚（Lasthenia）

勒奥克利图斯（Leocritus）

勒奥基德斯（Leocydes）

莱翁（Leon）

勒奥弗隆（Leophron）

勒普提涅斯（Leptines）

留基伯斯（Leucippis）

雷贝特拉（Libethra）

里努斯（Linus）

利塔古斯（Litagus）

莱康（Lycon）

莱拉姆诺斯（Lyramnus）

莱锡亚德斯（Lysiades）

莱西比俄斯（Lysibius）

莱锡斯（Lysis）

M

玛伊亚（Maia）

玛里翁（Malion）

玛塔（Mater）

墨基斯提阿斯（Megistias）

梅拉尼普斯（Melanippus）

米利色特斯（Melicerta）

墨利西阿斯（Melisias）

墨利斯苏斯（Melissus）

墨涅斯托尔（Menestor）

梅诺（Meno）

墨农（Menon）

墨塞（mese）

墨东（Meton）

墨托普斯（Metopus）

梅特罗杜拉斯（Metrodorus）

米达斯（Midas）

米罗（Milo）

米伦（Milon）

米提亚德（Miltiades）

闵诺玛科斯（Mimnomachus）

密涅瓦（Minerva）

米诺斯（Minos）

墨涅萨尔科斯（Mnesarchus）

墨涅萨尔科斯（Mnesarchus）

墨涅西布洛斯（Mnesibulus）

摩古斯（Mochus）

缪斯（Muse）

米亚（Mya）

迈厄斯（Myes）

米利阿斯（Myllias）

N

纳斯塔斯（Nastas）

瑙西忒俄斯（Nausitheus）

纳乌西萨斯（Nausithus）

尼安忒斯（Neanthes）

涅奥克利图斯（Neocritus）

涅普顿（Neptune）

涅柔斯（Nereus）

涅斯托尔（Nestor）

涅忒（nete）

尼科马库斯（Nicomachus）

尼农（Ninon）

尼斯勒亚都萨（Nisleadusa）

宁法（Nympha）

O

欧基洛斯（Occillus）

欧塞洛斯（Ocellus）

奥迪俄斯（Odius）

奥林匹奥多罗斯（Olympiodorus）

欧纳图斯（Onatus）

欧普西谟斯（Opsimus）

欧勒桑德洛斯（Oresandrus）

欧雷斯塔达斯（Orestadas）

俄瑞提亚（Orithyia）

P

帕克提翁（Paction）

佩恩（Paeon）

潘托奥斯（Panthus）

巴门尼德（Parmenides）

帕尔米瑟俄斯（Parmiseus）

帕提尼斯（Parthenis）

帕特罗克洛斯（Patroclus）

伯罗奔尼撒（Peloponnesus）

珀涅罗珀（Penelope）

佩里亚卢斯（Perialus）

斐东（Phaedon）

菲涅克勒斯（Phaenecles）

法拉里斯（Phalaris）

范多（Phanto）

范东（Phanton）

斐瑞居德斯（Pherecydes）

菲洛达谟斯（Philodamus）

菲洛劳斯（Philolaus）

菲洛尼达斯（Philonidas）

斐尔提斯（Philtis）

芬提亚斯（Phinthias）

弗隆提达斯（Phrontidas）

弗里尼科斯（Phrynichus）

菲基亚达斯（Phyciadas）

斐提俄斯（Phytius）

皮西克莱特斯（Pisicrates）

皮西尔隆德（Pisirrhonde）

皮赛尔里德斯（Pisyrrhydus）

柏拉图（Plato）

普鲁托（Pluto）

波勒玛俄斯（Polemaeus）

波勒玛尔科斯（Polemarchus）

玻利亚德斯（Poliades）

珀吕克拉特斯（Polycrates）

珀吕克拉特斯（Polycrates）

玻利克托尔（Polyctor）

波利姆纳斯图斯（Polymnastus）

波菲利（Porphyry）

波塞冬（Possiden）

普罗克勒斯（Procles）

普罗克洛（Proclus）

普罗米修斯（Prometheus）

普罗鲁斯（Prorus）

普洛塞庇娜（Proserpine）

普罗瑟诺斯（Proxenus）

普罗瑟诺斯（Proxenus）

普塞洛斯（Psellus）

皮拉（Pyrrha）

皮尔霍（Pyrrho）

毕达哥拉斯（Pythagoras）

皮塔伊斯（Pythais）

皮提亚（Pythian）

毕托多洛斯（Pythodorus）

皮同（Python）

R

雷西比俄斯（Rhexibius）

罗狄普斯（Rhodippus）

鲁菲努斯（Ruffinus）

S

希鲁斯（Sillus）

西谟斯（Simus）

西斯笃（Sixtus）

斯米基亚斯（Smichias）

索帕特（Sopater）

索西斯特拉图斯（Sosistratus）

索斯忒涅斯（Sosthenes）

索斯特拉提俄斯（Sostratius）

斯宾萨路斯（Spintharus）

斯忒诺尼达斯（Sthenonidas）

斯托拜乌斯（Stobaeus）

赛留斯（Syllus）

叙亚努（Syrianus）

T

特劳格斯（Telauges）

泰勒斯（Thales）

提阿忒图斯（Theaetetus）

泰阿革斯（Theages）

忒阿诺（Theano）

忒弥斯（Themis）

忒俄克勒斯（Theocles）

狄奥多罗斯（Theodorus）

狄奥弗里俄斯（Theophrius）

狄奥莱德斯（Theorides）

士麦那的提奥（Theo of Smyrna）

索斯托尔（Thestor）

忒拉瑟俄斯（Thraseus）

忒雷塞达谟斯（Thrasydamus）

忒拉赛墨德斯（Thrasymedes）

泰玛里达斯（Thymaridas）

提勒索斯（Thyrsus）

提玛俄斯（Timaeus）

提玛拉图斯（Timaratus）

提玛西俄斯（Timasius）

提马俄斯（Timaus）

提墨西阿纳克斯（Timesianax）

提谟斯忒涅斯（Timosthenes）

提米夏（Timycha）

泰尔瑟尼斯（Tyrsenis）

泰尔瑟诺斯（Tyrsenus）

U

尤利西斯（Ulysses）

V

伏尔甘（Vulcan）

X

色诺卡得斯（Xenocades）

色诺克拉底（Xenocrates）

色诺恩（Xenon）

色诺万得斯（Xenophantes）

色诺菲洛斯（Xenophilus）

色恩塔斯（Xentas）

苏瑟斯（Xuthus）

Z

扎莱乌库斯（Zaleucus）

扎摩尔克希斯（Zamolxis）

扎诺尔克希斯（Zanolxis）

索庇鲁斯（Zopyrus）

地名译名对照表

A

爱琴海（AEgean）

阿格里真图姆的（Agrigentine）

阿格里真图姆（Agrigentum）

亚历山大里亚（Alexandria）

阿卡迪亚（Arcadia）

阿尔戈斯的（Argive）

阿尔戈斯（Argos）

阿斯班度的（Aspendius）

阿斯班度（Aspendos）

雅典（Athens）

B

比布鲁斯（Byblus）

C

柯里（Coele）

考洛尼亚的（Caulonians）

科林斯（Corinth）

D

迪奥斯波利坦（Diospolitan）

道尼亚的（Daunian）

道尼亚（Daunian）

多利亚（Doria）

德尔菲（Delphi）

提洛（Delos）

E

以弗所（Ephesus）

厄琉息斯（Eleusis）

埃皮达鲁斯（Epidaurus）

爱利亚的（Elean）

爱利亚（Elea）

G

加拉太（Galatae）

戈太（Getae）

H

I

L

M

梅兰菲勒斯（Melanphyllos）

梅塔蓬托姆的（Metapontine）

梅塔蓬托（Metapontum）

麦西尼亚的（Messenian）

麦西尼亚（Messenia）

大希腊（Magna Graecia）

米利都（Miletus）

N

奈苏斯（Nessus）

P

普拉提亚（Platea）

普罗康涅苏斯的（Proconesian）

普罗康涅苏斯（Proconnesus）

普里耶涅的（Priene）

普里耶涅（Priene）

本都（Pontus）

弗里俄斯的（Phlyasians）

弗里俄斯（Phlyas）

波塞冬尼亚的（Posidoniates）

萨莫色雷斯（Samothracia）

西库昂的（Sicyonians）

西库昂（Sicyon）

西顿（Sidon）

锡巴里斯（Sybaris）

T

士麦那的提奥（Theo of Smyrna）

图利的（Thurian）

图利（Thurii）

塔壬托姆的（Tarentine）

塔壬托姆（Tarentum）

色萨利（Thessaly）

色雷斯的（Theracian）

色雷斯（Therace）

特拉里（Tralli）

特雷西斯（Tracis）

陶洛墨纳斯（Tauromenas）

陶洛墨涅乌姆（Tauromenium）

底比斯（Thebes）

推罗（Tyre）

提马雷斯（Timares）

第勒尼安（Tyrrhenian）

图书在版编目（CIP）数据

毕达哥拉斯传 /（古希腊）杨布里科斯著 ；沈小龙，
洪焕川译 . -- 杭州 ：浙江大学出版社，2024.6
　ISBN 978-7-308-24897-6

　Ⅰ . ①毕… Ⅱ . ①杨… ②沈… ③洪… Ⅲ . ①毕达哥
拉斯 (Pythagoras 约前 580- 约前 500) 一传记 Ⅳ . ① B502.14

中国国家版本馆 CIP 数据核字 (2024) 第 083768 号

毕达哥拉斯传
BIDAGELASI ZHUAN

　（古希腊）杨布里科斯　著　沈小龙　洪焕川　译

责任编辑	谢　焕
责任校对	朱卓娜
封面设计	云水文化
出版发行	浙江大学出版社
	（杭州市天目山路 148 号　　邮政编码　310007）
	（网址：http://www.zjupress.com）
排　　版	杭州林智广告有限公司
印　　刷	杭州钱江彩色印务有限公司
开　　本	787mm×1092mm　1/32
印　　张	10.375
字　　数	251 千
版 印 次	2024 年 6 月第 1 版　2024 年 6 月第 1 次印刷
书　　号	ISBN 978-7-308-24897-6
定　　价	68.00 元